마음을 다스리는
12가지 명시

KB217842

욕심내고 화내고 안달복달하며
흔들리는 마음을 치유하는 명상

마음을 다스리는
12가지 명상

강명희 지음

담앤북스

자연과 하나 됨일까?

공유하고 공감하는 것일까?

자연의 텅 빈 자리일까?

'나'가 사라진 그 자리일까?

아무것도 없는 자리일까?

행동과 바람과 추구가 없는 자리일까?

느낌과 감정이 사라진 고요한 상태일까?

대상과 내가 구분이 되지 않는 상태일까?

모든 판단과 인식이 사라진 상태일까?

대상을 끊임없이 알아차리는 그 상태일까?

나를 인식하는 말없는 그 자리일까?

좁은 이 순간일까?

끝없이 펼쳐지는 넓은 순간일까?

　　내가 불교를 만나고 불교수행에 관심을 갖게 된 것은 외할머니
덕분이었습니다. 외할머니는 시민선방에 다니시며 늘 '이 무엇고' 화두
를 들고 사셨습니다. 염불하듯 늘 "이 무엇고?"를 하시며, 녹음기로 큰
스님 법문을 틀어 놓으셨습니다. 억센 경상도 사투리에 녹음 상태도 좋
지 않아 암호 풀듯 이해해야 하는 법문을 아침에도 듣고 자기 전에도 들
으셨지요. 외할머니와 방을 같이 쓰던 내게는 훈습의 효과가 엄청 컸습
니다.

　어린 시절 나는 한옥 마당에 있는 들마루에서 별을 보며 잠들곤 했습
니다. 나의 내면에서 무한한 시간과 공간에 대한 궁구가 시작된 것은 그
때부터였지요. 그러나 현실의 나는 내 삶에 주어진 대로, 충실하게, 온
실 화초처럼 별다른 문제의식 없이 성장했습니다. 1980년 대학에 들어
가면서 문제의식이 생겼지요. 내가 알고 있던 사실, 지식, 사회, 이념이
학습된 것이고 진실이 아니라는 것에 눈 뜨면서부터 속이 편하지 않았

습니다. 내가 정의도 없고 질서도 없고 약육강식의 논리가 팽배한 세속 사회에 길들어 살아왔다는 것을 알았지요.

현실의 불합리를 바꾸고 정의를 실현하는 것이 내 몫이라고 생각했습니다. 아는 것은 실천해야 한다는 강한 관념을 갖고 있었기에 현실에 맞서고 저항했습니다. 저항심이 강할수록 마음 한편은 현실에 순응하고 싶고 욕망에 따라가고 싶고 편하게 타협하고 싶었습니다. 그러니 번뇌가 점점 깊어졌지요. '정의에 깊은 신념을 가진 내가 어찌 이렇게 변절할 수 있을까? 이 변화하는 마음은 무엇일까?'

궁극의 진리를 알고 싶어 결국 출가를 결심했습니다. 그마저도 어머니의 반대로 뜻을 이루지 못했습니다. 불심 강한 어머니가 출가를 적극 반대했으니, 나로서는 이해할 수 없는 모순이었지요. 그러면서 붓다의 세계에 깊이 빠져들었습니다.

깨달음을 향한 간절한 소망으로 불교 교학에 마음을 쏟았습니다. 불교수행론의 핵심을 파악하고 당당하게 출가하리라고 다짐했습니다. 그러나 불교수행론은 쉽게 정리되고 알 수 있는 체계가 아니었습니다. 온갖 마음의 세계를 체득해야 하고, 온갖 학파를 섭렵해야 했습니다. 산스크리트어, 빨리어, 티베트어, 한문 등 배워야 할 외국어도 많았습니다. 수행의 핵심적 이치들이 머리로는 정리되고 이해되었지만 심정적으로는 체득되지 않았습니다. 논문을 쓸 수가 없었습니다. 무아無我, 무상無常, 공空, 연기법緣起法의 이치를 모르니까요. 무착無著, 세친世親과 같은 논사들이 설한 유식설唯識說의 진의眞義를 모르니까요.

좌복 위에 앉아야 했습니다. 선지식을 만나야 했습니다. 진리를, 이 세계를, 이 마음을 모르니까요. 간절한 마음으로 선지식을 찾기도 하고, 수행처를 전전하기도 했습니다. 눈을 감고 수많은 생각을 내려놓고 내 몸을 볼 수밖에 없었습니다. 보고 보고 또 보니, 과연 붓다의 말씀처럼 어느 날 몸이 사라졌습니다. 참으로 내 몸이 없었습니다. 그 순간 생각이 무상함을, 늘 깨어 있는 마음이 있다는 것을 확연히 알았습니다. 선종의 무수한 선사들이 무념무상無念無相이라고 했는데, 과연 생각 자체가 허상이었습니다.

몸과 생각이 뜬구름처럼 실체가 없음을 체득했음에도 심리는 여전히 살아서 꿈틀대었습니다. 그러면서 저절로 알게 되었습니다. '이 심리를 보아야 진정한 수행이구나! 꿈틀대는 심리를 보고 또 보는 것이 불교의 위빠사나구나! 보고 또 보는 과정이 사마타구나!' 수많은 경론을 공부한 것과는 전혀 다른 질적 전환을 실감할 수 있었습니다.

그 무렵 동국대학교 인도철학과 김호성 교수님으로부터 백화도량이라는 작은 포교당을 물려받았습니다. 대학 강사로 일하면서 도량을 운영하는 것은 쉽지가 않았습니다. '과연 내가 잘할 수 있을까? 세상 사람들과 불교수행을 함께 하려면 어떻게 해야 할까?' 고민이 끊이지 않았습니다. 그때부터 수행 프로그램을 만들기 시작했지요. 나에게 위빠사나 강의를 들었던 보살들이 찾아오고, 동국대학교 불교학과 후배들도 실참에 참가했습니다. 2003년 처음으로 4박5일 집중 프로그램을 시작했습니다. 32명이 참가했지요. 그 후로 한 번도 거르지 않고 3개월에 한 번씩 5정심관五停心觀 수행법 중심으로 집중수행을 진행해 왔습니다.

수행법사 역할을 하면서 깨달았습니다. 대중들은 여러 관점에서 수행을 접하면서 다가가기 쉬워야만 심리문제를 해결하고 진리의 세계로 들어갈 수 있음을 알았지요. 현실적 문제와 심리적 문제를 해결하는 것이 먼저라는 생각이 들었습니다.

　그래서 한 달에 한 번 한 가지 수행법을 익히는 초심자용 수행 프로그램을 만들었습니다. 마음을 다스리는 12문 명상법입니다. 12문 수행을 통해 마음으로, 진리로, 근원으로 들어가는 다양한 길을 제시하고 싶었습니다. 어떤 길로 가도, 어떤 수행으로 가도 그 한길이 근원에 이르게 함을 알리고 싶었어요. 하나의 길만 정도正道가 아니라, 모든 길이 한길로 연결되어 있음을 알리고 싶었습니다. 하나의 수행법만 진리를 알려주는 것은 아니니까요. 현실이 모두 위빠사나이며 지혜의 현현임을 알리고 싶었습니다. 손을 올려도 내려도, 문으로 들어가도 문에서 나와도 모두 그 자리임을 생활 속에서 나의 수행 인연과 함께 실현하고 싶었습니다. 현실에서 괴로워하고 시달리는 사람들과 더더욱 함께 하고 싶었습니다.

　그래서 12문 명상법은 현실 실참 수행의 방법이면서 함께 하는 수행을 담고 있습니다. 현실적으로 어떻게 수행에 접근해야 하는가를 12가지 수행법으로 정리한 것이지요. 수행할 때 겪는 여러 현상에 대처하는 방법도 세세히 일러두었지요. 수행하러 온 사람의 근기에 맞추어 강의하기도 하고, 붓다 수행법의 이치에 내 경험을 녹여서 강의하기도 했습니다. 초심자가 수행하는 과정에서 겪는 현상들을 상담하면서 마음의 현상과 구조를 파악한 내용도 포함시켰습니다.

　이 책은 한 달에 한 번씩 하는 2박3일 초심 수행에서 강의한 내용을 녹음해서 정리한 것입니다. 따라서 이 책에서 다루는 명상법은 백화도량에 수행하러 온 도반의 수행 이야기이기도 하고, 실참의 내용이기도 합니다. 오랫동안 한솥밥을 먹으면서 재가자인 나를 믿고 십수 년간 함께 해온 수행의 과정을 종합하는 내용이기도 하지요. 좌선 수행은 현실로 나가는 전초전이며 일상이 진정한 수행임을 알리는 글이기도 합니다.

오래전 이치를 안 그날, 모든 것이 허상임을 안 그날, 허구인 세상에 글자는 안 남겨야 하고, 나를 드러내는 짓은 하지 않아야 한다고 마음먹었습니다. 그 마음에 걸려 그동안 책 내는 것을 꺼렸습니다. 수행이란 문자를 내려놓고 벗어나는 것이기에 책을 출간하겠다는 한마음 내는 것이 쉽지 않았습니다.

이제 책을 내면서 다시금 결심해 봅니다. 대승大乘은 너를 향해 끝없이 마음먹음이니 한 걸음 내딛자고.

책을 내기까지 용기를 주신 백화도량 신도들과 도반들께 다시 한 번 감사드립니다. 책의 출간을 위해 녹음된 강의를 글로 정리해준 12명의 도반과 제자들에게 감사드립니다. 녹취록 전반을 정리하며 문장을 다듬은 김혜원 작가님과 홍진숙 작가님, 그리고 불교 교학적 측면에서 내용을 살펴준 최은영 교수님께도 감사드립니다.

이 글을 통하여 대승大乘의 수행이 무엇인지, 함께 하는 수행이 무엇인지 명상하는 모든 이에게 전달하고 싶은 소망이 있습니다. 지극히 일상적인, 말주변 없는 법담이지만 세상과 함께 할 수 있어 행복합니다.

○

나를 향한
출발

수행은 대상을 향해서 나아가는 게 아닙니다. 나를 향해 나아가는 것이지요. 우리는 살면서 대상이 문제라는 생각을 많이 합니다. 사실, 인생이라는 게 만만하지 않지요. 거친 파도에 부딪쳐서 쓰러졌다가 다시 일어나서 거친 파도를 헤쳐 나가는 게 인생입니다. 그래서 다들 그 거친 파도라는 대상을 원망하지요. 그러나 거친 파도는 '너 자신을 좀 봐.' 하면서 밀려오는 것입니다.

수행은 이런 나를 잘 보는 것입니다. '나'가 너무 많습니다. 이 몸뚱이도 나니까 몸뚱이를 잘 봐야 합니다. 이 몸뚱이에 온갖 질병과 온갖 욕심과 온갖 느낌이 있는데, 그것도 나입니다. 나라는 몸을 잘 보는 것도 나입니다. 그리고 또 뭐를 잘 봐야 되나요? 감정이 끊임없이 올라오니까 감정을 잘 보는 것도 나를 보는 방법입니다. 나를 볼 때 나의 몸만 볼 수 없거든요. 몸을 보면 감정이 일어나고, 몸을 보면 느낌이 일어나거든요.

나를 관찰할 때 몸을 잘 관찰하고, 감정을 잘 관찰해 보세요. 나를 들여다보고 있으면 온갖 생각이 일어납니다. 그 생각이 몸에서 일어나는지 감정에서 일어나는지를 관찰하는 것도 나를 관찰하는 방법 중 하나입니다. 그 다음에 내가 행동하는 것을 잘 보세요. 누워 자는 것도 행동이요, 밥 먹고 말하는 것도 행동입니다. 행동하는 것을 잘 보면 나를 잘 볼 수 있습니다.

나를 보면 내 몸과 감정, 생각, 행동들이 나 혼자 만들어낸 게 아님을 알 수 있습니다. 나의 가치관도 나 혼자 만든 게 아니라 학교에서 배운다든지 주위 사람들에게 영향을 받는다든지 하는 과정에서 만들어진 것입니다. 혼자 있으면 감정이 많이 일어나지 않거든요. 센 감정은 대부분 대상과 충돌하면서 일어나지요. 충돌 없이 감정이 일어나는 경우는 없습니다. 혼자서 팔팔 뛰고 그러지는 않아요. 수행이란 사실은 수많은 대상으로부터 출발하는 것입니다. 대상을 보면서 내 마음이 움직이는 과정을 잘 관찰하는 것이지요. 대상이 내 앞에 있을 때 내가 잘 보는 것이 뭔지를 관찰하는 것입니다.

그런데 안 봅니다. 내 식이 있으니 대상의 모양을 내 식대로 봅니다. 대상의 모양과 형태를 그대로 수용하는 것이 수행입니다. 어떤 꼴을 하고 있어도 잘 보고 잘 관찰하는 게 수행입니다. 한 사람이라도 잘 수용하면, 그게 연습이 돼서 다른 사람도 잘 수용하게 됩니다. 나를 내려놓고 대상을 그대로 받는 것입니다. 거친 파도가 몰려오면 그냥 파도를 맞으세요. 내가 아스라하게 사라지는 것입니다. 대상이 소리를 내요. 그러면 그 소리를 어떻게 해요? 그냥 들어요. 대상이 화나는 소리를 내요. 그래도 그냥 수용하세요. 그게 수행의 핵심입니다.

○
세 상 속 에 서
나 와 세 상 을 보 는 것

사람들은 수행하는 방법이 뭔가 따로 있다고 생각합니다. 다른 게 없어요. 깨달음의 자리는 저쪽에 있는 게 아닙니다. 진리는 지금 여기에 그냥 있습니다. 다 현현해 있습니다. 대상 속에 진리가 있습니다. '이런 소리로 말해야 돼.' 하고 규정해 놓으면 어떤 소리도 안 들립니다. 저 사람의 소리는 쓸데없는 소리라고 생각해요. 이 세상의 소리는 다 진리에 속하기 때문에 쓸데없는 건 아무것도 없습니다. 헛된 소리, 농담하는 소리, 노는 소리, 게으른 소리 … 심지어 나를 비난하는 소리도 그냥 수용하세요. 수용하지 못한다면, 내 안에 그와 똑같은 마음이 있는 것입니다. 그 마음을 보는 것이 수행입니다. 경계 속에 있는 내 인연을 수용하는 것이지요. 우리는 사실 가까운 가족도 수용하지 못하고, 멀리 있는 사람들은 수용하는지 못 하는지도 모르고 살아갑니다. 가까운 경계 속에서 여러분들이 얼마만큼 수용하는가 하는 것들이 대상을 향한 수행에 들어갑니다.

도량에서 수행할 때는 대부분 자기 것을 많이 보는데, 세상에 나가면 세상이 가르쳐 줍니다. 세상은, 파도는 '너 혼자 있어.' 하면서 경계를 안 만들지 않아요. 세상 속에 대상이 다 있습니다. 대상이 내가 되고, 내가 또 대상 앞에서 모습과 냄새와 모든 걸 풍기고 있어서 그 사람 것이 됩니다. 수없이 부딪히면서 서로 주고받으며 살아가지요. 세상이 없고 대상이 없는 나 홀로 수행은 없습니다.

수행은 첫째로 나를 잘 보고, 둘째로는 대상을, 경계를, 세상을 잘 보는 것입니다. 잘 보고, 잘 겪고, 잘 인정하고, 잘 수용하는 것이지요. 내가 이렇게 있으면 대상이 와서 나를 툭 쳐요. 내가 흔들리지 않고 빳빳하게 서 있으면 경계境界가 나타납니다. 내가 꼿꼿하면 경계는 끊임없이 나타납니다. 어떤 때는 칼을 들고 나타나고, 어떤 때는 이만한 돌이 날아와서 나를 팡 칩니다. 내가 똑똑하다고 잘난 척했는데, 어마어마하게 똑똑한 사람이 나타나서 나를 눌러요. 내가 힘으로 안간힘을 쓰면 더 힘센 존재가 나타나 힘으로, 권위로 확 눌러 버려요. 대상 속에서, 관계 속에서, 세상 속에서 수많은 너와 접촉하면서 나를 바라보고 나를 내려놓는 것이 수행입니다.

○

대 상 을 , 세 상 을 수 용 하 는
지 혜 를 얻 는 것

세 번째로, 수행은 대상을, 자연을 수용하는 것입니다. 살다 보면 알 수 없는 세계가 나와 너에게 영향을 줍니다. 호떡을 만들려면 밀가루 반죽에 이스트를 넣어서 부풀리거든요. 옛날에는 아랫목에 묻어 놨어요. 그러면 따뜻함, 공기, 수분 이런 것들이 반죽을 부풀게 해요. 그것이 환경입니다. 우주 끝까지 있는, 모든 것이 현현되는 조건이지요. 나를 만드는 요소이면서 너를 만드는 요소이고 서로 간의 관계를 설정해 주는 대단히 큰 마음들이지요. 실제로 수많은 사람, 수많은 나무, 수많은 하늘, 수많은 별, 수많은 바람, 햇빛, 크게 펼쳐져 있는 공간들, 마음들이 내 마음에 더 많이 들어와 있습니다. 참 감사한 일이지요.

어제 눈이 내려서 온 산의 나무를 덮었습니다. 어떤 크리스마스 장식이 그렇게 아름다울 수 있겠어요? 그것도 내 마음이 만드는 것입니다. 나무의 눈꽃, 맑은 하늘, 구름, 바람, 이런 것들이 나를 만들어요. 그런데 우리는 자연을 이기려고 합니다. 이기지 마세요. 그냥 지세요. 지는 것이 수행의 핵심입니다. 그냥 져 주는 게 아니라 진짜 지는 것, 내 마음을 항복시키는 것, 내 존재를 항복시키는 것이야말로 수행의 핵심이지요. 항복하면 뭘 얻겠어요? 내 마음이 비어서 진짜 수행할 수 있는 조건이 만들어집니다. 대상이 수용돼서 나한테 쓱 들어오면 그때야 지혜가 생겨납니다.

마음이 다 비었어요. 깨끗하게 내 마음을 비워서 내가 없습니다. 그러면 공空이 되지 지혜가 되지는 않습니다. 무엇이 지혜가 되나요? 마음의 경계에서 대상이 나한테 쓱 들어올 때, 대상이 들어오는 것을 아는 그 인식이 지혜입니다. 그게 바로 지혜로 변할 수 있는 '대상에 대한 수용성, 자연에 대한 수용성'이지요. 대상이 그냥 수용될 때 지혜는 저절로 생기지요. 대상을 잘 수용하는 사람은 그만큼 지혜가 많은 것입니다. 나를 내려놓고 대상을 수용한다면 그만큼 공성도 많은 것이지요. 우리는 먹고사는 걱정을 많이 하는데, 먹고사는 것은 그냥 저절로 됩니다. 이런 마음이 되어 가지고 대상을 수용하면 대상이 알아서 해줍니다. 별로 문제가 없습니다.

대상이 나를 먹여 살리고 있다는 걸 알기 때문에 저절로 먹고, 저절로 자고, 저절로 행동하지요. 그것이 바로 해탈입니다. 해탈이 다른 데 있는 게 아닙니다. 대상과 만나는 경계에서 내가 죽는 그 순간, 내 감정이 죽는 순간 대상이 들어와요. 나는 죽고 대상이 들어오는 그것이 해탈입니다. 여러분이 현실에서 자연과 우주법계에 있는 모든 것을 보고 듣고 호흡하고 감촉하고 수용하면 해탈이 수월해질 수 있습니다. 이때 문제가 뭐냐면, '나'라는 놈이지요. 왜 그렇게 강한지. 윤회하면서 중간중간 대상도 수용하고, 복도 짓고, 어느 생에는 이타적으로 살고 그랬으면 덜합니다. 그런데 세세생생 내가 너무너무 중요했으니 '나'가 똘똘 뭉쳐 있지요. 그래서 제가 늘 강조하잖아요. "덕을 베풀어라." "믿어라." 하고요.

믿는 것이 정말 중요합니다. 종교가 있는 사람들은 믿는 마음이 있어서 그 다음 생에 수행과 연결되는 경우가 많습니다. 보시를 많이 해도 그렇지요. 옛날에 할머니들이 수행을 알았나요? 모르지요. 스님이 보시하면 좋다고 하니 보시하는 것이지요. 믿는 마음 때문에 그렇게 해요. 그랬는데도 잘 나가던 아들 사업이 망해 버렸어요. 그래도 후회 안 합니다. 믿는 마음이라는 것은 엄청납니다. 행복으로 마음이 꽉 차 있어요. 믿는 마음이 행복을 주거든요. 믿는 마음이 있어야 대상이 들어오거든요. 믿는 마음이 없으면 항상 의심해요. 아이가 공부를 안 하고 놀든 양

아치 짓을 하든 인격적으로 엉망이든, 부모가 무조건 믿으면 그게 그 사람의 공덕이 되고 나의 공덕이 돼서 나중에 저절로 풀립니다. 거짓말을 백 번 해도 믿는 그 마음이 나와 그 사람의 마음을 확장시킵니다.

또 무엇이 마음을 확장시킬까요? 복을 쌓으면 마음이 확장됩니다. 복을 쌓으려면 어떻게 해야 할까요? 먹을 것이 생기면 남부터 주고, 내 몫을 풀어서 남을 도와줍니다. 그 마음이 결국은 내 안의 단단한 것을 열어 줍니다. 길에 쓰레기가 쌓여 있으면 쓰레기 봉투 사다가 치우세요. 불쌍한 할머니도 좀 도와주세요. 그것이 바로 수행입니다. 사람들을 위해서 마음으로 행위를 하고, 말을 하고, 안아 주는 것이 수행입니다. 다 연결되어 있어요. 내가 다른 사람의 대상이 되기 때문에 내 행동이 만법에 영향을 줍니다. 나를 돌아보고 대상관계 속에서 나를 내려놓고, 못 내려놓으면 '왜 못 내려놓는가.' 하면서 또 나를 돌아보는 것입니다.

수행의 핵심이 그것입니다. 세상을 많이 보고 많이 끌어안고 서로 마음을 열고 화합하면, 수행을 잘하고 있다고 생각해도 좋습니다. 그게 안 되니까 끊임없이 수행하고, 경계 속에서 또 수행하지요. 학생들은 공부를 열심히 하는 게 수행입니다. 하기 싫어도 외면하지 않고 했어요. 그럼 거기서 결과가 생깁니다. 내가 가족을 외면하지 않으면 가족들이 나를 알아줍니다. 외면하면 아무도 안 알아줍니다. 나만 알았는데 누가 알아주겠어요?

나를 안 알아준다고 섭섭해 했는데, 수행하면서 나를 돌아보니 부끄럽지요. 나를 내려놓는 것이 법계를 깨끗하게 하는 방법이라는 걸 알아야 합니다. 세계를 깨끗하게 하려면 나를 내려놓는 것에서부터 출발해야 합니다.

◯

불교의 일반적인 수행법
다섯 가지

불교에는 일반적인 수행법이 다섯 가지 있습니다. '5정심관五停心觀'이라고 하지요. 부정관不淨觀, 자비관慈悲觀, 연기관緣起觀, 계차별관界差別觀, 수식관隨息觀입니다.

첫 번째, 부정관은 몸을 관찰해서 몸의 부정함을 알아차리고 모두 지우고 털어내는 것입니다. 머리끝부터 발끝까지 낱낱이 관찰하지요. 머리, 머릿속 뇌, 폐장, 심장, 간장, 위장, 신장, 소장, 대장, 쓸개, 비장, 뼈, 손톱, 발톱, 똥, 오줌, 침 같은 것들을 관찰해서 나오는 그 마음들이 깨끗하지 못하다고 보는 것입니다. 지나친 욕심, 지나친 분노, 지나친 어리석음 같은 3악도업이 몸하고 결합되어 있기 때문에 몸을 관찰하면서 떼어내고 털어내는 것이 부정관입니다. 실제로 이 몸을, 이 몸이 만든 물질을 부정하는 것이지요. 부정관을 하면 물질의 마음이나 기억들이 드러납니다. 그 마음들을 털어내면 마음의 군더더기가 떨어져 나가서 마음 그 자체가 반짝반짝 빛이 나지요. 명상할 때 잘 관찰하면 잠깐은 드러나는데 일상에서는 덮여서 잘 안 드러납니다.

두 번째, 자비관은 '자비희사慈悲喜捨'입니다. 대상에게 사랑을 주고, 대상의 고민을 빼오고 괴로움을 빼오고 아픔을 빼오고 통증을 빼오는 것입니다. 원래는 비悲가 핵심이지요. 희喜는 모든 사람과 행복을 같이 누리고, 저 사람이 행복하면 나도 행복해지는 것입니다. 자비의 마음을 수행하다 보면 그렇게 되거든요. 비를 많이 닦다 보면 희가 자동으로 이루어집니다. 비보다 희가 더 어려울 수 있어요. 남의 고통 빼오는 것보다 남이 잘 되었다고 박수치면서 좋아하는 게 더 어려울 수 있습니다. 희를 많이 닦아서 마음이 확 열리면 그 마음을 사심捨心이라고 합니다. 미워하는 사람한테도 사랑을 주고, 모든 사람에게 사랑의 기운을 보내는 것입니다. 마음이 열리면 내 앞에 있는 대상과 하나가 될 뿐 아니라 더 넓게 확장되지요. 모든 대상에게 시비분별의 마음이 없어집니다. 대상에게 분별하는 마음이 일어나더라도 바로 불이不二의 마음이 회복되면서 지혜가 생기지요. 공성이 체득되는 것입니다. 그래서 자비관은 대상과 하나가 되어 대상을 사랑하는 마음으로 나의 분노를 내려놓는 수행법입니다.

세 번째는 연기관입니다. 모든 것은 관계 속에서 이루어지기 때문에 대상을 보고 수용하면 모든 것이 해결됩니다. 수행해 보면 별게 없습니다. 보이면 보면 되고, 들리면 들으면 됩니다. 한마음이 되는 것이지요. 그것이 왜 안 될까요? 내가 간직한 마음들, 기억들이 있기 때문입니다. 이 사람이 와서 접촉하면 괜찮은데 저 사람이 와서 접촉하면 싫어요. 탁 쳐내요. 이렇게 대상을 만나서 일어나는 마음을 관찰하는 것이 연기관입니다. 관계 속에서 마음이 일어나거나 일어나지 않거나 거부하는 걸 알아차리는 것이 연기관입니다. 연기관이 어렵습니다. 관계 속에서 내 마음이 맺혔다 풀렸다 맺혔다 풀렸다 하는 것을 계속 관찰해야 하거든요. 진리라고 할 것은 관찰밖에는 없습니다. 사람들은 수행하면 뭐 특별한 게 있을 거라고 생각하는데, 특별한 게 하나도 없습니다. 특별한 것은 관찰로 본래의 마음들이 드러난다는 것뿐입니다.

네 번째가 계차별관인데, 밖의 지수화풍地水火風을 통해 나를 관찰하는 것입니다. 자연은 지수화풍으로 이루어져 있습니다. 지성地性은 산, 나무, 바위 이런 것들이지요. 수성水性은 흐르는 강물과 비, 화성火性은 항상 우리를 따뜻하게 해주는 태양과 불입니다. 풍성風性은 바람입니다. 바람이 불 때 온갖 마음이 다 일어나거든요. 우리 근본 마음을 자연의 지수화풍이 쳐서 바라보게 하는 것입니다.

자연을 통해 우리 마음을 관찰하면 굉장히 좋습니다. 우리는 나를 관찰할 때와 저 사람 관찰할 때 평등하게 관찰하지 못합니다. 관찰을 많이 하면 평등하게 되지만, 그래도 나한테 집중하기가 편합니다. 그런데 자연은 평등해요. 햇볕도 똑같이 내리쬐고 바람도 누구에게나 똑같이 불고 소리도 똑같이 들려줍니다. 이 사람이 예쁘다고 이 사람한테만 들려주지 않습니다. 자연 속에서 명상하면 편해지는 것은 차별성이 없어서입니다. 좌선만 오래하면 관찰하기가 힘들고, 마음을 털어내는 데도 한참 걸립니다. 그래서 오랫동안 자연의 요소를 이용한 자연명상에 집중해왔고, 프로그램도 많이 만들었습니다. 자연 속에서는 그냥 관찰만 해도 맺힌 마음이 많이 풀어지거든요. 태양이 나를 비출 때, 비추는 데다 의식을 두고 수용하면 태양이 몸 안으로 쑥 들어오거든요. 그것이 계차별관입니다. 자연스러운 것이지만 처음에는 의도가 들어가요.

다섯 번째, 수식관은 숨이 들락날락하는 걸 관찰하는 것입니다. 딴데 보지 말고 숨이 들락날락하는 것에만 집중하세요. 숨이 차분해지면 숨이 들락날락하는 걸 잘 보겠다는 의도도 같이 줄어들어요. 물질업이 줄면 부정관할 때 도구가 안 만들어지는 것과 비슷합니다. 도구가 의도이기 때문에 업이 줄면서 같이 줄어듭니다. 마음 안에 연민이나 비련, 슬픔이 많은 사람들은 사랑할 대상이 많아요. 정이 많으니까 힘들어 하는 사람 보면 잘 속아요. 관은 불쌍해 보이는 것에 흔들리지 않아요. 자비의 마음이 많이 생기는 것도 사실은 내 안에 뭔가 의도하는 마음이 있어서거든요. 그래도 자비심은 딱딱한 업보다는 나아요. 내가 슬플 때 같이 손잡고 울어 주면 마음이 많이 풀립니다. 마음이 서로 결합하니까.

　그래서 감성적으로 열리는 게 중요합니다. 수행해서 관찰이 뭔지 아는 사람이 몇이나 되겠습니까. 그렇지만 표면에 있는 껍데기 층을 벗어서 마음이 물처럼 흐르면 대상의 감정을 그대로 느낍니다. 같이 울기도 하고 웃기도 하고 손도 잡아 주고 마음을 교류해요. 거기까지만 가도 명상의 효과는 충분합니다. 처음에는 의도를 갖는 것이 좋아요. 문제를 해결하려면 의도가 필요하거든요. 자식 문제가 해결이 안 됩니다. 그럼 자식을 어떻게 키웠는지 의도를 갖고 관찰해 봐야 합니다. 마음 안에 해결 안 된 게 있어요. 남편 문제가 해결이 안 됩니다. 그럼 왜 해결이 안 되는지 들여다봐야 합니다. 내가 아예 비어 있으면 돈을 안 주건 나를 구박하건 아무렇지도 않아요. 그런데 마음이 펄떡펄떡 일어나요. 그럴 때는 '이건 뭔가? 이 마음은 뭔가?' 의도를 지니고 구체적으로 관찰할 필요가 있습니다.

불교에는 수행법이 굉장히 많습니다. 초심자 수련을 하면서 그 많은 수행법을 다 하기는 어려워요. 그래서 꼭 필요한 것들만 뽑아서 열두 가지 수련법으로 정리했습니다. 마음으로 들어가는 열두 개의 문이라 해서 '12문 수련'이라고 합니다. 진리를 한 번에 알기는 어렵기 때문에 한 달에 한 문씩 익히다 보면 마음을 관찰할 수 있게 됩니다. 한 달에 한 문씩 수련할 것을 권합니다. 수행법은 서로 연결되어 있으나 전반적으로는 몸-느낌-마음-개념 순으로 수행하는 것이 바람직합니다.

첫 번째 문은 몸관찰입니다. 마음을 전반적으로 알려면 몸관찰부터 하는 것이 좋습니다. 그래서 12문 수련에서는 먼저 몸관찰을 합니다. 마음은 엄청나게 넓기 때문에 마음으로 들어가려면 좁은 곳부터 들어가는 것이 좋습니다. 몸은 마음 전체로 보면 거친 표면층에 해당하지만, 마음으로 들어가는 중요한 문의 역할을 하지요. 몸관찰은 정문으로 들어가는 것입니다. 몸속에 마음이 있기 때문에 몸을 잘 관찰하면 마음을 볼 수 있어요. 마음의 일부가 몸을 만드니 몸을 관찰하면 마음이 몸을 만드는 기제들을 볼 수 있습니다.

　두 번째 문은 부정관입니다. 몸의 내부를 관찰하는 것이지요. 몸과 마음은 살아 있는 동안 늘 붙어 다니기 때문에 몸을 관찰하면 그 속에 머물고 있는 마음들을 발견할 수 있습니다. 부정관은 물질적 가치관이 만든 몸을 부정하고 오염된 마음이 만든 몸을 부정하면서, 몸에 갇혀 있는 생각이나 느낌이나 감정을 없애고 지우고 소멸시키는 수행법입니다. 지수화풍地水火風의 도구를 상상으로 만들어서 없애는 것이지요. 지수화풍은 세상을 이루는 네 가지 요소입니다. 지地는 땅 같은 딱딱함을, 수水는 물 같은 부드러움과 유연함을, 화火는 불처럼 따뜻함을, 풍風은 바람같이 움직임과 변화를 뜻하지요. 지로는 칼이나 망치 같은 딱딱한 도구를 만들 수 있고, 수로는 흐르거나 쏟아지는 물을 상상해서 만들 수 있어요. 화로는 여러 가지 불을 만들어 없애고, 풍으로는 여러 가지 바람을 만들어 몸의 요소들을 없애고 내몰 수 있습니다.

　세 번째 문은 외부대상인 물질을 통해서 몸을 관찰하는 점관찰입니다. 외부의 점을 그대로 바라보면서 나를 보고 너를 보는 수행이지요. 외부의 점을 계속 보는 것이 그리 쉽지는 않습니다. 그래도 점은 일정한 모양과 상태를 유지하기 때문에 마음과 생각에 집중하기가 쉽습니다. 긴장과 고정관념, 자기중심적인 사고를 풀어 주는 데 탁월한 효과가 있지요. 1문 몸관찰, 2문 부정관, 3문 점관찰은 몸의 물질업을 바라보게 하고, 그것이 허상이라는 것을 알게 하는 수행법입니다.

　4문 느낌관찰, 5문 음악명상, 6문 촛불명상도 서로 연결되어 있습니다. 느낌과 감정을 관찰하는 수행의 문입니다. 몸이라는 껍질을 벗겨내면 마음이 더 깊이 드러나는데, 마음의 중요한 기제가 느낌과 감정이거든요.

네 번째 문 느낌관찰은 몸의 느낌과 그 안의 감정들을 알아차릴 수 있게 훈련하는 문입니다. 외부 대상과 접촉할 때 몸과 마음에서 일어나는 느낌과 감정을 관찰하면서 알아차리는 방식이지요. 느낌과 감정이 일어날 때 그 느낌과 감정을 받아들이는지 거부하는지를 관찰하고, 느낌의 현상, 느낌의 흐름과 변화, 통증의 원인, 긴장과 이완의 관계를 관찰합니다. 느낌을 알기 위해 5개의 감각기관과 5개의 장기, 그리고 뼈와 관절을 관찰합니다. 거기서 일어나는 통증을 관찰하거나 5관에 의해서 이루어지는 행위와 의식을 관찰하다 보면 저장된 감정이 관찰됩니다.

다섯 번째 문은 음악명상입니다. 음악을 들으면서 마음을 관찰하는 것으로, 5관 중 귀를 원만하게 하는 수행법이지요. 음악은 음률, 음파, 스토리, 감정을 담고 있어 감정의 세계에 들어가는 데 효과적이지요. 음악을 들으면 심층 내부에 있는 온갖 감정과 사연들이 소리를 따라 마음이 밖으로 흘러나옵니다. 음악을 들으면서 마음을 관찰하면 내면의 감정과 에너지를 정화하는 데 도움이 됩니다. '듣는 마음'을 수련하기 때문에 대상의 소리에 집중하여 마음을 열고 소통하는 방법도 익히게 됩니다.

여섯 번째 문은 촛불명상입니다. 감정이 불 에너지와 유사한 것에 착안한 수행법으로, 촛불을 바라보면서 감정으로 들어가는 문이지요. 촛불명상은 눈으로 하는 명상법이고, 외부의 모양과 색깔을 관상하는 명상법이며, 빛과 열을 이용하는 명상법입니다. 촛불을 관찰하면서 열과 빛에 반응하는 몸을 관찰하고 긴장이 완화되는 걸 알아차리는 것이지요. 촛불은 계속 움직이고 모양과 색깔이 변화하기 때문에 계속하다 보면 멋대로 하고 싶은 마음이 줄어들면서 대상의 변화를 인정하는 마음이 생겨요. 환한 빛과 따뜻함이 딱딱함을 녹여 사랑하는 마음도 커집니다.

7문 만트라 명상과 8문 마음관찰은 마음으로 직접 들어가는 문입니다. 마음은 헤아릴 수 없이 넓고, 진짜 마음과 가짜 마음들이 섞여 있습니다. 일곱 번째 문인 만트라 명상은 거친 가짜 마음들을 효과적으로 녹이는 명상법입니다. 만트라mantra의 종류가 많지만 일상에서도 할 수 있는 짧은 만트라나 염불이 초심자에게 유리합니다. 만트라는 진리를 담은 문구를 입으로 외우기 때문에 진언眞言이라고 하며, 번역하지 않고 소리 그대로 외우기 때문에 다라니dharani라고도 하지요. 만트라를 입으로 외우고 귀로 들으면서 몸과 마음에서 올라오는 현상을 씻어 내며 집중하는 것이 만트라 명상입니다. 입으로 외우고 귀로 듣는 수행이므로 5관 중 귀와 입의 수련이면서 들음과 알림의 수련이기도 하지요. 만트라 종류는 많지만 초심자는 세 가지 대표적인 진언으로 만트라를 합니다. 청정진언(나무 사다남 삼먁 삼못다 구치남 다냐타 옴 자례주례 준제 사바하)을 외우면서 무거운 업을 없애고, 참회진언(옴 살바 못쟈모지 사다야 사바하)을 외우면서 잘못을 참회하고, 자비진언(옴 마니 반메 훔)을 외우면서 미움을 없애고 사랑을 키우는 것입니다.

여덟 번째 문은 마음관찰입니다. 마음의 핵심인 생각 자체를 보는 수행입니다. 몸도 마음이요 느낌도 마음이요 생각도 마음이지만, 마음과 가장 유사한 것을 찾으라면 단연 생각입니다. 생각을 보고 생각의 흐름을 보고 생각 속 생각 없음을 보는 것이 마음관찰의 방식이지요. 마음이란 크게 세 가지로 나누어 볼 수 있습니다. 첫째, 눈으로 보고 귀로 들고 코로 냄새 맡고 혀로 맛보고 몸으로 감촉하면서 일어나는 느낌과 생각, 그에 따른 행동을 비롯하여 모든 저장된 기억들을 보는 것입니다. 둘째, 거기에 작용하는 '나'라는 자아의식을 보는 것입니다. 셋째, 거기에 세세생생 행했던 전반적인 업의 기록들을 보는 것입니다. 마음관찰은 이러한 생각 중심의 마음을 관찰해서 알아차리는 것이며, 이 생각들을 걷어내 그 속에 있는 청정하고 물들지 않은 마음을 관찰하는 것입니다. 5관을 통해 일어나는 생각을 관찰하거나, 말과 행동으로 나오는 생각을 관찰하거나, 홀연히 일어나는 생각과 기억을 관찰하는 방식입니다. 마음의 기록들을 털어내고 가짜 마음에 끌려 다니지 않게 수련하는 것이지요.

9문 걷기명상과 10문 자연명상은 생활명상에 들어가는, 어찌 보면 현실수행이라고 할 수 있습니다. 앞의 수행법들이 주로 좌선을 통해서 한다면, 걷기명상과 자연명상은 일상과 자연을 직접 만나며 알아차리는 수련이거든요. 대자연 속에서 겸손과 미덕과 상생을 느끼는 수행법이지요.

아홉 번째 문 걷기명상은 움직임에 초점을 맞추는 명상법입니다. 걸을 때 땅의 지기와 만나면서 일어나는 몸과 마음의 현상을 알아차리고 내려놓고 확장시켜서 자연과 하나가 되는 것입니다. 행주좌와어묵동정 行住左臥語黙動靜 여덟 가지 수행법 중에 움직이면서 하는 행선行禪을 대표하는 명상법이지요. 경행經行이라고도 합니다. 좌선과 함께 초기 불교의 전통적인 수행방식 중 하나입니다. 좌선을 중시하는 명상법들은 근육과 장기들을 긴장시켜서 근육이 약해지고 굳어지는 부작용이 생기거든요. 그것을 보완하기 위해 마련된 수행법이지요. 걷다가 멈추거나 서기 때문에 주선(住禪)에도 해당합니다. 걸으면서 발에 집중하는 방법과 몸의 현상에 집중하는 방법, 생각을 내려놓는 방법 등을 익힙니다. 걷기명상을 잘하게 되면 일상생활에서 자기 모습과 행동을 관찰할 수 있게 되지요.

열 번째 문은 자연명상입니다. 자연은 내 주변을 이루는 대표적인 것입니다. 스스로에 의해 만들어지는 자업(自業)이 아니라 자타의 공존에 의해 만들어지는 공업(共業)이지요. 자연은 나를 이루는 요소이자 원인이면서 나를 변화시키고 사라지게 하는 외부 환경입니다. 자연명상은 자연의 여러 요소들, 다시 말해 지수화풍공[땅, 물, 태양, 바람, 허공]을 이용해 나를 관찰하고 자연과 하나 되는 법을 익히는 수행법이지요. 자연명상을 잘 익히면 대상을 인정하고 수용할 수 있게 됩니다.

열한 번째 문은 수식관입니다. 숨을 통하여 몸과 마음의 현상을 관찰하는 것으로, 몸과 마음을 안정시키기에 좋은 수행법입니다. 자연명상을 통해 자연을 배우고 수용하게 되면 외부의 공성이 내 안에 녹아듭니다. 수식관을 하기에 좋은 상태가 되지요. 숨이 들어올 때 숨결을 느끼면 숨결이 나의 몸과 마음을 건드려 줍니다. 나중에는 숨으로 모든 것을 내려놓게 되지요. 초심자는 복식호흡을 먼저 연습해서 어느 정도 익숙해진 뒤 수식관으로 들어갑니다. 부처님 당시에는 숨을 따라가는 수식관(隨息觀)을 주로 했는데, 초심자는 이 방법이 쉽지 않기 때문에 복식호흡을 하면서 숨의 숫자를 헤아리는 수식관(數息觀)을 먼저 익힙니다. 숨의 숫자를 세는 수식관을 통해 몸과 마음에 집중하는 법을 익히고 나면 숨을 따라가는 수식관을 익힙니다. 숨을 쉬면서 몸과 마음의 현상, 느낌, 개념을 알아차리는 것이지요.

열두 번째 문은 자비관입니다. 열한 가지 수행의 문(門)을 익히면서 외부가 내부가 됨을 알았으니, 내가 수행을 통해 얻은 것을 나의 또 다른 면인 대상에게 돌려주는 것이지요. 자비관은 자비희사慈悲喜捨 4무량심四無量心을 의미합니다. 무수하게 많은 대상을 설정하여 하는 명상이기에 무량이라고 합니다. 마음을 키우고 넓히는 대표적인 명상법이지요. 자비관을 시작하기 전에 몸을 관찰해서 몸을 이완하고 편안한 상태로 만들고 자기 안에 있는 분노와 화의 마음을 정화합니다. 그런 다음 대상을 설정하여 자비희사를 차례로 수행합니다. 자慈는 무한한 대상에게 무한히 사랑을 주는 것이며, 비悲는 대상의 고통과 괴로움을 무한히 가져오는 것이며, 희喜는 대상의 행복과 기쁨을 무한히 함께 하는 것이며, 사捨는 대상과 무한히 일치하는 것입니다. 자타일여自他一如의 평등심을 배우는 데 탁월한 수행법이지요.

제가 중요하게 생각하는 명상은 지혜를 키우며 동시에 자기의 업력을 관찰해서 녹이는 것입니다. 업을 녹이지 않으면 지혜가 매일 생겨도, 깨달아도 소용없습니다. 업의 양을 줄여야만 세세생생 살았던 오염된 마음에서 벗어날 수 있습니다. 직업, 성격, 인연 모두가 업장 놀음 아닌 것이 없어요. 모든 것이 가짜 마음의 놀음입니다. 마음이 구르면 몸도 구르는 것입니다. 그러니 수행을 통해서 뭉친 마음을 정확하게 바라보고 그것을 뚫어서 진짜 마음을 알 때까지 정진해야지요.

처음 수련할 때는 1~2년 열심히 하면 될 거라고 생각하지만 마음은 봐도봐도 끝이 안 납니다. 마음이 엄청나게 넓거든요. 수행은 켜켜이 쌓인 때 묻은 마음 가운데 진리를 담고 있는 진짜 마음을 보는 것입니다. 진짜 마음을 보는 것이 쉽지는 않아요. 진짜 마음까지는 모르더라도 나의 가짜 마음이 어떻게 운용되고, 그 마음 때문에 어떤 생각을 하고, 그 마음 때문에 누구와 얽혀 있고, 왜 그 마음을 내려놓지 못하고 해결하지 못하는가는 알아야 합니다. 그래야 업장 놀음에서 벗어날 수 있습니다.

　　불교의 명상법에는 행주좌와어묵동정 여덟 가지가 있습니다. 사실은 걷고 머물고 앉고 눕고 말하고 침묵하고 움직이고 움직이지 않는 것이 하나로 연결되어 있습니다. 우리는 늘 내 편 네 편, 옳고 그름, 높고 낮음, 오른쪽 왼쪽을 분별합니다. 서로 화합하지 못하는 것도 한쪽으로 기울어져 있기 때문이지요. 그래서 수행할 때는 겸수兼修가 좋습니다. 행주, 좌와, 어묵, 동정이 반대 개념이니 관찰할 때 묶어서 하는 것이 좋아요. 행선行禪을 하면 주선住禪을 같이하고, 좌선坐禪을 하면 와선臥禪을 같이하고, 어선語禪을 하면 묵선默禪을 같이하고, 동선動禪을 하면 정선靜禪을 같이 합니다.

　　수행에 가장 기본이 되는 자세가 좌선입니다. 좌선을 통해서 행선까지 가야 하지만, 기본적인 것은 좌선을 통해서 배우는 게 좋지요. 마음이 고요하게 가라앉아야 마음을 관찰할 수 있거든요. 좌선이 중요한 것은 집중이 잘되는 삼각형 자세를 하기 때문입니다. 떠 있는 마음을 가라앉히고 집중하는 포인트를 잡기에 좌선이 제일 좋은 방법이지요.

좌선하는 기본자세는 이렇습니다. 먼저 다리는 반가부좌해서 한 발을 다리 사이에 끼웁니다. 어깨는 긴장을 풀어서 떨어뜨리고 턱은 몸 쪽으로 살짝 당기고 팔은 그냥 편하게 두세요. 중요한 것은 허리입니다. 머릿속에 있는 모든 신경계가 척추를 타고 내려오니, 척추를 곧추세우는 게 중요합니다. 그러면 아랫배가 나오고 등이 약간 들어가서 에스 라인이 되지요. 척추가 유연하지 않으면 이 자세가 안 나옵니다. 처음에는 방석을 3분의 1 정도 접어서 엉덩이에 받치고 앉으세요. 떠 있던 무릎이 바닥에 닿습니다.

이렇게 아무것도 안 하고 자세를 유지하는 것이 수련의 시작입니다. 처음에는 이런 자세를 하는 게 힘들어서 절로 힘든 몸을 바라보게 되지요. 하다 보면 자꾸 허리가 구부정해지는데, 그럴 때마다 알아차리고 허리를 바로 세웁니다. 처음부터 잘하려고 하지 마세요. 잘하려고 하면 힘들어집니다. 이 자세를 30분에서 한 시간 정도 유지하는 것만 하세요. 힘들면 벽에 기대거나 다리를 뻗거나 다리를 움직여도 됩니다. 그래도 힘들면 잠깐 누워도 됩니다.

이제 눈을 감고 마음을 가라앉힙니다. 가만히 있다 보면 들뜬 마음이 가라앉아요. 이때 중요한 것은 이런저런 생각으로 빠지지 않는 것입니다. 처음이니까 눈을 감고 시작합니다. 자, 눈을 감고 5분만 그 상태를 유지해 보겠습니다. 가만히 있다 보면 조금 편안해집니다.

그 다음에는 관찰에 들어갑니다. 먼저 머리끝에서 발끝까지 의식으로 몸을 천천히 훑으면서 살펴봅니다. 이것을 바디스캔body scan이라고 하지요. 먼저 의식을 정수리의 백회에 두고 백회 약간 위에서부터 스프

링 모양으로 뱅글뱅글 자기 몸을 훑어 내립니다. 의식 자체가 흐르는 모양이기 때문에 물이 흐르듯이 뱅글뱅글 훑어 내리는 것입니다. 이렇게 하면 마음속에서 스스로 몸을 관찰하는 기능이 살아나기 때문에 천천히 몸을 타고 내려오면서 스캔합니다. 스캔하는 중에 몸 어디에 느낌이 있어도 그냥 느낌을 훑으면서 내려갑니다. 머리끝에서 발끝까지 한두 번 스캔하면 마음이 안정되어 예비수련 상태가 됩니다. 이런 식으로 바디 스캔을 세 번 정도 합니다.

그 다음에는 눈에 의식을 집중합니다. 오른쪽 왼쪽 상관없이 한쪽에 집중해도 되고, 양쪽을 통으로 관찰해도 됩니다. 의식을 눈에 두고, 눈에서 일어나는 현상에 그대로 집중하세요. 눈이 뻣뻣하다면 뻣뻣한 상태, 피곤하다면 피곤한 상태, 까끌까끌하다면 까끌한 상태를 알아차리면서 관찰합니다. 아무 현상이 없어도 그냥 눈에 의식을 집중합니다. 이제 수행할 준비가 되었습니다.

1문

몸관찰

몸을 통해 마음 관찰하기

○

관 찰 이 란
그 냥 그 대 로 바 라 보 는 것

몸과 마음을 관찰할 때 가장 중요한 게 관觀입니다. 관은 위빠
사나를 옮긴 말인데, 산스크리트어로는 Vipaśyanā라고 하고, 빨리어로
는 Vipassanā라고 해요. 인도 고유의 말이 산스크리트어고, 산스크리트
어의 남부지방 방언이 빨리어입니다. 이 말을 한자로 볼 관觀 자를 써서
'관觀'이라고 번역했습니다. 위vi는 가르다는 뜻이고, 빠사나paśyana는 가
르고 갈라서 속이 보인다는 뜻입니다. 관은 우리 본연의 마음인 지혜와
관련이 있습니다. 눈으로 사물을 보고 살피듯이, 마음으로 보고 느끼고
알아차리고 직관하는 것이지요. 마음에 관을 꽂아서 집중하는 그 순간
을 사띠sati라고 해요. 한자로는 염念이지요. 사띠해서 마음을 보려고 의

도적으로 더 깊이 파고 들어가는 것이 사마타입니다. 한자로 번역하면 지止인데, 지식止息, 적정寂靜이라고도 해요. 그렇게 양파껍질 벗기듯 껍질을 벗겨서 마음이 드러난 상태가 위빠사나입니다. 마음은 느낌, 영상, 생각, 행위로 드러나요.

위빠사나하는 방법에는 몸을 관찰하는 것[身], 느낌이나 감정을 관찰하는 것[受], 마음을 관찰하는 것[心], 법을 관찰하는 것[法] 이렇게 네 가지가 있습니다. 수행은 대부분 몸을 관찰하는 것이지요. 관찰은 그냥 그대로 바라보는 것이니, 몸관찰은 몸을 바라보는 것입니다. 몸을 본다고 해도 사실은 몸속의 마음을 보는 것이지요. 이걸 모르면 몇십 년, 몇백 년, 몇억 겁을 수행해도 소용없습니다. 마음이 나중에 지혜로 바뀌니 그렇지요. 업이 다 녹으면 마음이 관찰, 지혜라는 반야로 거듭납니다. 이걸 알지 못하면 진짜를 모르고 수행하는 것입니다. 이때 중요한 건 무슨 현상이 일어나든 그걸 알아차리는 것이지요. 몸을 바라보고 있으면 통증이 생기는데, 통증은 마음이라는 것이 안에서 튀어나와 없어지거나 변화하는 과정입니다.

마음에 아무것도 들어 있지 않은 사람은 없습니다. 마음 안에 모든 게 다 들어 있습니다. 누굴 기억하는 것도 마음 안에 기록되어 있어서지요. 이쪽저쪽 '관'으로 파고 들어가면 마음이 드러나요. 아무것도 없으면 파고들 것도 없습니다. 그런 것을 지관쌍수止觀雙修라고 해요. 지와 관이 평행이 된 것이지요. 수행은 여기서 시작해 여기서 끝납니다. 파고 들어가서 마음을 계속 보다 보면 어느 순간 마음이 뻥 뚫리는 것이지요. 우리 마음은 원래 그렇게 비어 있습니다. 살면서 자꾸 집어넣으니까 그 맑고 투명했던 마음이 무거워지는 것이지요. 젊을수록 경험이 적어서 공간이 많고 가볍습니다. 나이가 들면서 삶이 슬퍼지는 것은 마음에 쌓아 놓은 게 많아서 그렇지요.

　몸이란 마음에 따라 좌지우지됩니다. 몸에 마음이 들어가 있기 때문입니다. 몸에 눈이 달려 있지만, 사실은 마음이 보는 것이지요. 마음 아닌 것이 없습니다. 새끼줄 보고 뱀이라고 생각하는 것도 마음입니다. 맛을 봐도 마음에 따라 어떤 맛을 좋아하고 어떤 맛을 싫어하고 그래요. 냄새도 마찬가지입니다. 어떤 사람은 샴푸 향기 때문에 사랑을 느끼고, 어떤 사람은 깔깔깔 웃음소리 때문에 부인이 좋아졌다고 해요. 이미 저장된 마음에 따라 어떤 소리가 좋고 어떤 소리가 싫은 것이지요. 마음이 다 조정해요. 마음은 기억이 차곡차곡 쌓인 것입니다. 먹었던 것, 사귀었던 것, 만났던 것, 살아온 환경이 다 저장되어 있거든요. 그 기억에 의해서 몸이 영향을 받아요. 몸과 마음이 불가분의 관계여서 첫 번째로 몸속에 있는 마음을 보는 것입니다.

　몸은 죽어도 마음은 안 죽어요. 마음이 몸에서 떨어져 빠져나가는 게 사死고, 몸과 마음이 붙어 있는 게 생生입니다. 몸관찰을 하면 몸을 만드는 마음을 많이 알 수 있어요. 초심자 수련에서 첫 번째로 몸관찰을 하는 이유가 그것입니다. 부처님 당시에도 몸관찰 수련이 제일 많았지요. 왜 마음을 관찰시키지 않고 몸을 많이 관찰했을까요? 반야심경에 "색즉시공色卽是空 공즉시색空卽是色, 물질이 공이요 공이 물질이다."라고 나와요. 몸이 물질이기 때문에 몸을 관찰하면서 물질을 만드는 마음을 관찰하는 것입니다.

관은 그냥 있는 거라고 그러셨거든요. 관 자체는 마음이 없는 거예요? 뭔가 뜨면
내 마음인가요?

/

관은 늘 그대로 있습니다. 관 자체는 마음이 없어요. 어떤 마음도 일어
날 수가 없습니다. 뭔가 떠오르면 그건 가짜인 내 마음이 일어나는 것입
니다. 관은 늘 똑같아요. 변하지도 않아요. 말로 표현할 수도 없습니다.
살 때도 있고 죽을 때도 있습니다. 괴로울 때도 있고 행복할 때도 있습
니다. 우리가 왜 몸관찰을 하냐면 몸은 지옥, 아귀, 축생이라는 3악도업
과 관련되어 만들어지기 때문입니다. 센 업들이 물질을 만드는데, 몸이
대표적인 물질이거든요. 의식이 확장되면 여기에서 벗어납니다. 몸관
찰해 보면 알아요. 몸에는 좋은 것만 있지 않습니다. 강하고 세고 뭉치
고 집착하고 잡아당기고 그런 것들이 많아요. 내 것으로 만들려고 대상
을 잡아당기는데 안 오면 계속 잡아당겨야 하니까 힘들거든요. 같은 행
동이라든가 습관적으로 하는 것들이 뭉치고 뭉쳐서 몸이 만들어져요.
그래서 죽는 것도 쉽지 않습니다. 몸이 또 태어나고 또 태어나고 하니까
몸이 '내 것'이라고 착각하거든요. 몸과 마음이 분리되는 것을 가짜 마
음이 용납하지 않으니 몸을 딱 잡고 있지요.

휴지를 보고 "어, 휴지네." 하고 어떤 마음도 안 일어나면 내가 '관'을 하고 있는
거죠?

/

그렇지요. 보면서 '휴지가 왜 이렇게 풀어져 있어?' 이러는 건 마음이 일어나는 것입니다. '휴지가 왜 이렇게 더러워.' 이것도 마음작용이지요. 휴지를 가져다가 감으면 그것도 마음이지요. 관의 마음은 어떠한 것도 안 합니다. '이건 내 거야.' 이런 생각도 안 합니다. 다른 사람이 열두 번 가져가도 아무렇지 않아요. 그냥 바라보는 마음만 있을 뿐입니다.

집중해서 관찰하는 게 핵심인 것은 알겠는데, 자꾸 샛길로 빠져요.

/

운전연습을 많이 하면 운전을 잘하는 것처럼 관찰도 연습이 필요합니다. 샛길로 빠지는 건 처음에는 어쩔 수 없어요. 가짜 마음 중 센 게, 단단한 게 나오면 진짜 마음으로 못 들어가거든요. 그 마음에 밀려서 샛길로 빠져나와요. 다시 도전해도 마음이 튕겨 나오면 절을 하거나 경행을 하거나 다른 일을 하다가 다시 집중하세요. 계속 집중하면 어느 시점에서 말랑말랑해져요. 그러면 들어갈 수 있습니다. 샛길로 빠질 때 안 빠지려고 용을 쓰는 것도 힘들어요.

관찰하다가 힘이 달리면 어떻게 해요?

/

관찰 자체는 힘이 하나도 안 들어갑니다. 순수한 관찰지가 드러나면 힘이 필요 없어요. 관찰은 힘을 동반하는 게 아닙니다. 힘이 달리는 것은 센 게 드러나서 그래요. 그 센 걸 보려는 의도가 강하니까 힘이 달리지요. 관찰은 공들여서 힘쓰는 게 아닙니다. 그걸 무공용無功用이라고 해요. 공들일 공功 자에 힘쓸 용用 자를 씁니다. 힘썼던 업이 드러나면서 힘이 달리기도 해요. 힘이 들어도 계속 보는 연습을 하세요.

심한 통증을 느끼는 것도 관찰인가요? 끝까지 느끼고 있어야 하나요?

/

느끼는 것도 관찰입니다. 통증을 느끼는 게 맞는 방법이지요. 사람들은 뭘 보면 사물만 본다고 생각해요. 옛날에 사람들한테 자기 몸을 보라고 하니까 몸을 그려서 앞에 놓고 보는 사람도 있고, 거울에서 본 자기 모습을 상상해서 띄워놓고 보는 사람도 있었어요. 본다는 용어 때문이지요. 분명한 용어를 쓰는 사람은 거기에 개념이 딱 박혀 있습니다. 사실은 몸을 느끼는 게 보는 것이지요. 느끼는 것과 관찰하는 것은 같습니다.

옛날 기억을 떠올렸는데 어머니 모습이 나왔어요. 그러면 그 모습을 그냥 관찰하면 됩니다. 슬픈 장면이 딱 떠올랐어요. 슬픔은 감정이니까 그냥 느끼고 인식하면 됩니다. 아프고 쑤시고 끊어질 거 같은 느낌을 그대로 느끼는 것도 관찰입니다. 통증은 형태가 있는 게 아니거든요. 통증은 그냥 통증일 뿐입니다. 그냥 느끼고 있어야 합니다.

○

우 리 몸 을 이 루 는
요 소

여러분들이 몸관찰을 하면서 늘 염두에 둘 것이 몸은 껍데기라는 것입니다. 이 껍데기가 마음에 따라서 작용하는 것이지요. 눈이 튀어나오고 쑥 들어가 있는 것도 마음의 작용입니다. 관찰하면 이유를 알수 있습니다. 어느 날 눈이 축 처져요. 코가 벌렁벌렁해요. 다 마음이 작용해서 그런 것이지요. 마음 아닌 것이 없습니다. 머리카락도 마음작용입니다. 머리카락을 만져 보면 성격을 알 수 있습니다. 목욕 가서 때를 밀어도 성격을 알 수 있습니다. 때가 나오는 과정에서 그 사람의 성격을 이루는 마음을 알 수 있습니다. 그 몸을 만지면 그 사람의 마음과 접촉하는 것입니다. 마음을 알려고 껍데기인 몸을 위빠사나하는 것입니다.

수행하기 전에는 몸이 아프면 일단 병원부터 갔지요. 몸만 가지고 설명하고 마음에 대해서는 관심을 두지 않았어요. 이제는 몸이 아니라 마음이 아프다고 생각을 바꿔 보세요. 몸이 아프면 병원에 가기 전에 마음이 어떤지를 보세요. 그 다음에 병원을 가세요. 몸관찰을 통해 마음에 집중하는 것입니다. 몸을 통해 드러나는 현상, 느낌, 감정에 집중하세요. 마음이 밖으로 나갈 때 뭐를 동반해요? 생각을 동반합니다. 마음이 밖으로 나가는 게 생각입니다. 걱정거리도 생각입니다. 생각을 얼른 끊고 몸에 계속 집중하세요. 그러면 쌓여 있던 것이 풀리면서 몸 상태가 좋아집니다. 적게 쌓인 것은 몸관찰로도 풀립니다. 몸관찰로 상태가 좋아지지 않으면 그때는 병원을 가야 하지요. 물론 외과적인 처치를 해야하거나 응급한 경우에는 당장 병원에 가야 합니다.

물질이 몸을 만든다

우리 몸은 까르마karma.業에 의해 만들어지고 작동하는 가짜 몸입니다. 까르마가 사라진 상태의 몸이 진짜거든요. 그런데도 우리는 그 가짜 몸을 엄청 소중하게 여깁니다. 몸에 속고 있어요. 시력이나 청력, 후각같이 겉으로 드러난 정보만 알지 그 속의 마음은 몰라요. 그 가짜 몸을 만드는 게 뭘까요? 가짜 몸을 만드는 대표적인 것이 물질입니다. 우리는 자본주의 시대를 살고 있습니다. 물질이 근본이 되는 시대를 살고 있습니다. 물질의 가치가 인간보다 더 중요한 시대를 살고 있습니다. 적어도 인간이 근본인 인본주의 사회가 되어야지요. 그러나 사실은 인간도 근본이 아닙니다. 마음이 근본인 사회, 진짜 마음이 드러나서 반야가 근본인 사회가 되면 얼마나 좋겠어요. 정신세계가 높을수록 세계를 바라보는 경지가 높아집니다. 정신세계가 낮을수록 자기만 생각하는, 가짜가 가득한 사회가 됩니다.

삶의 구조가 이렇기 때문에 우리가 이렇게 살고 있다는 것을 객관적으로 볼 수 있어야 합니다. 그래야 노예의 삶을 살지 않습니다. 알고 보면 우리가 가짜의 삶에 끌려 다닙니다. 내가 어떻게 사는지 잘 보세요. 내가 목줄을 거기에다 쥐어 줬어요. 그러니까 거기서 끌면 끌려가지요. 아니다 아니다 하면서 내가 목줄을 거기다 매 놨어요. 수행하면 그걸 객관적으로 볼 수 있게 됩니다. 그걸 잘 봐야 거짓으로 있는 것들의 농락에 넘어가지 않아요. 대부분 가짜들을 가져다가 마음에 저장시켜 놓고 그 구조에 목줄을 매고 있습니다. 그래서 자유로운 삶에 대한 인식이 필요합니다. 주체적인 삶에 대한 인식이 필요합니다.

몸에 눈이 달려 있어서
눈으로 본다 해도,
사실은 마음이 보는 것이지요.
마음 아닌 것이 없습니다.

지금 이 몸에 의한 마음이 미래의 몸을 만듭니다. 욕심내고 거짓말하고 투도하면 그 마음이 미래를 만듭니다. 물이 위에서부터 흘러 바다로 가는데, 물은 그때그때 변화할 뿐 내내 그 물입니다. 현재가 흘러 미래로 가니까 현재 이 마음이 미래의 몸을 만듭니다. 그래서 현재심이 중요해요. 위빠사나는 바로 그 현재심을 관찰하는 것입니다. 그 속에 과거와 미래가 다 들어가 있으니까, 현재를 잘 관통하는 것이 중요합니다. 현재를 잘살아야 과거의 마음도 잘 볼 수 있고 미래도 잘 관통할 수 있습니다.

다시 말해, 이 몸은 무수히 살았던 과거의 삶을 저장한 까르마, 업식業識에 의해 만들어집니다. 집중해서 수련하면 업이 하나씩 떨어져요. 물질이 바뀌고 분해되고 사라지기도 합니다. 관찰하다가 몸이 진짜 사라지기도 합니다. 어느 부위, 어떤 업식이 빠져나오느냐에 따라서 몸의 반응이 달라요. 몸을 잘 관찰해서 어떤 마음이 내 몸에 들어가서 현재의 마음을 이루고 있는지 알려고 노력하세요. 진짜 마음을 알려고 노력해야 진짜 몸이 그대로 구현됩니다. 진짜 몸은 따로 있습니다. 가짜 몸을 관통해야 진짜 몸을 알 수 있습니다.

물질과 몸의 관계를 알아차리는 수련을 할 때, 처음에는 눈관찰부터 합니다. 눈으로 본 것들이 몸을 만들고, 눈으로 본 기억들이 마음에 담겨 몸을 만들기 때문이지요. 눈을 감고 몸에 집중해 보세요.

가짜 몸은 무엇이며 진짜 몸은 무엇인가요?

/

가짜 몸은 과거의 경험과 기록에 의해서 형성된 몸입니다. 또 세세생생 만들어진 물질에 의해서 만들어진 몸입니다. 그러나 가짜는 그 속에 진짜를 담고 있습니다. 물질에 대한 관념, 몸이 진정한 나라고 하는 관념을 벗어나면 몸은 그대로 있되 위선과 거짓의 몸을 벗고 대상을 투과하는 몸으로 거듭나게 됩니다. 지혜의 눈과 지혜의 코 등을 몸에 달게 되고, 의식은 대상을 분별하지 않고 수용하는 것으로 거듭나게 됩니다.

눈에 집중하는데 아무 반응이 없어요.

/

처음에는 반응을 알아차리기가 쉽지 않습니다. 아무 현상이 없으면 없는 그대로 지켜보세요. 눈이 답답한지 따가운지 눈물이 나는지 딱딱한지. 눈에서 현상이 발견되면 관찰하기 쉬운데 현상이 없으면 어렵지요. 그래도 눈에 의식을 두고 계속 집중하면 반응이 옵니다.

눈이 앞에 있어서 답답한 느낌이라 눈을 상으로 만들어 띄워 놓고 봤어요.

/

눈을 띄워 놓고 관찰하는 게 아니라 눈에 의식을 집중해서 관찰하세요. 신경 쓰는 것, 의식하는 것도 마음이니 그것을 그대로 느끼는 게 관찰입니다. 피곤하다, 찌르는 듯하다, 무겁다 등등을 느끼는 것이지요. 계속 눈에 의식을 두고 있으면 마음들이 드러나요. 나올 때 영상이나 통증이 동반되기도 합니다.

어깨가 아파서 눈에 집중이 안 됩니다.

/

그럴 때는 어깨를 보세요. 계속 눈을 보면 좋지만 다른 곳의 느낌이 강해서 눈에 집중이 안 되면 거기에 집중하세요. 그때그때 느낌이 더 센 곳에 집중하면 됩니다. 초심에서는 그렇게 하는 게 좋아요. 처음엔 센 느낌을 따라 옮겨 다니지만 나중에는 한곳에 집중하세요. 눈에 집중해도 어깨가 아픈 게 느껴집니다.

몸을 관찰하는데 감정이 너무 심하게 일어나면 감정을 먼저 관찰하세요. 이 감정도 몸의 어떤 부분과 맞잡은 감정일 수 있습니다. 감정이 너무 세면 감정을 관찰하고 몸으로 돌아옵니다. 감정이 강한 사람, 풍부한 사람이 있습니다. 관념으로 감정을 눌러놓은 사람도 있습니다. 수행하면 그런 게 드러납니다.

눈에 집중했는데 상기가 돼서 땀이 났어요. 그래서 눈도 산란하고 마음도 산란한데, 이럴 때도 눈에 집중해요?

/

상기는 머리가 관찰이 돼서 그러기도 하고 위로 기운이 뻗쳐서 그러기도 합니다. 상기된 현상에 집중하면 가라앉아요. 눈에 집중했는데 가슴이 울렁울렁하면 둘 중에 하나를 선택해서 집중하면 됩니다. 걱정하지 말고 관찰 포인트를 잘 잡아서 집중하세요. '집중하다가 생각으로 빠지면 알아차리고 집중 포인트로 돌아온다.' 이걸 계속 연습하면 됩니다.

몸관찰하면서 마음을 보면, 마음층이 켜켜이 있습니다. 다른 말로 하면 업장이 굉장히 두터운 것이지요. 업장이 몸 곳곳에 영향을 줍니다. 오장육부, 눈·귀·코·입, 관절, 다리 뼈를 관찰하면 마음이 다 다르게 나와요. 세세히 낱낱이 관찰하면 드러났다가 사라져요. 관찰 안 하면 사라지지 않아요. 지루해도 계속 보면 표면층에서 현상이 드러납니다. 속까지 들어가면 마음의 진짜 층이 드러납니다.

관찰하면서 쏟아져 나오면 상관이 없는데, 관찰 안 하고 나오면 위험할 수가 있습니다. 마음이 너무 쏟아져 나오면 좌선하기 어렵거든요. 그럴 땐 108배나 사경, 혹은 봉사를 해서 힘을 뺀 다음에 좌선하는 게 좋습니다.

영상이나 생각이 계속 나오는데, 관찰인지 생각인지 모르고 빠져 있다 보니 생각이었어요.

/

같은 영상이 계속 나올 때는 없애고 눈에 집중하고, 다른 영상이 나오면 그대로 집중하세요. 다 나온 뒤에 눈에 집중하면 됩니다. 포인트를 잡고 집중하는 것이 중요해요. 그게 관찰의 기초이면서 전부입니다. 몸에 집중하는 것이 숙련되는 데는 연습이 필요합니다. 한곳에 마음을 잘 두고 있어야 마음이 드러나요. 껍데기층이 떨어져 나가고 속까지 들어가면 마음의 본질이 나옵니다. 집중하는 것이 중요합니다. 집중이 생각으로 빠질 때 무슨 생각을 하다가 오는지도 알아차려 보세요.

오른쪽 눈에 반응이 있어서 오른쪽 눈을 관찰하다가 졸았어요.

/

오른쪽 눈만 보다가 오른쪽이 다 관찰되면 왼쪽으로 옮기세요. 하나로 관찰되는 사람은 통으로 관찰해도 됩니다. 눈이 두 개로 나뉘어 있지만, 안으로 가면 하나로 붙어 있습니다. 신경계가 갈라져서 두 개가 된 거거든요. 깊숙이 관찰할 수 있는 사람은 하나로 관찰할 수 있습니다. 더 깊게 관찰하면 감각기관이 전부 하나로 뭉쳐 있는 걸 알게 되지요. 나뉘어서 눈으로 가고 코로 가고 귀로 갑니다.

하나의 신경계에서 갈라져 나와요. 이 신경계가 마음을 싣고 다니거든요. 신경질 낸다는 말은 정말 잘 만들었어요. 마음이 막 나와서 난리치는 게 신경질이거든요. 마음과 신경은 비슷해요. 지금 신경의학계에서 그걸 접목시키고 있습니다. 5관이 다 연결되어 있어서 한 군데만 잘 관찰해도 5관을 다 관찰할 수 있어요. 눈 안 좋은 사람은 더 깊숙하게 보면 눈이 아닌 곳에 문제가 있을 수 있습니다. 더 깊숙하게 들어가면 안 좋은 눈을 만드는 마음도 알게 됩니다. 몸을 보면서 마음을 보려고 노력하세요.

눈을 관찰하면 머리가 간지러워요.

/

눈과 백회는 연결돼 있어요. 신경계가 모여서 중앙으로 타고 올라가기 때문에 중앙에 있는 백회가 반응을 많이 합니다. 관찰이 잘 될 때 백회 부분을 만져 보면 볼록 올라왔다가 다시 들어가요. 백회가 마음이 빠져나가는 통로이면서 모여 있는 곳이기도 하고 막히는 곳이기도 해요.

형상이든 에너지든 몸 밖으로 빠져나오는 건 좋은 현상입니다. 안에 있으면 병이 되기도 하고 불안을 일으키기도 하고 장애를 만들기도 하거든요.

눈동자를 관찰하는데 몸에서 열이 나고 식은땀이 나요.

/

열감이 감춰진 게 냉기라서 열감이 나올 때는 냉기가 같이 나옵니다. 무거움도 느낄 수 있고 촉촉함도 느낄 수 있어요. 눈에서 딱딱함, 촉촉함, 흔들림, 열기 같은 게 느껴지는지 관찰하세요. 눈으로 보고 입으로 물질이 들어가기 때문에 눈과 위는 서로 많이 연결되어 있습니다. 눈을 관찰하면 위장이 풀려서 소화가 잘 되는 경우도 있습니다. 소화가 잘 안되면 눈, 코, 귀, 입, 몸 중에 어디를 관찰하는 게 좋을까요? 눈이 결합 관계가 제일 높습니다. 입으로 물질이 들어가지만, 입은 그냥 통과하는 곳이고 실제로 머무는 곳은 위장이거든요.

욕심이 몸을 만든다

우리는 어릴 때부터 몸이 소중하다고 배웠어요. 몸을 튼튼히 해서 몸으로 모든 것을 다 한다고 생각합니다. 사실은 몸이 아니라 몸속에 있는 마음이 하는데 말이지요. 몸을 받으면 엄마 뱃속에 들어가서 열 달 동안 마음이 자랍니다. 마음이 눈, 코, 입, 귀, 손발, 장기같이 모양과 형태가 있는 몸이라는 물질을 만들어 내요. 몸이 다 만들어지면 뱃속에서 나와요. 짝귀도 있고 짝눈도 있고 언청이도 있고 손이 굽어지기도 하는 것이 다 마음 때문입니다. 아기들은 마음이 많은 상태라 여리고 예민해요. 성인이 되면서 딱딱하게 굳어집니다. 몸이 껍데기층이니까 몸이 발달되면 마음을 가릴 수도 있고 포장할 수도 있습니다. 그런데 수행을 하면 마음속에 갇혀 있는 기억들, 관념들이 떨어져 나가면서 인식체계가 달라집니다.

마음층은 깊고 넓기 때문에 사마타해서 들어가는 게 쉽지 않습니다. 그렇지만 명상을 시작했으니 마음이 어떤 모양이든 얼마만큼 쌓여 있든 한번은 뚫어 봐야지요. 내가 갖고 있는 기억이 진짜인지 아닌지 알아봐야지요. 보통 종교는 신에게 의탁하는 건데, 위빠사나는 내가 하는 것입니다. 진짜 내 마음을 내가 알아가는 것이지요. 내 마음을 알아가면서 동시에 해결도 합니다. 마음속에 관념층, 경험층, 아만층, 집착층이 있으면 뚫어가면서 스스로 본래 마음의 부처가 되는 것이지요.

마음은 들어가 보면 비어 있습니다. 연한 게 있다가 완전히 비어 있습니다. 이 비어 있는 마음이 그나마 나를 유지시켜 줍니다. 정화시켜 줍니다. 자기 전에는 감정이 들끓었는데 자고 나니 멀쩡해지고 시간이 지나면 별일 아니게 됩니다. 마음 안에 빈 공간이 있어서 마음을 쉬게 하고 녹게 하고 편안하게 하고 가라앉게 합니다. 내 마음이 비어야 저 사람이 왜 저렇게 됐는지, 왜 사람과 교류 안 하고 움츠리고 있는지 알거든요. 기다려 줄 줄도 알아요.

껍데기층은 대부분 단단합니다. 그런데 마음속까지 단단하지는 않아요. 마음 안으로 들어갈수록 연한 것들이 있습니다. 물질이 그저 쓰는 물질일 뿐 안에 들어가 자기화는 안 되지요. 이 핸드폰이 바깥에 떨어져 있지 내 심장 속까지 들어오지는 않거든요. 우리는 뭔가에 묶여 사니까 뭘 안 하면 불안합니다. 일에 묶여 있는 사람은 끊임없이 일을 하지요. 수행하다 보면 내가 얼마만큼 묶여 있는가, 내가 어디에 묶여 있는가를 알게 됩니다. 내가 얼마만큼 나를 포장하는지도 알게 됩니다. 이런 마음을 털어내지 않고 나를 살리고 사회를 살리고 생명을 살리기는 어려워요. 일단은 내 마음이 어떤 구조인지 모르니까 관찰해서 알아내야 합니다. 알지 못하면 오리무중인데, 알면 해결할 수 있어요.

초심자 수련에서는 욕심이 어떻게 몸을 만드는지 알기 위해서 다음과 같은 방법으로 몸관찰을 합니다.

첫째, 내 몸속에 무엇이 있는지 관찰합니다. 몸의 부분인 머리관찰, 가슴관찰, 허리관찰, 엉덩이관찰, 팔관찰, 다리관찰을 먼저 합니다. 그 다음에 5관인 눈, 귀, 코, 입, 몸을 관찰합니다. 관찰하면서 일어나는 현상들을 하나하나 알아차리고 없애거나 사라지게 합니다. 알아차려도 안 없어지면 지수화풍으로 도구를 만들어서 사라지게 합니다.

둘째, 몸과 관련된 욕심을 관찰합니다. 몸을 중시했던 경험과 사건, 기억들을 관찰해 봅니다. 기억이 몸을 만들기 때문입니다. 누가 나를 때리면 그 사람은 가볍게 때렸는데도 그전에 맞았던 기억들이 꾸역꾸역 올라와서 상대방 멱살을 잡지요. 몸속에 저장되어 있다가 나오는 과거의 기억들을 없애는 것이 좋습니다. 물질을 욕심내면 몸도 딱딱해집니다. 그러니 물질을 내려놓는 것이 좋아요. 몸을 중요하게 여기는 것이 물질로 대체됩니다. 물건, 사람, 일, 돈, 성욕이 다 같은 계통이지요. 관찰해서 털어내고 내려놓는 것입니다. 관찰해서 없는 것처럼 느껴지면 되는데, 안 사라지면 방편을 만들어서 없앱니다. 중요한 것은 나를 없애는 것입니다. 나를 없애야 대상을 없앨 수 있어요.

몸을 만드는 근본마음은 외로움과 두려움입니다. 이런 마음 때문에 몸이 반응해요. 외로움 때문에 늘 물질이나 사람으로 채우려 하는데 다른 사람이 내 외로움을 채워 줄 수는 없습니다. 몸을 관찰해서 나오는 모든 것을 버리는 것입니다. 먼저 기억을 버립니다. 종교, 진리, 가치, 생명, 내가 잡고 있는 모든 것을 하나하나 내려놓는 것이지요. 그래야만 평등한 상태에서 여여한 마음이 드러나요.

셋째, 몸에 대한 관념을 관찰합니다. 몸과 관련된 관념들이 있습니다. 건강해야 돼, 병들면 안 돼, 살찌면 안 돼 등등. 병들었을 때 병든 걸 인정하는 것도 배워야지요. 아무리 죽기 싫어도 죽지 않을 방법은 없거든요. 죽으면 썩을 몸인데 뭘 소중히 하냐면서 몸을 함부로 하는 사람도 있습니다. 쉬는 꼴을 못 봅니다. 그렇게 몸을 쓰면 마음이 힘들어요. 이런 관념들이 가짜 몸을 만듭니다. 몸을 중시하는 이유, 또는 경시하는 이유를 생각해 내서 없애는 방법도 있습니다. 먼저 몸의 느낌을 없애면서 생각을 관찰해서 사라지게 합니다. 그 다음에 몸은 허망하고 영혼을 묶는 오랏줄이라고 인식하고 철저히 없앱니다.

넷째, 몸으로 한 행위를 관찰합니다. 걷고 서고 앉고 눕고 말하고 침묵하고 움직이고 가만히 있는 행위들이 몸을 만듭니다. 행위를 계속 하면 그것에 따라 몸이 만들어져요. 망치질을 계속하면 어깨와 팔이 단단해지고 잘난 척을 계속하면 어깨가 올라갑니다. 마음이 오염되면 나쁜 말, 나쁜 생각을 아무렇지 않게 합니다. 갇힌 생각으로 꽉 차 있으면 폭력이 일어나요. 이 몸으로 한 나쁜 말과 나쁜 행동과 나쁜 생각을 떠올려 하나하나 몸 밖으로 내보냅니다.

　다섯째, 몸속에 있는 욕심이 만드는 장애를 관찰합니다. 음식에 대한 욕심, 옷에 대한 욕심, 주거공간에 대한 욕심, 돈에 대한 욕심, 성(性)과 가족과 연인에 대한 욕심들이 대표적으로 가짜 몸을 만들거든요. 짐승의 마음이 많으면 짐승의 몸을 받습니다. 몸에서 반응하는 곳에 욕심, 집착이 많이 들어 있습니다. 욕심은 지나친 의욕입니다. 의욕이 대표적인 욕심이지요. 의욕이 많은 사람은 욕심이 많은 사람입니다. 욕심이 에너지이기 때문에 그것을 다 태워야 욕심이 줄어들어요.

　내 것을 밖으로 풀어내면 푸는 순간 해방감을 느낍니다. 마음을 풀든 물질을 풀든 푸는 순간 가볍고 좋지요. 물질을 풀어야 마음을 풀 줄 아니까 불교에서 재물 보시부터 가르치는 것입니다. 처음에는 가까운 데 보시하다가 나중에는 멀리까지 보시하게 됩니다. 그러나 가장 큰 보시는 마음에 있는 집착들을 내려놓는 보시입니다. 물질을 주는 것보다 큰 보시가 마음을 내려놓는 것이지요. 그 사람이 없어 봐야 그 사람이 좋은 사람인지 나쁜 사람인지 알거든요. 있을 때와 없을 때를 다 아는 것이지요. 없으면 정말 못 사는지는 버려 봐야 알거든요. 관념에 묶여 있으면 그게 발목을 잡습니다. 님이 있어도 잘 살고 없어도 잘 사는 게 잘 사는 것입니다. 돈이 있어도 살고 없어도 사는 게 잘 사는 것입니다. 먹어도 잘 살고 안 먹어도 잘 사는 게 잘 사는 것입니다. 높은 위치에 있어도 잘 살고 내려와도 잘 살아요. 그게 잘 사는 것이지요. 보통은 치우쳐 있습니다. 오르려고만 하고 내려오려고 하지 않아요. 우리는 지옥부터 천상까지 6도 윤회하면서 경험했던 것들을 마음 안에 다 가지고 있습니다. 이것을 버릴지 말지는 자기 자신이 선택하는 겁니다. '별거겠어?' 생각하고 버렸는데, 자고 나면 아까워져요. 그런데 좀 있으면 마음이 또 달라져요. 수행은 그 순간 그 마음을 알아차리는 것입니다.

개념과 생각이 몸을 만든다

생각도 가짜 몸을 만듭니다. 개념과 생각이 몸을 만들어요. 어떤 사람을 보면서 이름을 지으면 개념을 짓는 것입니다. 개념도 몸을 만들어요. '배고파, 배고파, 배고파.' 이런 생각도 몸을 만들어요. 욕심은 행동과 생각으로 나타나거든요. 예를 들어 밥 욕심, 반찬 욕심이 많으면 밥을 차리느라고 오랜 시간 일하거든요. 옷 욕심도 그래요. 음식에 대한 탐욕, 일에 대한 탐욕, 지식에 대한 탐욕, 성욕 같은 것이 대표적인 욕심입니다. 고양이를 키워 보니 알겠어요. 늘 그런 건 아닌데, 고양이가 성욕이 발동하면 못 말립니다. 그 기간에 욕구를 풀지 못하면 물도 먹이도 안 먹어요. 축생계는 그 기간에 그 욕구를 채우지 못하면 견디지를 못하는데 그 기간을 지나면 빠져나옵니다.

사람도 축생과 비슷해서 그런 기간이 있습니다. 그런데 사람은 동물과 다르게 호환성이 많아서 그런 욕구가 있을 때 다른 방향으로 돌릴 수 있어요. 축생보다 인간이 뛰어난 점은 호환이 잘 된다는 것입니다. 호환이 잘 되는 사람은 정신적 영역이 넓어서 그거 말고 다른 것을 해도 되거든요. 잘 먹고 사랑을 받으면 풀어져요. 다양하게 넘나들고 에너지를 널리 씁니다. 그게 인간과 축생의 차이지요.

나라는 생각이 몸을 만든다

어리석음, 다시 말해 무지가 가짜 몸을 만듭니다. 나를 계속 들이대고 나만 아는 게 대표적인 무지거든요. 어리석기 때문에 "내가, 나만, 오로지 나를 위해서."라고 주장합니다. 무지로 만들어진 이 몸을 내 몸이라고 착각하는 것이지요. 마음이 몸을 만들고, 냄새도 맡고 맛도 보고 노래도 하고 일도 합니다. 욕심내고 집착하는 것이 다 마음이거든요. 이 마음이 한 사람에만 몰려 있는데 그 사람이 돌아서면 어떻게 돼요? 너를 얼마나 사랑했는데, 얼마나 정성을 쏟았는데 고개를 돌리냐며 분노합니다. 늘 그 사람만 보게 길들여졌는데 돌아서니 못 참지요. 내가 정성을 쏟은 만큼 받으려고 하거든요. 자식에게 받으려는 마음, 나 대신 출세하게 만들려는 마음이 있습니다. 자식을 사랑하는 것도 꼭 좋은 인연이어서 그러는 것은 아닙니다. 애지중지 돌보던 습관이 있어서 내 것처럼 여기기도 해요. 나도 내 것이 아닌데 자식, 남편이 내 것입니까? 절대로 아닙니다. 그런데 우리는 내 것이라고 착각해요. 많이 만나고 많이 엮여 있으니까 착각하지요. 요즘은 자식을 적게 낳으니 자식이 성인이 됐는데도 놓지 못하는 부모가 많습니다. 무지 때문에 자식을 내 것이라고 착각하거든요.

내 것은 없습니다. 잠시 나에게 머물다 갈 뿐이지요. 몸이든 자식이든 돈이든 쥐면 문제가 됩니다. 몸도 늙으면 마음대로 안 됩니다. 내 것이면 내 마음대로 되어야 하는데 마음대로 안 됩니다. 그러니까 내 것이라는 개념, 기억을 떼고 살면 좋아요. 대상에 의해서 내가 만들어지고 내 몸이 만들어진다는 걸 알면, 나는 더 이상 무지 덩어리가 아닙니다.

그러면 인간으로 살면서도 자유로운 삶, 천상의 삶을 살 수 있습니다.

외부의 조건이 자연 환경과 몸을 만든다

내가 매일 마시는 공기, 매일 먹는 음식, 나를 쉬게 하는 집, 나를 스치는 바람이 나를 만듭니다. 그렇기 때문에 어떤 환경에 노출되어 있느냐가 중요하지요. 어떤 공기인가, 어떤 물인가에 따라서 몸이 달라집니다.

부모도 몸을 만듭니다. 뱃속에 있을 때 엄마아빠가 몸을 만들어 줍니다. 사실은 외부에서 마음이 들어와야 태아가 생기지만, 그렇더라도 껍데기는 부모가 만들지요. 부모가 없으면 나도 없습니다. 이웃, 가족, 친구, 스승도 내 몸을 만듭니다. 내 몸과 마음에 많은 영향을 줍니다.

이렇게 수많은 요소가 내 가짜 몸을 만듭니다. 행위와 말에 의해서 몸이 만들어집니다. 말할 때 말에 마음이 다 들어가거든요. 말할 때 말로 비수를 꽂는 사람이 있는데, 그 비수가 돌아와서 자기 심장에 꽂힙니다. 남에게 활을 쏘면 자기 뒤통수로 돌아오지요. 수행하면 관찰을 통해서 그런 것을 알 수 있습니다. 저장되어 있는 것은 관찰하면 다 나오거든요. 그렇지만 진짜 몸은 이것과 아무 상관이 없습니다. 가짜는 각각 구성요소가 다르지만 진짜는 똑같아요. 가짜 몸을 관통해서 진짜 몸까지 아는 것이 몸관찰 수행입니다.

자세를 바꾸고 싶다는 마음도 들고, 일어날까 하는 마음도 들었어요.

/

아픈 걸 해결하려고 하는 마음을 관찰하면 해결하려는 마음이 없어집니다. 한 찰나에는 한 마음만 있어요. 그 순간 그 마음을 관찰해서 그것이 사라져야 순수하게 몸을 관찰할 수 있습니다. 해결하려는 마음이 강하면 몸관찰을 못합니다. 싸우게 돼 있어요.

부정관을 해서 몸이라는 껍데기층을 없애고 몸을 단련하고 몸을 통해 선행善行하는 게 어떤 상관관계가 있어요?

/

탐진치 같은 거친 업이 몸을 만들기 때문에 몸이라는 껍데기층을 없애면 정화가 많이 됩니다. 몸이라는 껍데기층을 없애는 것은 소통이 안 될 때 소통하기 위해서 노력하는 것과 같아요. 몸의 습관을 없애는 것도 그중 하나입니다. 습관이 굳어져서 몸에 붙어 있어요. 나이 들면 고집스럽게 되는 것도 그런 이치입니다. 몸이라는 껍데기층을 없애는 것은 굳은 것을 털어내는 것이지요. 몸이라는 관념의 틀을 무너뜨리는 것입니다. 그러려면 앉아서 한 시간 정도는 관찰할 수 있도록 많이 연습해야 합니다. 스트레스가 많을 때 목욕명상하고 걷기명상 하면 좋아요. 목욕명상해서 마음이 좀 풀어져야 관찰이 잘됩니다.
몸으로 거친 업을 단련하는 사람들이 있는데, 거친 업을 제거하고 안에 있는 선업을 드러내는 단련을 하면 좋습니다. 거친 업이 떨어지면서 자연스럽게 안에 있는 선업이 드러나요. 거친 업을 없애면 작의作意, 즉 의도를 내어 선행을 하지 않지요. 하지만 폭이 넓어져서 다른 방법으로 선행할 수 있게 됩니다. 의식이 확장되면 몸에 갇히지 않아서 반드시 물질을 주지 않아도 됩니다. 물질을 주는 것은 한계가 있어요. 물질을 줘야 한다고 생각하면 몸에 갇힌 것입니다.

○

일 체 가   다
고 통 이   모 여 서   만 든 다

우리가 몸에서 자유로울 수 있습니까? 자유로울 수 없어요. 작은 통증에도 몸은 견디지 못합니다. "이 몸은 뭘까? 이 몸이 무엇이기에 이 괴로움을 받고 사는 것일까? 이 몸은 어디서 와서 어디로 가는 걸까? 내 몸이 과연 내 것일까?" 질문해 보세요. 몸에 대해서 정확하게 알려고 노력하고 이 몸속에 어떤 마음, 어떤 기억이 있는지 관찰만 잘하면 가짜 마음은 뚝뚝 떨어집니다. 마음은 자동판매기에 종이컵과 음료가 들어 있듯이 차곡차곡 쌓여 있습니다. 돈을 집어넣고 주문 단추를 누르면 컵이 떨어지고 음료가 나오듯이 관찰하면 오염된 마음이 나옵니다. 사마타는 돈을 넣고 주문 단추를 누르는 것입니다. 사마타로 눌러서 주문한 음료가 밖으로 나오는 게 위빠사나인데, 마음이 줄어들어서 가벼워집니다.

가짜 몸을 관찰하다 보면 몸은 고통 덩어리라는 걸 알게 됩니다. 부처님은 열반을 얻고 나서 일체가 다 고통이 모여서 만들어졌다 해서 일체개고一切皆苦라고 하셨지요. 열반보다 일체개고를 아는 것이 어떻게 보면 한 단계 더 높을 수 있습니다. 존재하는 모든 것을 관찰하면 이 몸이 고통 덩어리라는 걸 알아요. 죽으면 몸은 고통을 느끼지 않습니다. 마음이 있을 때 몸이 통증을 느끼지요. 통증을 느끼고 있으면 이 고를 인식합니다. 통증이 괴로움 자체로 다가오지요.

계속 관찰하면 통증이 풀어지고 새로운 통증이 또 드러납니다. 통증이 풀어지는 게 무상無常이지요. 조금 전에 미치도록 아팠는데 자취도 없이 사라집니다. 생겼다 없어졌다를 반복하다가 내가 없음, 감정이 없음, 물질이 없음을 알아차립니다. 무아無我를 알게 되지요.

마음을 관찰할 때는 핵심적인 것을 보면 좋습니다. 내가 애써 쥐고 있는 것이 뭔지 보세요. 쥐고 있는 건 반드시 내 것이 아닙니다. 마음은 본래 쥐고 있는 게 아무것도 없어요. 저장한 것이 하나도 없는 게 진짜 마음입니다. 진짜 마음은 아무것도 가져오지 않습니다. 나갈 걸 뻔히 아는데 뭘 가져오겠어요? 그냥 공유하는 것이지요. 공유하면 아무 문제가 없습니다. 남을 인정해요. 진짜 마음은 그래요. 가짜 마음은 기억에 좋은 것으로 몸을 만들어서 몸과 마음이 하나가 되어 있습니다. 좋아하는 마음, 싫어하는 마음, 집착하는 마음이 다 들어 있어요. 계속 쥐고 있으면 힘드니까 털어내는 게 좋습니다.

가지고 있어도 공유하면 무겁지 않습니다. 대상과 함께 맞들기 때문에 무겁지 않아요. 일도 공유해서 하면 쉬워져요. 내 일이라고 생각하면 내가 다 해야 하고, 내가 책임져야 하거든요. 돈도 내가 벌어야 해서 힘들어요. 그런데 우리는 자기 소유를 좋아하지 공유共有를 좋아하지 않습니다. 비밀이 많아요. 비밀도 얘기하면 가벼워집니다. 알고 보면 별거 없어요. 현재 내가 갖고 있는 것, 집착하는 것을 버리세요. 인색한 사람은 늘 돈이 없다고 합니다. 돈이 없어도 의식에 지니고 있는 것이 많아요. 이것을 내려놨을 때 마음이 비워지고 떨어져 나가서 해탈할 수 있습니다. 보살행을 하고 싶어도 집착을 떼지 않고는 해결할 수 없어요. 자식이 잘 되려면 집착을 내려놔야 합니다. 조상을 천도시키려면 조상을 잡고 있는 마음을 내려놔야 합니다. 저 세계와 이 세계가 의식으로 연결되어 있으니 나만 내려놓으면 됩니다. 잠잘 때도 의식이 연결될 수 있습니다. 집착으로 계속 잡아당기는 것이지요. 자고 있을 때도 그 사람에게 의식을 대고 있으면 얼마나 불편하겠어요.

의식 안에 있는 집착, 욕심이 근원입니다. 그것을 내려놔야 합니다. 버리면 내가 있어도 없고, 대상이 있어도 없습니다. 대상이 있어도 없으면 얼마나 자유로워요. 내가 있어도 없으면 나도 자유롭지요. 그런데 나를 없는 사람 취급하면 섭섭하거든요. 그 마음을 비워야 물질이 넘치다 못해 덮치는 이 사회에서 살 수 있습니다. 그나마 쥔 것이 없어야 살 수 있어요. 정보든 뭐든 너무 빨리 들어오니까 살 수가 없습니다. 나도 비우고 대상도 비워야 하는데, 일단은 자기화한 대상부터 비우면 됩니다. 내 욕심이 무엇인지부터 살펴서 비우세요.

욕심은 우리 몸에 아교처럼 붙어 있습니다. 결합관계가 강해서 그래요. 몸관찰을 잘하면 욕심이 떨어집니다. 물질을 잡고 있는 욕심, 사람을 좋아하는 욕심, 관념을 잡고 있는 욕심들이 떨어져요. 마음속에 있는 기억을 관찰해서 욕심을 찾아내고 내려놔야 합니다. 잡고 있는 것이 뭔가 관찰하면서 내려놔야지요. 그 과정을 통해 버려도 살고 아무 문제가 없다는 걸 경험하게 됩니다. 수행을 많이 하지는 않더라도 나를 한 번 내려놓는 것까지는 해보세요. 진리를 찾는 것은 그 다음이고 일단 내려놓아 보세요. 우리는 쥘 줄만 알지 놓을 줄을 모릅니다. '쥐는 게 놓는 거구나.' 이걸 알면 됩니다. 이것이 진리지 다른 것이 없습니다.

2문

부 정 관

不淨觀

몸관찰하며 몸을 부정하기

부정관이란, 이 몸을 부정하다고, 깨끗하지 않다고 보는 것입니다. 원래 우리 마음은 맑은 물처럼 투명하고 한계가 없습니다. 헤아릴 수 없이 넓고 맑지요. 말로 표현할 수 없는 건데, 제가 지금 말로 표현하고 있습니다. 어떤 것도 분별하지 않고, 구분하지 않고, 생각하지 않는 것이지요. 이 본연의 모습은 생각으로 알 수 있는 도리가 아닙니다. 그러면서도 모든 것을 알고 품어서 수용하는 것이 마음이지요. 진짜 마음은 질량과 밀도가 없습니다. 너무 깨끗하고 투명하고 모든 것을 수용하기 때문에 그냥 그대로의 맑은 상태를 유지하지 못하고 외부의 모든 것들이 들어옵니다. 그렇기 때문에 번뇌가 생기지요. 외부의 것이 들어와서 내 마음이 만들어집니다.

여러분, 내가 나를 만든 거 같아요? 아닙니다. 기억도 대부분 외부에 의해서 만들어져요. 그래서 밀어내도 됩니다. 태초에 시간과 공간이 만들어지면서 생각작용이 일어나고 이 생각이 쌓여서 물질이 만들어지고 몸이 만들어집니다. 원리가 그렇습니다. 생각이 쌓이고 쌓여서 물질이 만들어지거든요. 생각을 잘 끊어내는 것이 마음을 알 수 있는 방법이기도 합니다. 생각의 분별작용이 생사를 반복하면서 끊임없이 나를 만들어 내거든요.

몸과 마음은 편안한 상태든 불편한 상태든 살아 있는 동안 늘 붙어 다닙니다. 그러니 살아 있는 몸을 잘 관찰하면 그 속에 머물고 있는 마음들을 발견할 수 있어요. 오염된 마음들이 모여서 물질을 이루고 몸을 만들기 때문에 몸을 관찰해서 그런 마음들을 인위적으로 불러일으킵니다. '내가 제일 싫어했던 게 뭐지? 내가 제일 즐거웠던 게 뭐지? 내가 눈으로 봤던 좋은 모습은 뭐지? 내가 보기 싫어했던 모습은 뭐지?' 이렇게 물으면 마음속에서 기억이 올라옵니다.

그렇게 부정하고 오염된 마음들이 나올 때마다 그것들을 부정하다고 소멸시키는 수행법이 부정관입니다. 부정관은 허공만 제외하고 만나는 경계를 깨끗하지 못하다고 여기고 부정不正, 또 부정不定, 또 부정不貞, 또 부정不淨, 또 부정否定하는 것이지요. 부정不正은 바르지 않다는 거고, 부정不定은 일정하지 않다는 거고, 부정不貞은 곧지 않다는 거고, 부정不淨은 깨끗하지 않다는 거고, 부정否定은 거부하는 것입니다.

○
부 처 님
당 시 의 부 정 관

부정관은 부처님 교법에 의한 수행관법입니다. 옛날 인도에서는 몸이 철저하게 더럽다고 생각하는 수행법이 발달했습니다. 사실은 몸이 더러운 건 아니지요. 몸에 막혀서, 물질에 막혀서 정신이 자유롭지 못하니까 더럽다고 한 것입니다. 실제로 부처님은 부정관으로 몸관찰을 해서 까르마를 제거하라고 가르쳤습니다. 부처님은 향락과 고행을 다 겪었어요. 왕의 아들로 부귀영화를 누렸는데 행복하지 않아서 출가했거든요. 고행림에서 6년 동안 잠도 안 자고, 먹지도 않고 온갖 고행을 해서 까르마가 떨어지니까 그 경험으로 "아, 몸에 있는 업이 문제구나." 하고 알게 되었습니다. 이후 괴로움이 즐거움이 되고, 즐거움이 괴로움이 되는 중도의 이치를 깨달은 것이지요.

부처님 당시의 부정관은 첫 번째 단계에서 몸의 장기를 하나하나 관찰하게 했습니다. 눈, 심장, 폐장, 간장 등 장기를 하나하나 관찰했어요. 하다못해 뇌막도 관찰하는 요소에 들어갑니다. 그 당시 사람들이 해부를 해서 뇌막을 알았겠어요? 관찰을 해서 마음의 눈으로 봐서 안 것이지요. 그래서 몸의 요소를 적게는 36가지, 많게는 42가지로 나눴어요. 폐, 심장, 뼈, 골수 같은 식으로 하나하나 관찰하는 것입니다. 세부요소들인 손톱에서 발톱까지, 심지어 머리카락까지 일일이 집중해서 관찰했습니다. 그것들만 관찰되는 게 아니었어요. 집중해서 들어가 보니 그 속에서 오염된 마음들을 발견했습니다. 거기 붙어 있는 마음들을 관찰하면 센 마음들이 떨어져 나와요. 몸은 물질이기 때문에 물질로 살았던 기억이 많이 붙어 있습니다. 그래서 몸을 관찰할 때 부정하면서 관찰하는 게 좋아요. '몸은 별거 아니다.' 하면서 관찰하는 것과 '몸은 굉장히 소중하다. 몸이 최고다.' 하면서 관찰하는 건 다릅니다.

부정관을 할 때 시신을 관찰한 적도 있습니다. 당시 인도는 숲에다

시신을 버렸어요. 시신을 싼 헝겊조각의 이름이 분소의입니다. 스님들이 이 분소의로 옷을 해 입었어요. 인도는 더운 나라여서 시신이 잘 썩거든요. 짐승들이 와서 파먹기도 합니다. 그 시신을 관상하고 나서 자기 몸을 관찰하는 것입니다. 『관무량수경』에 16가지 관상법이 나와요. 이것이 최초의 관상법입니다. 사람의 시신을 계속 보면 온갖 마음들이 나옵니다. 나중에는 '아, 저 썩는 몸뚱이와 내가 둘이 아니구나. 나도 죽으면 저렇게 되는구나.' 하고 생각하지요. 시신을 보고 관찰한 다음 수행처에 와서 부정관을 하면 생생하게 떠오릅니다. 썩어 문드러지고 비틀어지고 뼈만 남은 모습이 생각나면서 온몸에서 별의별 현상이 다 나타납니다. 까르마가 떨어져 나가는 과정이지요.

그 당시 부정관 수련을 하다가 많은 제자들이 죽었습니다. 더러운 게 많이 나오고, 별 현상이 다 튀어나오니 "진짜 이 몸은 더러운 게 맞구나. 부처님께서 이 몸이 열반을 막는 요소라고 하셨는데, 이 몸이 죽어야 열반이구나." 하고 오해를 해서 죽어 버렸지요. 옛날에는 사람들이 지금보다 맑고 순수했거든요. 그러니 진짜 이 몸을 버려야 할 대상이라고 믿었어요. 그 일을 겪고 나서 부처님이 아나빠나사띠Anapanasati라는 입출식관을 가르쳤습니다. 아나빠나사띠는 들숨날숨에 집중하는 것이거든요. 그래서 호흡관, 수식관이라고도 해요. 부정관할 때는 사띠sati(마음 집중)를 안 가르쳤는데, 아나빠나사띠를 하면서 사띠를 가르쳤습니다.

부정관이 그런 역사를 갖고 있지만 지금 이 시대에 수행을 지도하는 제 입장은 약간 다릅니다. 지금은 그때와는 세상도 다르고 사람들도 다르거든요. 아나빠나사띠보다는 부정관의 역할이 더 필요하다고 생각합니다. 아나빠나사띠는 하늘에서 천사가 내려와 업을 살살 어루만지는 것을 그냥 관찰하는 것처럼 부드러운 숨결만을 관찰하는 것입니다. 부정관을 해서 물질을 잡고 있는 핵심적인 마음과 업장을 소멸한 상태에서 아나빠나사띠를 하면 효과가 훨씬 빠릅니다. 어떤 사람은 업이 사라져야 자유로울 수 있어요. 거친 업을 제거하지 못한 상태에서 아나빠나사띠를 하면 업이 그냥 굴러다닙니다. 업을 완전히 사라지게 할 필요는 없습니다. 하지만 너무 많았을 때 문제가 되니까 업을 털어내자는 것이지요.

옛날에 부정관을 통해서 아라한(탐진치가 다 떨어진 최고의 성자)이 많이 되었습니다. 사실은 아나빠나사띠를 해서도 아라한이 되었지요. 부정관을 같이 했거든요. 그렇기 때문에 아나빠나사띠가 통했다고 봅니다. 제가 실제로 해보니 그렇습니다. 아나빠나사띠를 하면 고요하고 편안함을 많이 느낍니다. 확실히 빨리 편안해집니다. 그런데 업장을 떨어뜨리는 것은 약합니다. 업장을 떨어뜨리려면 부정관이 효과적입니다.

지금부터는 부정하는 방법도 배우고, 관찰방법도 배우고, 마음속에 있는 여러 가지 거친 것들을 떨어내는 것도 배웁니다. 기초이면서 핵심을 배우는 것이지요. 수행은 관찰이 기초이자 핵심입니다. 그러나 방법적인 것을 많이 아는 것도 중요하지요. 사실 거친 업을 떼어내고 말랑말랑한 상태가 되면 어떤 방법도 다 맞아요. 안이 말랑말랑하면 뭐든 들어가기 좋거든요. 힘들더라도 부정관을 잘 배워서 몸의 논리, 물질의 논리, 갇힌 논리, 괴로운 마음들을 털어내기 바랍니다.

마음을 직접 볼 수 없기 때문에 우선 몸을 보는 거죠?

/

그렇지요. 마음이 몸속에 축적되어 있어요. 수미산보다 더 넓은 그 마음의 일부가 몸을 타고 나옵니다. 마음이 몸속에 기억으로 많이 저장되거든요. 관찰은 기억을 찾아다니는 것입니다. 몸을 뚫고 들어가서 마음이 뭉쳐 있으면 풀어줘요. 뭉친 마음이 많으니 다 찾아서 풀어내야지요.

몸에 돌출 부위가 있거나 근육이 뭉친 것도 마음에 저장된 게 몸으로 나온 것이라면 관찰하면 사라지나요?

/

사라집니다. 근육이 뭉쳐 있는 것은 뭉쳐 있던 마음이 나온 것이거든요. 마음 아닌 게 없기 때문에 근육이 뭉친 데를 보면 뭉친 마음이 보입니다. 뭉친 것을 잘 보면 뭉친 마음이 해결돼요. 하나에 집중해서 관찰하는 것이지요. 수행에서 핵심이 '관찰'입니다. 몸에도 관찰, 마음에도 관찰, 그것이 진리입니다.

○

부 정 관 의
방 법

몸의 요소 관찰하기와 없애기

부정관은 몸의 거친 3악도 업을 떼는 데 탁월한 수행법입니다. 부처님이 깨닫고 나서 처음 가르친 수행법이지요. 부정관에는 두 가지가 있습니다. 시신을 보고 와서 하는 방법과 몸을 관찰하는 방법입니다. 소승 수행에는 몸이 썩는 것을 보면서 하는 관법이 더 활용되고 있습니다. 시신을 보고 '무서워. 나도 저렇게 될 수가 있어.'라는 마음이 올라오게 해서 그 마음을 제거하는 것이지요. 대승 수행에는 자신의 몸을 관찰하면서 하는 것이 더 발달되어 있습니다.

부정관은 하나씩 보는 게 아닙니다. 드러난 것의 밑에 층층이, 켜켜이 쌓여 있다고 가정합니다. 위빠사나는 드러나든 안 드러나든 그냥 보는데, 부정관은 그냥 보는 게 아니라 적극적으로 치고 들어가서 해결하는 것입니다. 소리가 계속 들리면 "어디 한번 들어보자. 맞장 한번 뜰래?" 하고 의도를 내서 해결하지요. 원래 수행은 소리를 부정하는 게 아닙니다. 이것도 있어야 할 이유가 있다고 수용해서 그냥 바라봅니다. 그런데 이게 너무 많으면 나를 뒤덮어서 본질을 바라보는 힘을 없애거든요. 파도가 너무 세서 휩쓸려가는 것과 같습니다. 파도가 몰아쳐도 마음이 여여한 사람은 드물거든요. 어떤 사람은 멀찍이 파도를 바라보면서 여여하다고 하는데, 직접 겪을 때도 그럴 수 있겠어요? 현실에서 겪으면서 본질을 바라보는 힘이 있어 여여하려면 부정관, 위빠사나를 할 줄 알아야 합니다. 멀찍이 떨어지면 객관화되지만, 내 일이 되면 객관화가 안 됩니다. 빰을 열 대, 스무 대 맞았는데 마음이 여여하겠어요? 그래서 치우기도 하고 바라보기도 할 줄 알아야 합니다. 센 업이 줄어들면 파도도 나를 뒤덮을 정도로는 안 치거든요. 업이 셀 때는 업이 주인 노릇을 합니다.

사실은 현실경계에서 수행하는 게 으뜸 수련법입니다. 현실은 나를 고요하게 두지 않거든요. 현실이 큰 스승인데, 우리는 현실경계를 스승이라 느끼지 않고 고통이라고 느낍니다. 현대에는 새로운 부정관법을 만들어서 쓸 필요가 있습니다. 지금은 어디 가서 시신을 관찰할 수도 없고, 현대인들은 외부 경계가 많아서 신경 쓰고 생각할 것도 많아요. 그래서 현대인들에게 맞게 부정관을 변형시켜서 초심자 프로그램을 만들었습니다.

관찰은 과거를 관찰하고 현재를 관찰하고 미래를 관찰하는 것입니다. 과거 현재 미래가 그냥 한 쾌에 있는 것이지요. 관찰은 시공간이 없어요. 실체가 없습니다. 부정관은 '부정'이라는 것을 의도를 내서 관찰에 장착하는 것입니다. '내가 살아온 것을 한번 부정해 보자. 제대로 살았는지 살펴보자.' 맘먹고 관찰해서 나오는 것이 있으면 그냥 털어내세요. 관찰해서 그 더러움의 근원이 되는 종자들을 없애고 본래의 깨끗한 상태로 되돌리세요. 생각도, 존재도, 관찰해서 일어난 영상도, 감정도, 소리도 다 없애는 게 부정관입니다.

먼저, 오염된 몸을 관찰합니다. 몸의 요소인 지수화풍의 성품들을 순서대로 관찰하는 것입니다. 몸의 지성을 관찰하고, 수성을 관찰하고,

화성을 관찰하고, 풍성을 관찰합니다.

두 번째로는, 관찰된 몸의 부분들을 없애고 지우고 파괴하고 변화시킵니다. 지성, 수성, 화성, 풍성의 도구들을 이용하여 몸의 요소를 없앱니다. 행위와 말과 생각작용으로 마음이 더러워지고 감정이 생겨서 몸에 저장하거든요. 물질에 대한 기록들이 몸에 영향을 주기 때문에 몸을 관찰해서 몸속에 들어 있는 물질적인 마음들을 없애는 것입니다.

세 번째는 과거의 기억과 고정화했던 개념들과 가치관을 부정합니다. 부정할 때 이 자체가 좋은 거라고 인식하지 않아야 합니다. 예를 들어 아름다운 기억이 나오거나 좋은 상이 떠올랐을 때 그것을 좋은 거라고 생각하면 안 됩니다. 떠오르는 것은 다 나쁘다고 생각해야지요. 부정관은 관찰대상에 대해 철저하게 부정해야 합니다. 좋은 사람이라 계속 바라보고 싶어도 계속 바라보면 안 됩니다. 사라지게 하세요.

스스로를 관찰하기는 어렵기 때문에 가까운 사람의 이야기가 도움이 됩니다. 가까운 사람은 나를 많이 들여다봐서 잘 알아요. "너는 너만 알아." 그러는데 나는 이해가 안 됩니다. 내가 생각하는 나는 그런 사람이 아니거든요. 그런 게 관찰대상입니다. "너는 엄청나게 고집이 세." 그런 것도 관찰대상입니다. "너는 굉장히 강해." 그런 것도 관찰대상입니다. "너는 왜 이렇게 어둡니?" 그러면 '내가 어두웠나?' 하면서 어두운 마음을 관찰할 수 있거든요. 관찰할 용기가 생기면 그때그때 관찰할 수 있지요. 관찰이 쉬운 건 아닙니다. 끄집어내려 해도 안 끄집어내져요. '내가 볼 마음이 있는가, 있는가, 있는가?' 하면서 들어가서 끄집어내는 것입니다.

부정관이 잘되면, 부정관으로도 없어지지 않는 지수화풍의 마음들이 발견됩니다. 이러한 마음들이 발견되면 그 상태를 그대로 인정하고 수용하세요. 이때는 관찰하는 마음을 일정하게 유지하는 것이 중요합니다.

눈을 감고 관찰해 보겠습니다. 눈에 움직임이 있는지 없는지 감지해 보세요. 단단하면 지성을 관찰하고, 촉촉하면 수성을 관찰하는 것이고, 열이 나면 화성을 관찰하고, 움직임이 있으면 풍성을 관찰하는 것입니다. 그런 것과 상관없이 영상이 떠오를 수도 있어요. 알아차리면 사라지는데, 만일 안 사라지면 지수화풍으로 도구를 만들어서 없애기를 하세요. 모르겠으면 관찰만 하세요. 눈에 의식을 집중하고 망상이나 생각이 안 일어나도록 노력하는 것이 중요합니다. 의식을 눈 안쪽의 내면에 두고 집중하기 바랍니다.

묻고
답하기

상이 계속 보이는데 눈을 어떻게 봐요?

／

이번에 배우는 게 그것입니다. 상은 생각으로 나오거나 이미지로 나옵니다. 눈을 관찰하면 영상처럼 이미지로 나오는 게 있습니다. 영상을 봐서 바로 사라지면 놔두고, 똑같은 종류끼리 계속 나오거나 많이 쏟아져 나오면 없애는 연습을 하는 것입니다. 물방울이 보인다든가 사람 얼굴, 옛날 기억 등이 보이면 눈으로 봐서 켜켜이 쌓아 놓은 것들입니다. 보이면 탁 털고 보이면 탁 털고 하세요. 부정관은 이것들을 관찰해서 털어내는 수행법입니다. 물질이나 영상처럼 보이면 털어내는데, 느낌이나 통증이 일어난다면 그냥 느끼세요.

마음의 요소 관찰하기

몸속에는 여러 가지 마음들이 섞여 있습니다. 껍데기는 다 같은 사람이지만 그 안의 마음은 다를 수 있습니다. 나를 만드는 게 사람마다 다릅니다. 만드는 기제가 다 다르거든요. 그러니 그게 뭔지, 내가 어떤 식으로 살아왔는지 관찰해서 알 필요가 있어요. 본연의 마음은 늘 있습니다. 누구나 있고 비중도 같습니다. 그런데 몸을 만드는 껍데기의 마음은 다 달라요. 용량도 다르고 질도 다르고 모양도 다르고 사고방식도 다릅니다. 여러분이 관찰법을 동원해서 관찰하면 알 수 있어요.

6도 윤회한다고 할 때 6도는 천, 수라, 인간, 축생, 아귀, 지옥을 가리키는데, 6도의 분포도가 사람마다 다릅니다. 부정관은 몸속에 들어와 있는 축생, 아귀, 지옥이라는 3악도업을 제거하는 것입니다. 3악도업은 강한 물질을 만들고 강한 감정을 만들고 생각을 만들고 고집을 만듭니다. 남하고 소통할 때도 일부만 소통하게 하지요.

천天은 확장되어 있어서 자기중심적인 게 굉장히 엷어요. 하늘의 마음이 많은 사람들은 긍정적이고 선성善性이 많습니다. 내가 강한 사람은 나한테 잘해 줘야 좋은데, 천상계 사람들은 바보 같아서 다른 사람에게 잘해 줘도 좋아하고, 다른 사람들이 잘 되면 좋아합니다. 의식이 확장되면 그렇게 됩니다. 갇힌 게 풀어지면 그렇게 달라져요. 그게 바로 행복입니다. 마음에 있는 걸 풀어내고 꽉 잡고 있는 걸 놓으니 행복이 많아져요. 햇빛이 반짝해도 행복이요, 눈이 와도 행복이요, 모든 것이 행복입니다. 누릴 수 있는 게 많아집니다.

수라는 스스로 천의 자리에 올라가야 하기 때문에 위를 향한 목표가 많이 설정되어 있습니다. 나보다 뛰어난 사람, 나보다 많이 가진 사람, 이상적인 사람을 목표로 치고 올라가지요. 수라의 마음이 많은 사람들은 능력이 뛰어납니다. 어떤 목적이 설정되면 그 목적을 향해서 가는 마음이 굉장히 강렬해요. 다른 데를 보지 않습니다. 인간계에서 능력이 뛰어나고 우수한 인자들, 뭔가 4차원인 사람들은 수라의 기운을 가지고 있어요. 수라는 위를 공격하지 아래를 공격하지는 않아요. 아랫사람은 약자이기 때문에 거두고 사랑하고 단점도 못 보는데, 윗사람에게는 엄격하거든요. 자기가 수라기질이 있다 해도 내려놓지를 못합니다. 자기 마음을 본 적이 없고, 보는 방법도 모르고, 얼마만큼 가지고 있는지도 모르기 때문에 그냥 굴러가지요.

인간은 절반은 수라에 걸쳐 있습니다. 수라처럼 더 나은 삶을 추구하고 열려 있고 긍정적인 면을 가지고 있으면서도 절반은 3악도업에 걸쳐 있지요. 인간으로 태어난 우리 마음에는 축생의 마음이 많아요. 반은 축생, 짐승이지요. 멀리 인공위성에서 지구를 보면 인간이나 축생이나 같은 종류입니다. 네 발이냐, 두 발이냐만 다르겠지요. 인간이 네 발이었다가 두 손을 땅에서 뗀 것은 정신적인 것을 추구하라는 의미입니다.

축생 밑에는 아귀라고 있습니다. 자기 감정을 해결하지 못해서 내내 딴 사람한테 붙어서 흡혈귀처럼 빨아먹고 괴롭히면서 삶을 영위하는 게 아귀귀신이지요. 그 감정만 보면 그래요. 아기들은 욕구만 있어서 계속

몸은 물질이기 때문에
물질로 살았던 기억이 많이 붙어 있습니다.
그래서 몸을 관찰할 때
몸이 깨끗하지 않다고 부정하며
관찰하는 게 좋지요.

보채거든요. "저 사람 힘드니까 울지 말아야겠다." 이런 게 없습니다. "바쁘니까 밥 달라는 소리 하지 말아야지. 나중에 해야지." 그런 거 없습니다. 그냥 활성화된 감정만 있지요. 아귀업이 있으면 대상한테 계속 뭔가를 달라고 하면서 자기는 안 줍니다. 내가 그런 마음을 가지고 있다는 것을 몰라요. 그게 무지업입니다. 아귀는 감정이 늘 가라앉지를 않아요. 눈을 떴다 하면 감정이 일어나고 조금만 건드려도 감정이 일어나거든요.

지옥은 단단히 굳어 있습니다. 몸도 마음도 생각도 굳어 있습니다. 딱딱한 생각만 들어 있습니다. 생각을 돌릴 줄 모르기 때문에 내내 그 생각만 합니다. 환경이 바뀌고 조건이 바뀌면 생각도 바뀌어야 하는데 안 바뀝니다. 자기를 전혀 바꿀 줄 모르는 게 지옥의 마음입니다. 단단하게 굳어 있고 딱딱해서 늘 한결 같아요. 10년 전의 감정도 닫아걸고 놓지를 않습니다. 그럴 땐 나를 알리는 게 좋아요. 내가 어떤 사람이라는 걸 알면 사람들이 대처를 하거든요.

인간으로 태어나도 이 여섯 가지 성품을 다 가지고 있습니다. 천상과 수라는 열린 성품이고 축생, 아귀, 지옥은 닫힌 성품이지요. 이 여섯 가지가 마음을 만드는 요소인데, 사람마다 배합이 다릅니다. 배합이 다르기 때문에 드러나는 성품도 다르지요. 그래도 그 안에 공유하고 있는 진짜 마음은 같습니다. 옛날에 성자들, 특히 동양의 성자들은 그것을 알았어요. 성자, 도인, 철학자 같은 부류들이 우리가 알지 못하는 그 마음을 탐구했어요. 내가 괴로움을 해결하고 싶다고 빨리 해결이 됩니까? 내가 괴로움을 털어내고 싶다고 괴로움이 털어집니까? 내가 미움을 그치고 싶다고 그쳐집니까? 안 되는 이유가 뭔지 탐구하다가 마음속으로 들어가서 진짜 마음이 따로 있다는 것을 알아냈지요.

요즘은 물질을 연구하는 과학자들이 근원의 마음을 발견하기도 합니다. 양자물리학에서 끝없이 분석해 들어가면 물질이 공空이 된다는 것을 알아냈어요. 물질이 미세해져 끝에 가면 공과 접하는 세계가 있습니다. 그게 우리 본연의 마음인데 본 적이 없거든요. 언뜻언뜻 본 적은 있겠지만, 그게 나라는 생각은 안 들어요. 현재 먹고 자고 놀고 생각하고 괴로워하는 이게 나라고 생각하지, 근원적인 나를 나라고 생각하지는 않거든요.

그 마음 때문에 대상과 소통하지 못합니다. 그 원인을 알아서 해결하려는 게 명상이지만, 근원적으로는 이 마음을 아는 게 명상이지요. 이 마음에 모든 것이 포함되어 있습니다. 이 넓은 비어 있는 공간에 여러분이 다 포함되어 있습니다. 근원의 자기 마음에 들어가면 타자도 포함되어 있어 수용하는 것이지요. 명상이 뭐가 좋으냐고 물어보는데, 명상이란 관계를 잘하게 되는 것입니다. 점차점차 나를 내려놓다 보면 대상하고 결합이 잘 되거든요. 눈감고 멋있게 있는 게 도인이 아닙니다. 세상 속에서 관계를 잘해야 합니다. 진리를 알았으면 활용해야지요. 그 마음을 나눠야지요. 관계와 소통이 가장 중요합니다. 자기를 잘 보세요. 어떤 부분은 소통이 잘 되고 어떤 부분은 소통이 잘 안 됩니다. 저 사람하고는 소통이 잘 되는데, 이 사람하고는 소통이 잘 안 됩니다. 어떤 대상하고도 소통이 잘 되면 마음이 열렸다고 볼 수 있습니다.

물질은 분리되어 있어서 잘 섞이지 않습니다. 물질 중에 공기, 바람, 물, 불 이런 것은 잘 섞여요. 그런데 흙처럼 물질화된 것은 잘 안 섞입니다. 몸도 마찬가지입니다. 몸도 다른 사람하고 안 섞여요. 몸이라는 물질은 일단 막거든요. 부정관은 그런 몸을 없애는 수련이라고 할 수 있습니다. 부정관을 하면 내 안에 6도의 마음이 어떻게 분포되어 있는지 많이 보입니다. 윤회의 과정에서 쌓인 탐진치에서 탐貪은 탐욕이고 진瞋은 화고, 치癡는 무지거든요. 탐욕, 진에, 무지라는 3독심이 일어나는 상황과 기억을 관찰해 보면 지옥, 아귀, 축생의 마음이 많이 나옵니다. 인간도 나오는데, 자기중심적이고 소통하지 않았던 모습들이 많이 나오지요. 이러한 마음요소를 관찰하면서 이 세 가지를 집중적으로 없애는 것이 부정관입니다.

우선 지나친 욕심을 관찰합니다. 탐욕은 의식주, 수면, 명예에 대한 욕심, 가족과 친구에 대한 욕심, 인정받고 사랑받고 대접받고 싶은 욕심입니다. 이것과 반대되는 것도 함께 관찰하는 게 좋습니다. 의식주를 무시하는 마음들, 명예를 비난하는 마음들, 가족과 친구가 장애를 준다고 하는 생각들, 나를 비하하는 마음들과 경험들이 이것에 해당합니다.

두 번째로, 지나친 분노와 화를 관찰합니다. 분노, 싸움, 불만, 신경질 이런 것이 진에심입니다. 안절부절 못하고 불안한 것도 진에심이지요. 화날 때 잘 관찰하면 내가 왜 그런지 알 수 있습니다. 내 욕망은, 에너지는 저리로 뻗치는데 누가 막으면 화가 납니다. 내 욕망이 좌절되니 화가 나지요. 대부분 욕망 때문에 화가 납니다. 관념도 있습니다. 나는 이게 옳다고 생각하는데 누구는 아니라고 해요. 집회에 가려고 하는데 누가 "아이고, 그런 데 뭐 하러 나가?" 그러면서 내 관념을 치거든요. 화가 났을 때 왜 화가 나는지 관찰해 보면, 그 안에 반드시 욕심이 있습니다. 욕심이 없으면 화가 안 나요. 화낼 때 민망하니까 너 때문에 화를 낸다고 하지만, 관찰해 보면 내 욕심 때문에 화를 냈다는 것이 환히 보입니다. 관찰하는 순간에는 아는데, 그 다음에 바로 잊어버리고 욕심대로 끌려 다니며 살아갑니다. 자기 경험에, 나라는 존재감에 끌려 다니며 살아요. 내가 지금 뭘 하고 있으며 뭐에 끌려가는지는 알아야지요. 아는 거하고 모르는 거하고는 하늘과 땅처럼 차이가 있습니다. 수행은 그 본래의 마음을 알기 위해서 하는 것입니다.

세 번째로는 지나친 무지를 관찰합니다. 외면, 회피가 대표적인 무지입니다. 한번 느껴보고 알아봐도 될 걸 아예 생각도 안 하는 것이 외면입니다. 세상에 외면할 대상은 아무것도 없어요. 세상에 어떤 존재든 존재하는 이유가 있는데, 외면한 게 너무너무 많습니다. 관심분야가 아니면 쳐다보지도 않아요. 그런 게 무지의 대표적인 모습이지요. 공부 못한다고, 욕심 많다고, 못생겼다고 사람을 무시하는 것도 무지업입니다. 제일 무지한 사람이 학벌로 사람을 무시해요. 회피는 문제가 발생했는데 해결을 안 하는 것입니다. 문제가 발생했는데 도망갑니다. 귀찮아서 회피하고 복잡해서 회피하고 이길 자신이 없어서 회피하거든요. 많이 보이죠, 회피하는 거? 그런 회피의 대상이 되는 것들을 관찰해서 떠올리는 것입니다.

마음의 요소 부정하기

몸을 통과해서 마음을 관찰하면 마음이 가벼워지면서 본질적인 게 점점 드러납니다. 부정관은 이렇게 드러나는 것들을 부정하고 없애는 것입니다. 과거의 기억들을 합리화하는 게 아니라 내가 옳다고 생각하는 것, 내가 맞다고 생각하는 것들을 부정하고 털어 버리지요. 내

삶과 가치관이 올바르다고 생각하는 그것부터 버리면 효과가 빨라요. 가장 먼저 버려야 하는 게 몸입니다. 몸이 가장 많이 한계를 지우고 인식을 축소시키거든요. 몸이 아프면 갑자기 불안이 확 일어나요. 몸에 상처가 나 봐요. 별거 아닌데도 걱정합니다. 누가 내 몸을 밀쳐 봐요. 얼마나 기분 나쁜지 모릅니다.

관찰해서 없애는 것도 순서대로 해야 효과가 좋습니다. 초심자 프로그램에서는 다음과 같은 순서로 부정하고 없애기를 합니다. 먼저 지나친 탐욕의 대상, 분노와 화의 대상, 외면과 무시와 회피의 대상이 되는 것들을 지수화풍의 도구로 없애기를 합니다. 그 다음에 이 모든 탐진치의 욕심이 '나'에 대한 인식과 자존과 자의식 때문이니 자아가 느껴지는 곳을 없앱니다. 어떨 때 존재감이 드러납니까? 나를 유령인간 취급했을 때, 대접 안 할 때 드러나지요. 어느 날 사람들이 날 아는 척도 안 합니다. 같이하려고 하면 탁 차단하고 자기네끼리만 얘기해요. 그때 속에서 존재감이 확 일어납니다. 존재감 강한 사람은 딴 데 쳐다보면 고개를 탁 틀어서 자기 보라고 합니다. 말로도 하고 행동으로도 해요. 그 존재감 때문에 우리가 힘들어하고 발악도 합니다. 그 존재감 때문에 엉뚱한 짓 하는 사람도 있습니다. 살인하는 사람도 있어요. 세상에 내 존재감을 알리는 것이지요. 텔레비전에 나오면 세상이 많이 보거든요. 존재감이라는 게 엄청나요. 그러한 존재감을 하나씩 치고 들어가서 부정해 보는 것이 부정관입니다.

기억 속에 있는 나의 모습을 떠올려서, 기억을 떠올려서, 상황을 떠올려서 부정관을 해보겠습니다. 떠올려서 그 기억들이 생생하거나 뚜렷하거나 하면 어떻게 해요? 부정하고 다시 부정하고 또다시 부정하고 깨끗하게 부정하고 확실하게 부정합니다. 기억 부정관이지요. 처음에는 눈을 관찰했지만 이제는 몸에 드러나는 걸 다 관찰하세요. 딱딱하다든지 축축하다든지 열이 난다든지 하면 그 부분을, 몸 전체에 열이 나면 전체를 관찰하세요. 몸의 요소를 관찰한 다음에는 자신이 발견한 몸의 부분 부분을 부정, 또 부정, 다시 한 번 부정, 깨끗하게 부정, 완벽하게 부정하면서 없애고 지우고 소멸시키고 치워 봅니다. 머리가 아프면 머리를 관찰하면서 상상으로 도구를 만들어 아픈 데를 지우세요. 어깨가 아프면 상상의 도구로 어깨를 지우세요. 몸 자체를 지워도 되고, 관찰하다가 나온 현상을 지워도 됩니다.

도구는 지수화풍 네 종류로 만들어서 씁니다. 땅기운이 있는 도구, 물기운이 있는 도구, 불기운이 있는 도구, 바람기운이 있는 도구를 써서 자르고, 긁고, 쓸어버리고, 태워 버리고, 날려 버리는 식으로 껍데기를 없앤 뒤에 그 안에 뭐가 있는지 관찰합니다. 이 껍데기층만 벗겨도 마음이 가벼워져요. 그리고 내가 어떤 사람이라는 게 보이기 시작합니다. 껍데기층이 있으면 나를 포장하고, 학교나 사회에서 만들어진 내가 나라고 생각하거든요. 잘 모르겠으면 내가 몸으로 했던 걸 생각해 보세요. 내가 센 말을 했을 때 누군가 들었을 거 아닙니까? 그렇게 말로 지었던 업을 떠올려서 지우는 것입니다. 누군가를 때렸거나 내가 맞았어요. 그 기억을 떠올려서 지울 수도 있습니다. 나쁜 생각을 했으면 그걸 지워도 됩니다. 사람이 겉으로 점잖은 척해도 속으로 온갖 짓을 하거든요. 그런 것들을 떠올려서 없애기를 합니다.

몸을 없애고, 기억을 없애고, 몸을 관찰해서 드러난 현상을 없앱니다. 그것이 바로 부정관입니다. 우리에게는 기억이 많아요. 남한테 당했거나 남한테 피해를 줬던 기억, 말로 상처를 줬던 기억, 상처받았던 기억들이 많습니다. 몸을 관찰하다가 안 되면 기억을 떠올려서 지우고 다시 몸관찰을 해도 됩니다. 안 되는 걸 하려고 용을 쓰지 말고 다른 방법을 시도하세요. 이 세 가지는 서로 연결되어 있기 때문에 아무거나 먼저 해도 상관없어요. 세 가지 중에 잘 되는 것을 중심으로 하면서 다른 두 가지를 곁가지로 해도 됩니다.

도구를 만들 때 주의해야 합니다. 마음속에서 총을 사용해서 상을 없애려고 총알을 많이 만들어서 막 쐈어요. 그리고 나서 수행을 안 하면 총을 만든 만큼 업을 지은 것입니다. 총 맞을 대상이 없어지면 더 이상 총이 안 만들어지거든요. 거기까지 수행을 해야 합니다. 마음속에서 칼을 만들어서 없앨 대상을 다 없애고 나면 칼도, 대상도 없어집니다. 서로 맞잡고 있기 때문에 칼을 만들게 했던 대상이 없어지면 칼도 없어져요. 그런데 칼을 만들어서 쓰고는 '어, 다 없어졌네.' 하고 수행을 그만둘 경우에는 위험성이 있어요. 그래서 도구를 함부로 쓰면 안 됩니다. 아무리 마음속에서만 사용하는 도구라도 말입니다.

도구로 불을 만들었다고 해봐요. 불을 만들어서 꼴 보기 싫은 사람, 이념, 생각들을 다 태웠어요. 불을 산만큼 만들었는데 태우는 것은 언덕만큼만 할 수도 있습니다. 그러면 불이 남아 있거든요. 도구를 만들었는데 남아 있으면 문제가 되지요. 가장 좋은 방법은 내 마음을 내가 가지고 있으니 나를 없애는 것입니다. 물론 현실에서 나를 없애는 게 아니라 마음속 상상으로 없애야지요. 부정관의 핵심은 나를 치우는 건데, 엉뚱한 것만 치우고 끝내는 경우가 많기 때문에 부정관을 부정적으로 보는 사람들도 많습니다.

명상 기법 중에 그 사람의 의식이 부드러운가 딱딱한가를 알아보기 위해 저 벽으로 들어가 보라고 하는 게 있습니다. 유치원에서 명상을 지도하면, 어린애들은 한두 명 빼고는 다 들어갑니다. "어떻게 들어가요?" 묻는 애들은 별로 없어요. 어떻게 들어갔냐고 물어보면 그냥 들어갔다, 벽에 문을 만들어서 들어갔다, 벽을 부드러운 두부처럼 만들어서 들어갔다고 합니다. 대상을 변형시키는 것이지요. 들어갈 수 있다고 생각하는 자체가 마음이 확장되어 있는 것이지요. 여러분도 명상을 하다 보면 마음의 기제들이 확장됩니다. 관찰하면서 일지를 쓰면 도움이 됩니다. 특별한 현상이 있거나 없앤 방식을 다 적으세요. 너무 졸렸으면 그것도 적으세요. 기록해 두면 나중에 다른 현상이 나타날 때 비교해서 파악할 수 있습니다.

묻고
답하기

몸이 그렇게 부정하기만 한가요?

/

몸으로 일도 하고 욕구도 충족하고 뽐내고 미래도 추구하고 누릴 수 있는 것이 많은데, 왜 몸을 부정할까요? 몸을 통과해서 관찰해 보니 실제로 부정적인 것이 많이 나오기 때문입니다. 몸을 통과하지 않고 마음을 보면 부정적인 것이 그렇게 많지 않아요. 그래서 몸관찰이 중요합니다. 사마타해서 껍데기층을 치고 안으로 들어가야 합니다. 귤도 껍데기를 벗겨야 알맹이가 나오고 즙이 나옵니다. 껍데기에서는 즙이 안 나와요. 본질적인 것이 안 나와요.

사마타는 밀고 들어가는 것입니다. 업이 나올 때 분석하지 말고 그냥 보세요. 언제 분석하고 있겠어요. 수억 겁 동안 내가 쌓아 놓은 물질층이 몸입니다. 몸층이 좋은 업은 아닙니다. 좋은 업이 많으면 몸을 안 받아요. 껍데기층을 뭐 하러 받겠어요. 껍데기가 없으면 너무너무 자유로운데 우리가 몸을 받아서 왔으니까 한평생 달고 사는 것이지요. 그러니 몸은 그렇게 추구할 가치가 있는 대상이 아닙니다.

그래도 몸을 받으면 유리한 것은 있습니다. 갇힌 업을 볼 수 있는 절호의 기회가 되지요. 만약에 천상업이 많았는데 몸을 딱 받았다고 해봐요. 천상은 물질을 모르거든요. 그런데 물질도 받아야 할 대상이라는 걸 알면 그만큼 폭이 넓어집니다. 정신도 알고 물질도 알면 물질로 소통할 수 있다는 것도 알게 되지요. 물질 속에서 그걸 알 수 있는 기회를 얻는 건데, 그것이 최고의 가치는 아닙니다. 솔직하게 인정할 건 그냥 인정해야지요.

부정관은 몸속에 있는 거친 감정을 제거합니다. 옳고 그름이라든가 높고 낮음이라든가 내 것, 남의 것이라는 기준에 따라 관념이 생기는데, 그 관념에 뭔가가 걸리면 감정이 훅 일어나거든요. 그 경험이 쌓여서 센 감정이 됩니다. 감정이 크게 일어나는 것은 그 안에 관념이나 경험치가 많아서입니다. 인연이 많은 사람에게는 감정이 쑥 올라와요. 인연이 없는 사람은 뭘 해도 감정을 건드리지 않아요. 관념과 감정은 수레로 치면 두 개의 바퀴입니다.

부정관하면서 몸을 관찰하면 탁한 것들이 많이 나오니까 우울하고 괴로워요. 그걸 누가 만들었어요? 내가 만들었어요. 내가 만들었으니까 내가 해결하려고 용기를 내서 마음을 들여다봐야지요. 어떤 사람은 부정관해서 안 좋은 것만 계속 나오니까 하기 싫다고 하는데, 털어낼 수 있을 때 털어내는 게 좋습니다.

현상이 보일 때만 부정관을 쓰고 느낌이나 통증은 그냥 느끼는 거예요?

/

그렇지요. 통증에 부정관을 써 봐요. 안 됩니다. 영상이 떠오르면 지수화풍의 도구를 만들면 됩니다. 잔뜩 쌓여 있으면 하나씩 없앨 게 아니라, 한 번에 날려 버리세요. 나중에 사마타가 깊어지면 안 보고도 확 밀어붙여서 없애기도 합니다. 처음에는 그러기 어려우니 정확하게 보고 집중을 잘해야 합니다. 집중을 못하면 어떤 것 때문에 못하는지 이유를 찾아내세요. 마음이 가라앉지 않아서 집중이 안 되는 경우도 있어요. 가라앉을 때까지 시간이 걸립니다. 시간이 해결해 줘요. 깊숙이 들어갔는데도 표면에 드러나지 않아서 안 보이는 경우도 있습니다. 그러면 그 상태를 유지하면서 집중만 잘하면 됩니다.

노래가 반복해서 들려요. 같은 구절만 반복이 됩니다.

/

그 노래가 내 안에 저장되어 있어요. 노랫가락이 반복해서 나오는 것은 사연이 있든지 그 노랫가락을 기억하게 하는 뭔가가 있는 것입니다. 사랑과 관련된 감정이 있으면 사랑노래가 딱 들어와요. 강하게 나를 건드려서 도돌이표처럼 계속 나옵니다. 꽂혔던 것들은 계속 나와요. 음악은 가락이 있어서 잘 꽂히거든요. 어느 정도 나오다 끊어지면 괜찮은데, 계속 나오면 부정관으로 없애야 합니다. 물질은 무조건 부정관으로 없앨 수 있어요. 소리도 물질이거든요. 모양, 형태, 색깔도 물질이니 부정관으로 없애요. 더 큰 소리를 만들어서 없애도 되고 염불과 만트라 소리로 없애도 됩니다. 음악은 지수화풍의 4대를 만들어서 없애도 됩니다. 소리는 물과 같은 속성을 많이 가지고 있어요. 흐르고 변화하고 여러 가지가 모여 있는 것이 비슷하지요. 그래서 물의 영상을 만들어서 없애면 잘 사라질 수 있습니다. 그러나 가장 좋은 방법은 계속 음악소리를 듣고 있는 관찰력이지요. 관이야말로 모든 것을 사라지게 하고 지혜를 드러나게 하는 것이니까요.

관찰하다 무시, 외면, 이런 어리석은 마음들을 발견하면 마음이 아파요.

/

보는 순간에는, 그런 것이 나라고 인식하는 순간에는 아프고 괴롭지요. 그래서 부정관이 필요합니다. 보는 순간 빨리빨리 치우세요. 보면서 치우고 보면서 치우고. 그렇지만 객관화할 필요는 있습니다. 다 치워서 그 상황이 지워지면 나와 비슷한 종류의 사람들이나 상황들이 보입니다. 그래서 그 사람을 보면서 찌질이라고 여기는 게 아니라 그 사람이 나한테 수용되면서 내 마음하고 하나가 되지요.

그것이 최고의 명상기법입니다. 나를 내려놓는 동시에 대상이 수용됩니다. 색즉시공이지요. 내가 공이 되니까 대상의 색이 들어오는 것입니다. 생활 속에서 대상이 찌질한 모습을 보였는데 싫은 게 아니라 수용이 되면 내려간 것이지요. 원래 나랑 똑같은 속성이 보이면 밀어냅니다. N

극은 N극끼리 밀어내고 S극은 S극끼리 밀어내는 원리와 같아요. 내 안에 날카로움이 있으면 날카로운 사람이 수용되지 않습니다. 수용 안 되는 게 많으면 그만큼 내 안에 그런 것들이 있는 것입니다. A라는 사람이 수용 안 되면 A는 정확하게 나입니다. 희한하게 내 안에 똑같은 게 있어요. 그래서 사실은 그 사람이 스승입니다. 그게 내 안에 있다고 가르쳐 주니까.

끊임없이 대상에게 같은 걸 반복하거든요. 털어내도 어쩔 수 없이 쌓여요. 보살은 백 번 하든 만 번 하든 수용할 텐데 저는 아직 잘 안 됩니다.

/

힘들기 때문에 방편을 씁니다. 내가 일업이 많으면 계속 일 시키는 사람을 만나요. 그러면 나는 그 사람 때문에 마음이 올라오거든요. 그럼 나를 내려놓고 그 사람 수용하고, 또 나를 내려놓고 수용합니다. 그 사람이 반복해서 그러면 어떻게 해요? 현실에서 수용해야 하는데 수용하자니 날 덮는 거 같을 때는 도망갔다 오세요. 아예 도망가는 게 아니라 일시적으로 도망갔다가 다시 와서 수용합니다. 내가 살 수 없을 것 같으면 도망가세요. 누가 날 때려요. 맞으면 팔다리가 부러질 거 같아요. 그럼 맞지 말고 도망가세요. 도망갔다가 털어내고 오면 되지요. 도망갔다 못 와도 괜찮습니다. 가도 되고 와도 되는 거니까. 그것은 사실 그 상황을 약간 회피하는 것이지요. 현실에서는 무지가 좀 쌓이더라도 그렇게 해야 합니다.

○

현대에
꼭 필요한 부정관 수행법

　　현대사회처럼 바쁘고 이루어 내야 하고 경쟁해야 하고 분별하는 삶에서는 부정관이 필요합니다. 부정관을 하면 건강해집니다. 병든 마음이 쌓여서 병을 만들거든요. 병도 마음이 만드는 거거든요. 그런데 마음을 관찰해서 나쁜 요소를 털어내니 병원 갈 일이 줄어들지요. 나중에는 병이 있다 해도 그대로 수용이 됩니다. 유위법의 세계는 다 생로병사를 겪습니다. 자연스런 현상입니다. 그것을 수용하게 되면 마음이 꽉 뭉쳐서 병나는 것은 많이 떨어집니다.

　병은 마음이 뭉쳐서 나온 것이기 때문에 마음을 관찰하면 건강해집니다. 젊었을 때 수행하라는 이유가 있습니다. 젊으면 관찰도 강합니다. 나이 들어서 몸이 딱딱하게 굳었는데 앉아 있을 수 있겠습니까? 앉아 있는 습관이 안 붙어 있으면 힘들거든요. 몸이 유연할 때 수행하면 유연하게 보니까 관찰이 잘 됩니다. 유연하니까 떨어져 나가기도 잘합니다. 나이 들어 고정관념 세고 단단해져서 하려면 그거 뚫고 관찰해야 하니까 쉽지 않습니다. 그전에 해두는 게 낫지요. 관찰도 연습이거든요. 처음엔 안 될 것 같아도 1~2년 지나면 잘합니다. 현실에서 내가 걸린 마음도 탁 알아차립니다.

　좋은 도반을 만나는 건 굉장한 행운입니다. 도반의 힘이 무엇보다 큽니다. 혼자는 10분도 못 앉아 있어요. 수행의 3대 업이 도량, 도반, 스승입니다. 나중에는 스승은 빠져도 됩니다. 공성이 살아나면 스승은 필요 없어요. 공성이 스스로 스승이 됩니다. 공성이 안 살아났을 때는 "이것은 모양이 없습니다. 이것을 관찰하려면 이런 방법을 쓰세요." 하고 알려 주기 위해서 스승이 필요하지요. 도량하고 도반은 꼭 필요합니다. 그런데 사람들은 스승한테는 3배하고 도량하고 도반한테는 3배 안 합니다. 뭘 하든 친구가 있으면 좋습니다. 수행에는 친구가 있어야 하고, 도량이 있어야 합니다. 하긴 곳곳이 다 도량이긴 합니다. 자연에 가면 자연이 도량이지요. 그러니 자연환경 좋은 데 도량이 있는 건 행운이지요. 물질 많은 데 있으면 많이 먹고 당뇨병만 걸립니다. 그리고 물질적인 사고밖에 못합니다. 자연은 그런 것들을 다 녹여 주거든요. 그러니 자연에 가면 마음이 행복하고 좋지요.

깨달음은 하루아침에 얻을 수 있지만, 업장 소멸은 하루아침에 되지 않습니다. 깨달았어도 행위까지 바르게 바뀌지는 않아요. 사람들이 깨달았다면서 왜 그 모양이냐고 하잖아요. 세상에서 구르고 구르다 보면 옆에서 누가 칩니다. 고마운 일이지요. 나를 알게 하니까. 대상에 감사한 마음이 들기 시작하면 그때부터 진짜 수행이 시작됩니다. 대상 속에서 나를 녹이면서 수행하니까요. 현실에 자리 잡은 모든 대상과 경계가 나를 사마타해 줍니다. 그렇게 사마타가 되려면 일단 나를 많이 내려놓는 수밖에 없습니다. 나를 내려놓지 못하는 것은 내가 전생에 쌓았던 업과 습기가 많이 저장되어 있어서입니다. 그것이 나의 삶을 좌지우지해요. 그래서 그 속에서 관찰해야지요. 그것을 떨어내려면 오래 걸리기 때문에 그 속에 들어가서 그것이 어떻게 운용되는가를 보면서 관찰하는 것입니다. 무수한 대상이 똑같이 사마타하고 있다는 것을 아는 것이 대승관법입니다. 나만 쳐다보는 것이 아닙니다. 나를 본 다음에 너에게

얼마나 마음을 내는가가 핵심이지요. 그게 안 되면 수행이 되었다고 할
수 없습니다.

3문

점 관 찰

점을 통해 부정관하기

○

점 을 통 해
대 상 에 들 어 가 는 관 법

　　세 번째로 점관찰을 하는 데는 이유가 있습니다. 첫 번째 몸관
찰, 두 번째 부정관을 하면서 몸 중심으로 관찰했는데, 여기에는 좀 위
험한 요소가 있습니다. 몸을 중심으로 관찰하다 보면 계속 몸만 들여다
보고 바깥을 보지 않게 되지요. 몸관찰을 해서 몸이 좋아지고 정신이 맑
아지니 몸을 잡게 되고 몸관찰을 더 많이 합니다. 몸이 편안한 것에 머
무르는 것이지요. 머무르는 것 자체가 고이는 것이기 때문에 굳으면 지
성地性이 되고 집착이 되고 몸을 소중히 여기는 마음을 만들거든요. 몸
을 소중히 여기는 마음, 몸을 추구하는 마음은 몸의 기쁨에 집착하게 되
지요. 몸의 기쁨은 엄청납니다. 좋은 것을 주면 몸이 기쁘고, 부드럽게

하면 몸이 기쁘고, 편안하게 하면 몸이 기쁘거든요. 자꾸 하다 보니 몸에 구속되지요. 몸은 물질이 붙기도 하고 떨어지기도 하는 것이라서 붙고 떨어지는 게 자유자재로 되었을 때 몸에서 벗어날 수 있고 3악도업에서 벗어날 수 있습니다.

불교를 대표하는 세계관 하나를 꼽아 보라면 연기법입니다. 날씨가 꾸질꾸질하고 계속 비가 오면 우울해집니다. 이럴 때 내가 밝으면 다른 사람에게 영향을 줍니다. 연기적 관계라서 그렇지요. 대상에 대한 관심이 절대적으로 필요합니다. '내 안의 무지를 모르면 바깥의 무명을 보라.'는 말이 그래서 있는 것이지요. 바깥을 보지 않으면 나도 어두워집니다. 세상을 보지 않으면 어두워집니다. 마음이 순화되면서 정치적으로, 경제적으로 의식이 넓어질 수 있습니다. 살아가려면 정치도 있고 경제도 있고 사회도 있고 다 있어야 하는데, '나는 그런 것에 관심 없어.' 하면서 안 봅니다. 자신만 보는 것이지요. 인간은 구조 속에서 살기 때문에 나를 보기 위해서는 반드시 바깥을 봐야 합니다. 바깥을 봐야 경제도 보이고 사회도 보이고 사회적인 구조도 보이거든요.

외부를 보지 못하는 한, 대상을 인정하지 않는 한 나를 보는 것은 불가능합니다. 우리가 대상을 볼 때 몇몇 사람만 본다면 대상을 받아들이는 게 좁다고 여기면 됩니다. 점관찰은 점을 통해 내 마음을 보게 하는 명상법입니다. 외부에 점이라는 대상을 설정해서 내 마음의 3악도업을 보게 하고 떨어뜨려서 외부경계를 확장시키는 것이지요. 내가 점을 보고 점이 나를 봐서 내 마음이 점에 들어갔다 나를 치고 들어오기 때문에 강렬하게 내 마음을 비춰 줍니다.

점을 잘 보면 외부로 향하는 마음도 열립니다. 사람을 볼 때도 그 사람의 마음과 화합해서 보고, 사물을 볼 때도 사물과 화합해서 봅니다. 마음은 들어왔다 반은 나가게 되어 있습니다. 아무리 움켜쥐어도 안 나갈 수가 없어요. 구조가 그렇습니다. 들어왔던 마음의 반은 나가고 반은 가지고 있는데, 가지고 있는 마음이 문제입니다. 그 마음을 알기 위해 바깥에 점을 찍어 놓고 보는 것이지요. 점을 많이 볼수록, 대상을 많이 볼수록 마음이 확장되고 대상은 더 확장되어 들어옵니다. 점을 계속 보면 울컥울컥 감정이 올라오고, 어딘가 막혀 있는 게 또렷이 관찰됩니다.

앉아서 수행하는 것은 가장 기본입니다. 그러나 안으로는 내 마음을 관찰하면서, 대상과 교류할 때 어떤 마음이 일어나고 그 마음이 어떤 식으로 대상에게 영향을 끼치는지 봐야 온전한 수행입니다. 나 혼자 벽을 보거나 바깥만 보는 건 반쪽짜리 수행이지요. 반쪽만 수행하고 반쪽은 안 되어 있으니 세상 사람들은 수행하는 사람들을 안 좋아합니다. 경우가 없고 세상과 소통하지 않는다고 생각하거든요. 수행은 현실에서 다른 사람과 소통을 잘하기 위해서 하는 것이거든요. 그 이치를 보게 하는 것이 점관찰입니다.

점관찰은 점을 통해 대상에 들어가는 관법입니다. 일정한 대상을 관찰하는 것을 관상법이라고 하지요. 관상법에는 생각을 관찰하는 관상법觀想法과 모양을 관찰하는 관상법觀相法이 있습니다. 모양을 관찰하는 관상법은 외부에 있는 대상을 관찰하는 것입니다. 해, 달, 별, 나무, 바위 같은 것들을 관찰하는 것인데, 점관찰도 여기에 속합니다. 점관찰이 관상법으로 자리 잡은 이유는 점이 집중하기 좋아서 몸관찰하는 데 탁월하기 때문입니다. 점은 고정되어 있어서 산만하고 움직임이 많으며 변덕스럽고 감정기복이 많은 사람에게 좋습니다. 뭉침과 긴장을 잘 찾아내서 물질에 집착이 많은 사람에게도 좋은 관상법이지요.

○

점 관 찰 하 며   지 켜 야   할
원 칙

점관찰은 외부에 있는 점을 그대로 관찰하는 것이 중요합니다. 점을 보다 보면 자신에게서 나오는 반응을 통해 자신이 어떤 유형의 사람인지 알게 됩니다. 행위를 많이 집지한 사람은 행위로 많이 나오고, 감정을 많이 집지한 사람은 감정으로 많이 나오고, 생각을 많이 집지한 사람은 주로 생각, 판단, 정보, 분석들로 나옵니다. 점을 관찰하면서 여러분들이 알아야 할 게 있어요. 다음과 같은 원칙들을 지키며 관찰하면 효과적입니다.

아무 생각 없이 관찰하기

첫째, 아무 생각 없이 그대로 점을 관찰합니다. 그것이 점을 관찰하는 중요 포인트입니다. 몸에 점을 찍든 밖에 점을 찍든 점에만 집중하세요. 의식을 여기에만 둬야 합니다. 바깥의 점에 집중하는 것이나 몸에 찍은 점에 집중하는 것이나 같습니다. 둘이 아닙니다. '어떻게 봐야 하나, 계속 봐야 하나, 얼마나 봐야 하나.' 이런 생각을 하지 말고 그저 점만 보세요. 점은 새까맣고 몰려 있기 때문에 집중력이 셉니다. 또 점은 고정되어 있고 계속 그 자리에 있기 때문에 처음에는 힘들어도 관찰시간이 길어지면 점차 안정됩니다. 점만 하염없이 계속 보면 편안해집니다. 몸에서 찾아낸 업장, 몸의 까르마들이 떨어져 나가기 때문이지요. 껍데기층에 있는 거친 업들은 점이 다 찾아냅니다. 이것이 점관찰의 탁월한 점이지요.

점을 잘 보면 마음이 뭉쳐 있는 곳을 알려 줍니다. 알려 준 그 부분을 한참 바라보다 몸을 보면 균열이 일어납니다. 너무 단단하면 균열이 잘 안 일어날 수도 있어요. 그래도 느낌은 드러납니다. 직접 몸을 보는 것보다 점을 봐서 점이 들어와 치는 것이 더 간단하고 빠르고 정확합니다. 잘 보는 것이 중요하니까 보는 연습을 많이 하세요.

점을 보면 나의 감정, 나의 사고 패턴들이 보입니다. 나를 보는 것보다 점을 보는 것이 나라는 사람을 더 정확하게 알 수 있어요. 점이 단순하기 때문에 생각이, 감정이 그리고 몸의 현상들이 하나하나 잘 보입니다. 간단한데 쉽지는 않지요. 가만히 있는 것이 더 어려워요. 뭔가를 해야 한다는 관념이나 그렇게 했던 습관들이 있기 때문에 가만히 있지를 못합니다.

판단하거나 해석하지 않고 관찰하기

둘째, 점에서 나오는 현상을 판단하거나 해석하지 않습니다. 점을 계속 보다가 몸에서 느낌이 일어나는 부분을 봅니다. 느낌이 없으면 몸의 특정 부위에 점을 찍었다고 생각하고 그것을 보세요. 예를 들어 점을 계속 보다가 경추를 한동안 관찰하다가 다시 점을 봅니다. 점을 보다가 몸속으로 깊숙이 들어가 보세요. 몸이 무너지고, 사라지고, 변화하고, 새로운 것이 일어날 수 있습니다. 점이 들어오면서 부정관을 해주기 때문입니다. 점명상은 나를 중요하게 여기고, 내가 결정되어 있다고 판단하고, 변화하는 것을 거부하고 묶어 놓는 습성을 부정합니다. 묶어 놓은 것, 딱딱한 것, 고정시켜 놓은 것들을 점이 찾아내서 풀어 줍니다.

말 안 듣는 사람을 내 식대로 고정시키면 그 사람이 고정됩니까? 나만 고정됩니다. 나만 딱딱하게 됩니다. 그 사람을 고정시키려다가 오히려 내가 로봇처럼 되어서 지시, 지식, 원칙을 강조하는 말만 합니다. 나와 내 것을 강요하고 유지하고 합리화하는 것이지요.

모든 것은 순간순간 변화하는데 인간의 마음은 그렇지 않습니다. 욕계라는 낮은 세계에 탐진치로 얼룩진 마음을 지니고 태어난 인간이 계속 변화하는 연기적 상황을 인정하고 이해하기는 쉽지 않습니다. 고정되고 갇힌 조건에서 태어났기 때문에 나를 내려놓고 솔직하게 되기가 쉽지 않아요. 그래서 점을 보는 것이 필요합니다.

생각을 내려놓고 관찰하기

셋째, 점을 잘 보는 방법이 있다는 생각과 무수히 일어나는 수많은 생각을 내려놓습니다. 점을 생각 없이 그냥 보는 것입니다. 잘 봐야 한다, 어떻게 봐야 한다는 생각은 외부로 치닫는 마음이기 때문에 얼른 끊고 점만 보세요. 점에 집중하면 무수한 생각들은 다 사라집니다. '이게 뭔데 나를 알려 줘?' 하는 생각도 들지요. 그런데 점은 단순하기 때문에 많은 것을 알려 줍니다. 생각이 일어날 때는 무조건 의식을 점으로 가져가세요. 내가 너무 강하면 잠이 쏟아집니다. 점하고 사투를 벌이다가 졸고, 점을 잠깐 봤다가 졸면 오히려 집중력이 떨어져요. 너무 졸리면 몸을 관찰해서 피로를 풀고 나서 관찰하든지 아예 졸든지 하세요.

점은 신기하게도 나라는 존재감이 강하면 보기 힘들어요. 내가 중요하고 강하면 타인과 타인의 환경을 보기 힘든 것과 같은 이치입니다. 내가 중요하면 타인에게 배려를 못합니다. 그 사람이 얼마나 힘들고 고통스러운지 모르거든요. 사람 관계가 힘든 것은 그 사람의 마음을 안 읽어서입니다. 그 사람을 느끼면 소통이 돼서 해결되는데, 해결이 안 되니까 해결해 달라고 계속 오지요. 인연 관계가 그렇습니다. 나한테 왔을 때 나를 내려놓고 해결해 주면 되는데, 안 해주니까 또 오고 또 오고 합니다.

드러난 부분 관찰하기

넷째, 눈이 아프거나 점을 계속 보기 힘들 때 점을 통해 드러난 몸의 부분들을 차례로 관찰하고 몸을 이완합니다. 눈을 통해 점을 보기 때문에 피곤하거든요. 그럴 때는 눈을 감고 피로를 내려놓은 뒤에 점을 보는 것이 좋습니다. 30분이나 한 시간 점을 보면 피곤하니 눈을 감고 몸을 관찰합니다. 집중하기 좋게 몸의 일정 부위에 점을 찍었다 생각하고 그곳에 집중하세요. 집중하다가 느낌이 사라지면 안으로 더 들어가도 됩니다. 내가 나를 어떻게 운영하는지 점을 보면 압니다. 신기해요. 점이 몸을 정확하게 스캔해서 마음까지 찾아 줍니다. 강한 마음들은 우리가 살아 있는 동안 몸으로 구현되는데, 구현되지 않은 마음도 있거든요. 점은 그렇게 구현되지 않은 마음까지 찾아내서 치는 기제를 가지고 있습니다. 부정관할 때 도구를 만들어서 대상을 없애는 것도 그런 이치입니다.

처음에는 대상을 보는 것이 힘들어요. 그래서 점을 볼 수 있을 때까지 충분히 봐야 합니다. 도저히 볼 수 없으면 눈 감고 나를 관찰하고, 나를 보다가 집중력이 떨어지면 다시 점을 보세요. 어떤 때 마음이 올라오는지 잘 보세요. 누군가 내 것을 가지려 할 때, 경우 없는 짓을 할 때 내 마음이 살아서 움직이거든요. 나를 통해 대상이 영향을 받고 대상을 통해 내가 영향을 받습니다. 나와 대상은 둘이 아닙니다. 인드라망처럼 연결되어 있어요. 그런데 그것을 끊고 "너는 더러우니까 필요 없어. 저리 가."라고 해서 만들어진 것이 '개아個我'입니다. 내 개아가 얼마나 센지 스스로는 알 수 없어요. 세상 속에서 대상을 만나 봐야 알지요. 대상을 만나도 내가 부정하면 모릅니다. 점관찰은 외부에 점을 딱 찍어서 관계성을 알게 하는 기법입니다. 점이 내 안의 물질적인 것, 개아로 있는 것을 찾아 줘요.

몸을 관찰하다가 다시 점을 봅니다. 몸을 충분히 관찰하다 집중이 잘되면 다시 점을 보세요. 점을 관찰하다가 중간중간 몸을 봅니다. 이제부터는 집중도를 적어 보세요. 오롯하게 점만 봤으면 100퍼센트라고 적습니다. 중간에 의도를 내거나 조작을 하거나 집중력이 떨어지거나 생각으로 빠졌어도 눈을 통해 점을 보고 있었으면 집중도에 포함시키세요.

점이 부정관의 도구와 같은 역할을 하는 것인가요?

/

부정관은 몸을 관찰한다거나 몸의 현상들을 지수화풍을 이용하여 사라지게 하는 것이지요. 점명상은 점만 바라보는 것인데, 부정관의 효과가 있지요. 점이 사마타의 역할을 해서 마음으로 계속 파고 들게 해요. 점으로 마음을 건드리게 되면 마음이 드러나게 되는데, 특히 물질적 마음들은 많이 드러납니다. 그때 수행자는 점에 의지하여 점만 보았던 사마타의 힘이 있기 때문에 점만 보아도 드러난 물질이 점 속에 투영되어 없어지게 되지요. 점이 부정관을 하게 한 것이지요. 본연의 마음은 하나가 되는 것을 잘 하기 때문입니다. 나중에는 점도 사라져요.

점이 부정관을 하는 원리를 간단히 설명할 수 있을까요?

/

점만 보만 점 속에서 일심一心이 이루어지지요. 점만 보면 점이 흔들리기도 하고 점 속에서 영상이 튀어나오기도 하고, 점 속에서 갖가지 현상들이 나오기도 하지요. 하지만 이것도 점을 보는 점관찰을 우위에 두고 계속 점을 위빠사나하다 보면 점의 현상들은 사라지게 됩니다. 점을 의지처로 삼았기 때문이지요. 점을 중심에 두고 점만 보면 다른 현상들은 저절로 부정하게 되지요. 결국 점이 모든 현상을 일어나게 하고 사라지게도 한 셈이지요. 점이 부정관을 하게 한 것입니다.

○

점관찰로 나타나는
몸과 마음

몸의 굳어진 곳

몸은 몸의 논리만 갖고 있는 게 아니라 살아 있는 동안 느꼈던 마음도 담고 있습니다. 그래서 점을 보면서 몸관찰을 하면 아프지 않았던 데가 아파요. 점이 들어오면 몸이 이완되어 풀어졌다가도 굳어 있는 곳이 다시 드러납니다. 계속 보고 있으면 점이 계속 들어와서 다 찾아냅니다. 몸에서 현상이 드러나면 그것에 집중하세요. 현상이 잦아지거나 잘 모르겠으면 다시 점을 보면 됩니다. 점관찰하면 몰라도 되는 부분을, 묻혀 있던 부분을 점이 치고 들어가서 알려 주기 때문에 힘들어요. 하지만 묻어 두는 것보다는 드러내는 것이 낫습니다. 365일 그 맺힌 마음이 나를 자극하는데 아닌 척 묻어 뒀거든요. 계속 묻어두고 못 나오게 하고 살 수는 없어요.

이것은 점관찰의 이치가 단순하기 때문에 가능합니다. 고정된 점이 무수하게 변화하는 몸의 현상을 인식하게 하거든요. 본래 면목과 결합되어 있는 것을 알게 하거든요. 내가 과거를 잡고 흘러간 내 몸을 잡고 있다는 것을 알려 주거든요. 과거에 갇힌 나를 해방시키고 무수한 족쇄를 풀어 주거든요. 그러면서도 현재에 깨어 있게 해서 현재의 관계를 찰나찰나 보게 하고, 그대로 흘러가고 현현하는 것도 알려 줍니다. 거친 것을 제거해서 잡지 않게 합니다. 부여잡고 어쩔 줄 몰라 하는 것을 해

외부로 향하는 마음이 열리면
사람을 볼 때도
그의 마음과 화합해서 보고,
사물을 볼 때도
사물과 화합해서 봅니다.

결해 줘요.

가슴에 느낌이 강하면 심장과 위장이 막혀 있을 확률이 높고, 배에 느낌이 강하면 자궁과 장이 긴장되어 있을 확률이 높습니다. 척추에 느낌이 강하면 머리와 천골(엉치뼈),* 신장에 긴장이 있는 것입니다. 전체적으로 마음이 흐르는 곳은 척추입니다. 척추 라인을 따라 흐르면서 신장, 폐, 장이 반응합니다. 느낌은 척추에서 가장 많이 일어나요. 정수리의 백회는 업이 빠져나가는 핵심적인 통로입니다.

반응이 많은 신체 부위에 마음으로 점을 찍어 놓고 그곳을 관찰해 보세요. 천골(엉치뼈)이면 천골, 어깨면 어깨에 점을 찍고, 바깥의 점 보듯이 봅니다. 전체를 볼 수도 있지만 지금은 부분을 보세요. 점을 보다가 몸에서 느낌이 강한 곳을 찾아내서 관찰하세요.

우리 몸에는 거칠고 오염된 마음들이 많습니다. 마음 깊은 데로 들어가면 갈라지는 마음들이 있습니다. 현상계로 나오는 마음과 나오지 않는 마음이 있습니다. 태초에 분리의식이 있는 것이지요. 분리하겠다는 의도나 생각들이 자리 잡으면 습관처럼 분리하게 됩니다. 분리의식이 강하면 항상 부정적으로 보고 부정적으로 말합니다. 똑같이 대상을 봐도 어떤 사람은 대상의 장점을 보지만 어떤 사람은 단점만 잘 찾아내요.

내가 마음을 그렇게 구성해 놓으면 계속 그 기제가 작동합니다. 그렇게 만들어 놨기 때문에 그 마음이 옳다고 생각해요. 지적질이나 부정적인 의견을 주로 이야기하는 것은 사실 업과 습 때문이거든요. 내 마음

* 척추의 아래 끝부분에 있는 이등변 삼각형 뼈.

아닌 것이 내 마음처럼 자리 잡고 있는데 그것을 자기라고 생각하면서 휘두르고, 그 마음이 힘들면 내 마음이 힘들다고 생각해요. 관념을 세우면 그 관념에 걸려서 느꼈던 것이 감정으로 다 들어옵니다.

사람들이 점술가를 찾아가서 자기 운명을 묻는데, 점을 통해 내 마음을 보는 것이 더 정확합니다. 점을 잘 보면 관념으로 묶어 놓았던 것이 풀어지면서 몸에서 느낌이 일어나요. 알 수 없는 감정도 일어납니다. 관념으로 눌려 있던 감정들, 경험했던 감정들이 있습니다. 관념도 내가 만들고 경험도 내가 했지만, 주변에 사람이 있고 환경이 있거든요. 그래서 내가 했다고 생각하는 게 아니라 저 사람 때문에 그렇게 되었다고 생각합니다. 하지만 사실은 내가 한 것이거든요. 대상은 그대로 있는데, 거기에 마음을 일으킨 건 나거든요. 그러니 내 몫이지요. 대상이 어떻게 해도 아무렇지 않은 사람도 있어요.

사람은 안 움직이면 몸이 굳어지고 굳어져서 고체처럼 됩니다. 마음 안에 굳어진 센 것들도 박혀 있지요. 관찰하면 이것들이 몸을 통과해서 빠져나옵니다. 거친 업들은 반드시 몸을 투과해서 나오거든요. 굳어진 마음들이 건드려지니 딱딱한 것들이 많이 나오지요. 딱 붙어 있다 밀려서 나오니 엄청난 통증이 일어나요. 점이 그것들을 다 찾아 주거든요. 하지만 나오는 데는 시간이 걸립니다. 점이 그것들을 찾아 주면서 녹이기도 합니다. 여러분들이 '그냥 점만 보면 그 자체가 사마타가 되는구나.' 하고 알면 공부가 많이 된 것입니다. '바깥에 있는 소리가, 바깥에 있는 대상이, 바깥에 있는 햇빛이 나를 사마타해 주는구나.' 이렇게 인지한다면 수행이 많이 된 것이지요.

'바깥은 나하고 상관없어.' 하면서 홀로 있으면 안 됩니다. 바깥을 보지 않는 것은 굴속에 홀로 들어가는 것과 같아요. 수행은 그런 게 아닙니다. 수행은 활약하는 것입니다. 빛이 혼자 빛나면 되겠습니까? 대상을 비춰야 빛이지요. 대상을 비춰서 활약해야지요. 그래서 앉아서 수행하는 것이 아니라 행위로써 수행하는 것이 진정한 수행입니다. 행위가 따르지 않으면 제대로 된 수행이 아닙니다.

외면과 무시

우리가 피곤할 때 잠을 자는데, 잠도 외면의 하나입니다. 점을 보다가 외면하고 싶어서 잠을 자기도 합니다. 점관찰하다가 잠이 많아지는 사람도 있어요. 점을 보다 보면 그런 것도 드러납니다. 점은 그냥 보면 됩니다. 그런데 졸려서 못 보고, 피곤해서 못 보고, 현상이 드러나서 못 봐요. 딱딱하고 뻣뻣하고 탁하고 무겁고 막혀 있는 게 낱낱이 드러나기 때문에 힘들거든요.

점을 보는 게 쉽지는 않습니다. 그래서 연습이 필요해요. 우리는 대부분 좋은 건 보지만 싫은 건 보지 않습니다. 그 격차가 너무 크면 몸의 균형이 안 맞게 되거든요. 마음에 의해서 몸이 조절되기 때문에 그렇습니다. 현실적인 건 무시하고 이상적인 걸 잡는 것도 균형이 안 맞는 것이지요. 몸의 균형이 안 맞는 것은 마음의 균형이 안 맞기 때문입니다.

수행은 나도 편하고 상대도 편해야 합니다. 내가 수행했는데 상대가 불편하면 제대로 수행한 게 아니지요. 바깥에 나가서 이해하고 소통하는 일을 해야요. 앉아서 자기만 보면 뭐 합니까. 그게 다 외면으로 자기화되는 것입니다. 행위하지 않고 가만히 있어 봐요. 답답함이 이루 말할 수가 없습니다. 그런 사람하고 일해 보세요. 속 터집니다. 답답하기 이를 데 없습니다. 그렇게 갇히게 하는 것이, 그 답답함을 만드는 1차적인 것이 몸입니다. 몸에서 벗어날 수 있어야 더 깊은 수행을 할 수 있어요.

점을 잘 보게 되면 현실에서 대상이 어떤 꼴을 하고 있어도 잘 봅니다. 점관찰을 제대로 하고 현실에 가면 시야가 넓어져 있는 것을 느낄 것입니다. 나무 한 그루도 마음을 갖고 있다는 것이 또렷하게 느껴지고, 사람을 보면 그 사람 자체가 그대로 인정됩니다. 무의미한 점도 봤는데, 대상 하나하나가 얼마나 유의미한 실체겠습니까. 점을 통해 꾸준히 연습해야 합니다.

물질적 욕구

하루 세 끼를 먹지 않으면 배고픈 것이 몸입니다. 다치면 아파서 헐떡거리는 것이 몸이고, 끊임없이 돈을 벌어 물질을 가져다 치장하는 것이 몸입니다. 몸이 있으니 집이 필요해요. 몸이 있으니 물질을 계속 양산해 냅니다. 몸이 소중하니 이것도 필요하고 저것도 필요하지요. '내가 왜 이렇게 많은 물건들이 필요하지?' 생각해 보면 몸의 논리 때문입니다. 몸의 논리에서 벗어나 소통하면 그렇게 많은 것이 필요 없어요. 예를 들어 대접으로 밥 먹고 대접으로 커피 마셔도 됩니다. 그게 무소유거든요. 그게 자유로움이지요. 자유로운 사람은 아무 데나 가서 잘 자고, 잘 먹고, 인사도 잘 하고, 잘 주고, 잘 빌려 줘요. 그게 소통입니다.

옛날에는 그런 식으로 살았어요. 저 어렸을 때는 동네 사람들이 집에 와서 놀고 같이 밥 먹고 그랬어요. 늘 문이 열려 있었고, 내 것 네 것 없이 같이 먹고 같이 살았거든요. 그때는 스트레스가 많지 않았어요. 허물을 보여 줘도 괜찮았어요. 허물이라고 생각도 안 하고 살았어요. 몸의 논리, 물질의 논리가 강해지면 그런 소통의 기제를 잃습니다. 백화도량을 운영하는 동안 이치를 알았다는 사람을 많이 봤습니다. 이치는 알아요. 업이 조금 떨어져도 알고, 화두를 깨도 알아요. 그런데 마음은 그렇지 않습니다. 마음은 한번에 왕창 털어낼 수 있는 게 아니거든요. 마음은 현실에서 끝없이 관찰하면서, 소통하면서 알아차리면서, 내려놓겠다는 마음을 먹으면서 차츰차츰 털어지는 것입니다.

그런데 그냥 점을 보면 점이 사마타를 해주고 치워 줍니다. 사마타를 제대로 해야 까르마가 사라집니다. 사마타는 번뇌를 사라지게 하지만, 위빠사나는 번뇌가 있든 말든 상관하지 않거든요. 번뇌는 늘 있는 것이니까. 번뇌가 있는 곳까지 위빠사나가 영향을 주려면 사마타로 마음의 껍데기를 어느 정도 뚫어야 합니다. 거기까지는 자기 몫이지요. 부정관의 몫이고 점의 몫이기도 합니다. 점을 잘 보면 그 몫을 충분히 해 줍니다. 내가 악업 종자가 많은데, 누가 나를 낱낱이 쑤셔 대면 괴롭습니다. 내가 세상 속에서 일일이 부딪혀서 깨지려면 얼마나 힘듭니까? 그런데 점은 점잖게 알려 주고 점잖게 해결해 주거든요.

몸과 마음이 붙어 있을 때는 내가 어제 무슨 일을 했는지 기억합니다. 좁으니까 기억할 수 있어요. 죽을 때는 마음이 몸에서 분리되어 헤매다가 다시 태 속으로 툭 들어가거든요. 그것이 윤회입니다. 그러니 전생을 기억 못하고 분리된 삶을 살지요. 과거와 분리되고 미래하고도 연결이 안 되니 불안해요. 분단생사分段生死, 좁게 살았기 때문에 또 몸을 받고, 몸을 받기 때문에 분리의식이 있어서 전생을 기억하지 못합니다.

우리는 몸을 소중히 여겨 피곤하면 움직이지 않으려고 합니다. 사실은 마음이 피곤한 거지 몸이 피곤한 게 아닙니다. 몸이 껍데기층이기 때문에 착각을 하지요. 몸을 잘 안 움직이는 사람이 있는데, 안 움직이면 몸이 굳어집니다.

긴장과 고정관념

점관찰은 뛰어난 효능이 있습니다. 점이 몸에 쌓여 있는 것을 정확히 알려 줍니다. 감정의 기제를 다 찾아 줍니다. 점은 관념도 걸러 내요. 점은 핵심적인 관념을 뭉쳐 놓은 거거든요. 머리에 관념이 꽉 차 있으니 계속 점을 보면 머리가 아프면서 반응이 옵니다. 그 부분을 관찰하면 그 속에 뭐가 있을까요? 감정이 있습니다. 관념 때문에 감정이 올라오는 것입니다. 감정과 관념은 늘 함께이니, 관찰을 잘해서 감정층까지 끌어내면 좋아요. '나에게 이런 감정, 이런 느낌, 이런 마음도 있었는데 이런 기제에 눌렸구나.'라는 걸 알면 좋지요. 그 기제를 누가 만들었나요? 내가 만들었습니다. 그러니 그 기제를 열어서 그 감정을 관찰해서 풀어내야지요.

원래 감정은 물처럼 흐르고 기체처럼 분산돼서 사라집니다. 그런데 강한 관념 때문에 감정이 꽉 눌리면 증발도 안 되고 흐르지도 않고 그대로 있습니다. 열 살 때 강한 관념으로 충격을 받았으면, 열 살의 마음 그대로 있습니다. 마흔이 되고 쉰이 되어도 성숙하지 않습니다. 강한 관념에 눌린 감정들은 세월이 흐르고 수십억 겁이 흘러도 그대로 있습니다. 물질 같은 것은 오래되면 삭거든요. 변형이 되지요. 그런데 눌린 감정은 그냥 있습니다. 그게 풀리지 않는데 그 사람이 풀리겠습니까? 이유를 모르니까 풀 수가 없지요. 위빠사나는 그 이유를 알게 비춰 주는 것입니다. '내가 이랬지. 내가 이래서 슬펐지. 내가 이래서 그런 관념을 가졌지. 내가 이런 욕심이 있어서 그랬지.'

　관(觀)이라는 것은 늘 있습니다. 죽을 때도 있고 살 때도 있고 괴로울 때도 있습니다. 슬플 때도 있고, 헐떡거릴 때도 있고, 누가 나를 미워해서 왕따시킬 때도 있습니다. 그러니 관이야말로 나의 진정한 친구이자 본질입니다. 사람들이 나를 무시하고 괄시할 때도, 내 성격이 못되고 지랄 맞을 때도 항상 내 옆에 있으니 감사하지요. 나라는 존재 때문에 나도 시달리고 대상도 시달리는데, 이것이 늘 있어서 대상을 수용하게 하고 비춰 주거든요. 여러분이 이것을 확연히 알려면, 일단은 몸의 논리에서 벗어나고 관념에 의해 만들어진 감정에서 벗어나야 합니다. 그래야 관이 늘 나와 함께 있다는 것을 알게 됩니다. 물질층이 많으면 계속 덮어 버리기 때문에 궁금하지도 않아요. 그래서 몸을 관찰해서 물질층을 떼야 합니다.

　우선 몸속에 있는 거친 감정을 많이 관찰하세요. 우리는 보통 좋은 감정일 때는 받아들이고 싫은 감정일 때는 거부합니다. 감정이 없다면 좋고 싫고를 받아들이는 것이 강렬하지 않아요. 이 차이가 큰 사람이 있습니다. 좋을 때는 확 잡아당기고 싫을 때는 확 밀어 버리지요. 관념이 세기 때문에 기복이 심하지요. 목소리에서 그런 게 많이 나옵니다. 쇳소리가 많이 나는 것은 관념이 세서 그런 경우가 많습니다. 쇳소리는 강요의 소리라 계속 들으면 힘들어요. 감정이 관념이 되고 관념이 감정이 된다는 것을 알아서 합리적으로 아우르면 지혜로운 사람입니다.

몸은 거친 감정을 많이 담고 있어서 몸이 있는 동안은 거친 감정이 많이 일어나요. 그런데 내가 죽든지 그 사람이 죽든지 하면 좋은 감정으로 전환됩니다. 희한해요. 아무리 나를 구박하거나 괴롭히던 사람이라도 그 사람이 죽으면 긍정적으로 생각이 변해요. 살았을 때는 지긋지긋했는데 죽으면 좋은 생각이 납니다. 왜 그럴까요? 몸에 부정적인 게 많아서 그렇습니다. 죽으면 몸이 없어지니 좋은 데로 갈 수 있는 기회지요. "아미타불 세 번 하면 극락 간다."는 말이 있습니다. 매일 악업을 짓다가 죽을 때 아미타불을 해서 극락왕생하는 게 말이 안 된다고 생각했는데, 지금은 가능한 일이라고 여깁니다. 몸이 떨어져 나가니까, 악업이 떨어져 나가니까 가벼운 상태가 되거든요. 그때 기회를 잡으면 됩니다. 죽었을 때 기회가 훨씬 많아져요. 죽었을 때 선업 종자가 훨씬 많아집니다. 그러니 기회를 잡으려면 관찰력을 키워서 마음이 어떻게 운영되는지 알아야지요. 그냥 아미타불 세 번이 아닙니다. 일심의 아미타불이고, 무아의 아미타불이고, 삼매의 아미타불입니다.

자기중심성

우리가 물질로 몸을 받고 또 받고 또 받고 또 받고, 얼마나 몸을 많이 받았는지 모릅니다. 어느 생에는 몸을 안 받을 법도 한데 끊임없이 몸을 받았어요. 이 몸이라는 것을 받으면 아프고 괴롭습니다. 인연 만나서 고생하고 관념에 부딪혀서 깨지기도 하고, 속 썩이는 대상이 떠나가면 또 그걸 부여잡고 힘들어합니다. 습관이 무서워요. 그 사람 만났던 습관이 자기화되어서 간다고 하면 그 사람에게 "얼른 가세요."

하는 것이 아니라 섭섭해 합니다. 우리가 그렇게 모순 속에서 살아갑니다. 중요한 것은 그 모순 속에서 사는 나를 객관적으로 바라보려고 오롯한 마음을 먹는 것입니다. 그것은 내 몫이지요. 몸으로 살았던 기억들이 압축돼서 꽉 차 있으면 그걸 풀기 전에는 안 보입니다. 답답할 때 내가 어떤 사람인지 가까이 있는 사람한테 물어보세요. 그런데 끔찍한 얘기 들을까 봐 무서워서 안 물어봅니다. 거기까지만 가도 괜찮아요. 자기가 끔찍한 사람이라는 것을 아는 거니까.

내가 옳다고 생각하니까 내가 모든 사람의 잣대고 기준이거든요. 기준치가 높은 사람 옆에 있으면 얼마나 시달리고 힘들겠습니까. 잣대가 센 사람은 기운도 세서 막 휘두릅니다. 내가 휘두르든 휘둘림을 당하든 그 감정들은 내 안에 고스란히 남아 있습니다. 인과법이 이렇게 무섭습니다. 그런데 관찰해서 내려놓으면 인과를 안 받습니다. 업이 실체가 없다는 게 그것입니다. 내려놓으면 안 받지요. 관찰해 보면 도둑질의 마음이 많이 보입니다. 욕심내고 경우 없는 짓을 한 게 보입니다. 악업을 짓는 것은 내 책임이거든요. 누구를 미워하면 미워한 게 그 사람에게 갑니까? 내가 다 뒤집어씁니다. 내 마음이 미움으로 가득 차서 괴로워요. 그것이 인과법입니다.

인과는 핵심적인 물질업입니다. 마음이 나라는 틀, 감정으로 꽉 쌓여 있으면 내 기준의 옳고 그름에 따라 감정이 저장됩니다. 누가 어떤 행위를 하면 "또 저러네." 하고 감정이 쑥 올라오거든요. 누가 그것을 가지고 있습니까? 내가 가지고 있어요. 내가 그런 감정을 일으켜서 내가 받고 또 받고 합니다. 끊임없이 똑같은 짓을 하는 이것이 무지입니다. 내가 나를 객관적으로 보면 그 구조를 피해 갈 수 있어요. 그런데 안 봅니다. 내가 강할 때는 안 보입니다. 봐도 조작해서 봐요. 그냥 순수하게 노출하고 "나 이랬어. 좀 봐줘." 하는 게 안 됩니다. 의식을 부여잡고 안간힘을 쓰면 위빠사나가 오히려 안 돼요. 사실은 늘어져서 느슨하게 이완이 돼야 관찰하는 데는 좋습니다. 점을 볼 때 잘 안 되는 이유는 둘 중 하나입니다. 졸리거나 내가 너무 강하거나지요. 내가 강할 때는 점이 아무리 찾아 주려 해도 찾을 수 없어요.

몸에는 3악도업이 많기 때문에 몸을 잡고 있는 한 이치를 알 수가 없습니다. 이치를 알아도 바로 막혀요. 몸을 잡고 있는 한, 내가 너가 되고 너가 내가 되는 이치가 현실에서 통용되지 않습니다. 현실에서 통용되어야만 살아 있는 이치입니다. 대상이 내가 되고 내가 대상이 되는데, 대상을 나 몰라라 하고 자기중심적으로 운용하면 죽은 수행이지요. 우리 마음속에는 잘못된 아상들, 기억들, 세세생생 쌓인 습관들이 있습니다. 그래서 수행을 통해 몸속에 있는 마음들, 집착, 관념, 아만 같은 3악도 마음들을 내보내야 합니다.

3악도 마음 때문에 도거심掉擧心(들뜨고 혼란스러운 마음)이 일어납니다. 도거심은 나를 내세우는 마음이고 흥분상태의 마음입니다. 겉으로 뜨기 때문에 그게 자신이라고 생각하지요. 도거심이 내려가려면 대상이 나라는 것을 알아야 합니다. 대상이 늘 나를 만들거든요. 하다못해 밥을 먹어야 살 수 있고 공기를 마셔야만 살 수 있습니다.

점이 변형을 일으키면 리셋해서 봐야 하나요, 아니면 변형된 대로 봐야 하나요?

/

변형된 그 자체를 보세요. 마음이 투영되어 변형이 일어나니까 그대로 보면 내 마음이 보이거든요. 눈을 깜박거린다든가 해서 점이 또렷하게 보이면 그 상태를 보세요. 인위적으로는 하지 마세요. 점은 신기하게도 나라는 존재가 강하면 보기 힘들어요. 점 속에 자신이 투영되기 때문에 점을 보는 것은 곧 점 속에서 자신을 보는 것입니다. 보는 것도 안 되는 경우가 있어요. 졸거나 눈이 감겨서 못 보거나 제멋대로 기법을 만들어서 점하고 노는 경우도 있습니다.

나의 감정, 에너지, 관념, 아만이 강하면 점을 보기 어려워요. 대상을 보기 어려워요. 내가 중요하고 강하면 타인과 타인의 환경을 보기 힘든 것이 그 이치입니다. 내가 중요하고 강한 만큼 자기 입장에서 말을 하지 다른 사람 입장에서 말하지 않습니다. 자기 감정만 들이대고 다른 사람 감정에는 관심 없습니다. 내 마음이니 내 마음대로 한다는 것은 있을 수 없어요. 내 마음이 대상에게 바로 영향을 주거든요. 내가 옳다는 생각이 상대방을 갉아먹어요. 기생충처럼 많은 마음들이 상대방을 갉아먹지요. 그래서 대상을 수용하기 위한 방편으로 점을 보는 것입니다.

의식을 확장하려면 어떻게 해야 하나요?

/

의식을 확장하려면 세계관을 넓게 가지는 게 중요합니다. 어떻게 해서든 그 물질을 갖겠다는 생각을 하면 의식이 좁아집니다. 그 정도로 내가 좌지우지되면 안 되겠다는 마음을 가져야지요. 한번쯤은 그렇게 마음도 먹고 자기 의식의 스케일도 키워야 합니다. 그게 또 경험이 되거든요. 물질을 놔 봐야 다른 물질을 가질 수도 있고 전달할 수도 있습니다. 이번 생만 그러는 게 아닙니다. 그 관념을 내려놓지 못하니 세세생생 헐떡거리지요. 내가 그것을 선택해서 그런 구조 속으로 가는데, 그 구조로 가게 하는 대표적인 이유가 관념입니다. 그래서 물질을 보는 관념이라든가 세계를 보는 관념이라든가 스케일을 키울 필요가 있습니다. 좁게 보면 마냥 쥐구멍으로 들어갑니다. 우리가 굳이 그걸 선택할 필요는 없지요.

좌선 중에는 토할 거 같고 배변이나 배뇨감이 있는데 화장실 가면 아무렇지도 않아요.

/

관찰이 건드려 줘서 그래요. 위장이나 장기 건드리면 그런 증상이 나옵니다. 마음이 몸을 타고 있거든요. 장기에도 있고 뼈에도 있고 살에도 있고 세포 하나하나에도 마음이 다 있습니다. 위장을 건드리면 울렁거림이 나오고, 장을 건드려서 거기 얽힌 마음들이 나오면 화장실에 들락거립니다. 불안이 건드려져도 화장실 왔다 갔다 할 수 있어요. 우리가 의도를 가지고 물질업에 집중하기 때문에 마음이 어떤 식으로든 몸을 통과해서 나옵니다.

악업이 많은 사람은 살아 있을 때 나쁜 것의 영향을 많이 받습니다. 나쁜 이야기 하면 막 재미있습니다. 나쁜 짓하면 몸이 아주 즐겁고, 손해 보는 짓하면 억울해요. 그런데 선성善性이 많은 사람은 손해 보는 짓을 하면 기분이 좋아집니다. 그 순간에는 물질업이 있기 때문에 약간 억울한 마음이 들지만, 조금 지나면 '아, 이게 참 유익한 거구나.'라고 알아요. 악업이 많은 사람은 하나라도 손해 보면 밤잠을 못 잡니다.

점을 통해서 몸을 보면 그런 거친 감정이 다 없어져요. 부정관은 싫고 좋은 격차가 큰 감정을 수용하는 수행입니다. 분별의식으로 격차를 만들기 때문에 결국은 탐욕 문제가 아닙니다. 내가 처질 때 잘 보세요. 내가 올라갈 때 잘 보세요. 수행자가 수행하면서 올라가고 내려가고 할 때 뭘 관찰해야 하는지 딱 하나만 선택하라면 '아만我慢'입니다. 내가 수행을 했다는 아만. 그 아만을 치는 것이 수행입니다. 아만이라는 것은 최후까지 살아 있어요.

○
몸 의
논 리 에 서   벗 어 나 자

사람들은 수행하면 특별한 게 있다고 생각하는데, 솔직하게 말해서 특별한 게 없습니다. 현실 그 자체가 특별합니다. 가져가면 내어

주고, 소리를 내면 들어주는 것뿐이지요. 그러면 하나가 되거든요. 그것이 정답입니다. 알고 나면 참 싱겁습니다. 그런데 알고 나서도 안 됩니다. 누가 나한테 불합리한 요구를 계속하면 이치를 알아도 화가 나거든요. 몸은 항상 변화하고 외부 조건에 자유롭지 못합니다. 추운 밤에 보일러 안 돌아가 봐요. 잠을 못 잡니다. 폭풍 쳐 봐요. 지진 와서 집이 흔들거려 봐요. 한 찰나 전만 해도 편안했는데, 온갖 불안이 작동하면서 마음이 흔들립니다. 누가 자존심에 상처 나는 얘기를 하는 그 순간에 마음이 흔들립니다. 여여했는데, 그 정도에는 끄떡없을 줄 알았는데 그런단 말입니다. 우리는 그렇게 외부환경에 항상 노출되어 있습니다. 너 자신을 알라고, 네 껍데기를 벗으라고, 너를 진정으로 알라고 노출되어 있는 것이지요.

사실 노출되어 있는 것은 껍데기층입니다. 그 껍데기층을 위해서 계속 껍데기를 포장하다 죽는 사람도 있습니다. 체면 때문에 속이 부글부글 끓으면서도 괜찮다고 합니다. 안 괜찮으면 안 괜찮다고 얘기하는 게 좋습니다. 성질이 못된 걸 알면 다른 사람이 피하기라도 하니까.

사람들은 대부분 아프지 않고 죽었으면 하는데, 그것이 좋은 게 아닙니다. 몸이 아프면 업이 몸속에서 녹을 만큼 녹아서 나오거든요. 업이 떨어지지 않은 상태에서 영혼이 빠져나간다고 생각해 봐요. 자기 업을 보는 순간 혼비백산합니다. 귀신도 대부분 자기 업에 의해서 만들어져요. 업이 떨어진 것을 귀신이라고 여기는 것입니다. 자기 업이 현현한 것을 외부에서 쫓아온다고 생각해요. 몸을 통과해서 관찰하는 수행을 하면 그런 업들이 떨어집니다.

의식이 확장되려면 몸을 봐야 합니다. 몸이 강렬하면 분명하고 강력한 에너지가 있는 음식을 좋아합니다. 몸이 풀어지면 그런 음식 못 먹어요. 자기 영혼의 상태대로 먹습니다. 스트레스를 받으면 강렬한 기운이 들어가야 풀어지거든요. 스트레스가 많으니 강렬한 맛을 좋아하고, 분명한 성격을 가진 사람을 좋아하지요. 경쟁이 사람을 강렬하게 만들어요. 성과급 같은 것들이 강렬하게 만듭니다. 계속 달리게 하거든요. 내가 가져야 하는데 옆 사람이 가질 것 같으면 옆 사람을 탁 치고 혼자 갑니다. 목표를 설정해서 인정받으면 그 쾌감은 말도 못하거든요. 그것이 악의 쾌감인데 그것을 훈련시키는 것입니다. 목적 지향적으로 돌진하면 아무것도 안 보입니다. 그러니 마음이 소통되겠어요? 우리가 알고 있는 행복의 기준, 의식의 확장은 현실의 틀과 완전히 달라요. 마음을 관찰하고 그 실체를 통찰할 수 있는 눈, 마음, 인식, 이런 것이 있으면 보이기 시작하고, 그것에 휘둘리지는 않습니다.

우리가 깨어 있을 때는 마음이 5관을 통과해서 밖으로 작용합니다. 잠을 자면 밖을 향하던 기능이 꺼지고 셔터가 닫히면서 안으로 들어가요. 냄새 맡는 기능도 닫고 미각도 닫습니다. 의식을 타고 활동하던 마음이 활동을 안 하면 어떻게 될까요? 마음이 마음을 포섭합니다. 잠을 자도 제6의식은 깨어 있거든요. 셔터를 닫아도 안에서 의식은 깨어 있습니다. 잠을 자면 마음이 이완됩니다. 마음이 풀어지면서 심층 내부에 굳어 있던 의식층이 꿈으로 나와요. 현실에서는 내가 이런 마음이라는 것을 잘 모르거든요. 그런데 꿈에서는 속일 수가 없습니다. 불안하면 뭔가가 막 쫓아오는 꿈을 꿔요. 여러분이 현실에서 관찰하듯이 꿈을 꿀 때 꿈을 관찰하면 꿈이 사라집니다.

세상은 연기적 이치로 이루어져 있습니다. 나만 모를 뿐이지요. 이 세상에 존재하는 것은 다 연기적으로 관계되어 일어나거든요. 누가 건드려서 마음이 일어나고, 일어난 마음은 다 사라집니다. 만들어진 것은 다 사라지게 돼 있습니다. 나는 안 사라집니까? 나도 사라집니다. 그 일어났다 사라졌다 하는 마음들을 내가 보는 것입니다. 없기 때문에 있음이 드러나는 거고, 있는 것은 없음으로 돌아가지요. 그게 둘이 아닙니다. 이치로서가 아니고 구현되어 있는 불이不二입니다. 둘이 아닌 것을 생활 속에서, 행위 속에서 항상 알아차려야 합니다.

인간은 업의 한계 속에서 살아갑니다. 아무리 잘난 사람도 인간의 몸을 받고 태어난 이상 한계가 있습니다. 한계가 있다는 것을 인정해야지요. 사람들은 특별한 것이 있다고 생각해요. 특별한 거 없습니다. 특별한 것은 불안한 마음을 내가 가지고 있다는 것이지요. 그 마음이 지금 여기서 팔딱팔딱 반응합니다. 나라는 존재가 생생하게 움직이고 있다는 증거지요. 그 움직임 속에 나의 본질적이고 투명한, 그러려니 하는 마음이 있습니다. 이 본연의 마음은 상황이 나를 짓누르고, 누가 나를 무시하고, 헐벗고 굶주리는 것도 관계없습니다. 많이 배우고 안 배우고도 관계없습니다. 높고 낮은 것도 관계없습니다. 삶과 죽음도 관계없습니다. 깨끗하고 더러움도 관계없습니다. 우리 모두가 그 마음이 있다는 것만 알면 됩니다. 그걸 어디에서 알아요? 악업이 있는 내 몸의 껍데기 층을 통과해서 내 몸속에서 그 마음을 찾는 것입니다.

사실은 인간계, 욕계에 태어난 것 자체가 힘들어요. 그 업을 다 벗어서 해탈계, 천상계와 같이 몸을 받지 않는 곳에 태어나면 몸으로 인한 고통은 안 받습니다. 먹기 위해서 일하는 건데, 천상계 같은 곳은 먹지 않기 때문에 일할 필요가 없습니다. 우리가 거친 업이 있어 몸을 움직여서 돈 벌고 거친 일을 하는 이런 세계에 태어난 것입니다. 그런 논리로 한 번 가면 계속 가게 돼서 벗어나지를 못해요. 습관이 되어 버리거든요. 어쩌다 보니 일의 노예가 되어 있는 것이지요. 무서운 일입니다. 시스템에 들어간다는 것은 그런 것이지요.

예를 들어, 학술재단은 프로젝트를 신청하면 연구비를 주니까 학자들이 몰립니다. 자본가들이 학자들을 돈으로 조정할 수도 있습니다. 사회구조가 그렇게 되어 있어요. 옛날에는 국가가 통제력을 가졌는데, 지금은 자본가가 국가권력을 흔듭니다. 자본가들이 구조를 그렇게 만들어 놨어요. 보통 사람들이 그것의 노예가 되어서 거기에 맞춰서만 생각합니다. 그 너머를 생각하지 못해요. 내가 이걸 알고 들어가느냐, 모르고 그 논리에 휩쓸리느냐는 큰 차이가 있습니다. 몸의 논리로 보면 그 구조에 들어가야 하지만, 영혼은 거기에 안 맞춰도 됩니다. 거기서 벗어나면 그 구조를 바라볼 수 있고, 피할 수도 있고, 떼어낼 수도 있습니다. 내 마음대로 할 수 있는 것이 아주 많아요. 인식이 변화하면 가능하지요. 한계가 뚜렷한 몸의 논리에 충실하다 보면, 몸만 생각하는 수준 낮은 인간업의 논리로 떨어집니다.

우리 몸에서도 그런 구조들을 찾을 수 있습니다. 몸의 구조를 관찰해 보면 거의 갇혀 있습니다. 몸을 관찰해야 갇혀 있던 것이 끊어지고 물질업이 끊어지고 정신적인 영역이 확장됩니다. 우리가 물질을 항상 쥐고 있을 필요는 없어요. 쥐었다 놨다 하면 되지요. 필요할 때 내가 쓰고 필요 없을 때는 다른 사람이 쓰는 건데, 이 물질이 '내 것'이 되어 봐요. 다른 사람이 쓰면 화가 납니다. 자기 걸 만들어 놓으면 물질에 매이게 됩니다. 물질에 매이면, 나라는 존재감에 매이면 그렇게 됩니다. 점을 잘 보면 내가 어디에 매어 있는지 찾아 주고, 그런 것들을 사라지게도 합니다. 내가 갇혀 있는 관념, 개념, 물질이나 습관적인 패턴들을 점이 찾아 주기도 하고 사라지게도 해요.

깨어 있으면 문제가 없습니다. 업에 덮여 있는 게 문제지요. 업을 어느 정도 제거하면 깨어 있을 수 있습니다. 태양은 늘 있지만 구름이 가리면 보이지 않습니다. 태양이 나왔다 구름이 꼈다가 다시 태양이 나오면 우리는 구름이 껴도 그 너머에 태양이 있다는 걸 알아요. 그런데 365일 구름이 잔뜩 껴서 태양을 한 번도 못 보면, 태양이 있어도 있는 걸 모릅니다. 그래서 깨어 있음과 그렇지 않음은 둘이 아닙니다. 늘 깨어 있기만 하면 된다는 사람은 태양만 보고 살아야 합니다. 구름은 현실이고 욕심세계입니다. 욕심세계에서 어떻게 조절하며 사느냐가 문제거든요. 조절이 된다면 그런 사람들은 깨어 있는 상태로 사는 것입니다.

그런데 깨어 있다고 말하는 사람들이 행동하는 걸 보면 거의 업에 덮여 있습니다. 업은 무상한 건데, 업은 실체가 없는 건데 뭐가 문제냐고들 합니다. 그러니 두 가지 이치를 정확하게 보는 것이 중요해요. 우리가 욕망세계에 물질업을 받고 태어났는데, 욕망세계에서 얼마나 여유로울 수 있느냐가 중요하거든요. 깨달음은 늘 있습니다. 내가 못 볼 뿐이지요. 이것을 살짝 보는 것은 쉬워요. 화두를 깨도 볼 수 있습니다. 하지만 깨어 있는 자체를 아는 것이 중요한 게 아니라, 켜켜이 쌓인 심층 내부의 업을 내가 얼마나 알고 영향을 안 받느냐가 중요합니다.

누구나 깨달을 수 있고 이치를 확연히 알 수도 있습니다. 그렇지만 사람으로서 한계가 반드시 있지요. 내가 깨달았다고 해서 사람의 한계까지 벗어날 수 있는 건 아닙니다. 가짜 마음이 구름처럼 깨달음 안에 또 있기 때문에 그걸 어떻게든 스스로 내려놓고 대상과 소통해야 합니다. 대상과 소통을 안 하고 나만 줄이면 소용이 없습니다. 대상이 다시 내가 되기 때문에 대상 속에서 끊임없이 소통하는 것이 중요해요. 자기 내부에 억압되어 있는 것을 들여다보고 이만큼 왜곡되어 있다고 솔직하게 말하는 것이 중요합니다.

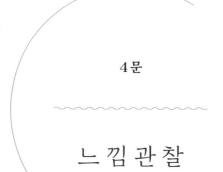

4문

느 낌 관 찰

몸과 마음에서 일어나는 느낌 관찰하기

○
몸과 감정을 만드는
기제

　　몸관찰을 충분히 한 다음 느낌관찰로 들어갑니다. 느낌관찰은 몸과 결합되어 있으면서 몸에 갇히지 않고 활동하는 마음들을 관찰하는 것이지요. 몸을 관찰해서 어느 정도 객관화가 되어야만 가능한 단계입니다. 몸에 갇힌 마음들이 떨어져 나가면 느낌이 일어나거든요. 기억이나 옳고 그름 같은 관념에 갇혀 활동하지 못하던 마음이 몸과 약간 분리되어 활동하게 되면 눈과 귀 같은 감각기관에 영향을 줍니다. 그냥 몸관찰을 하면 눈 따로 귀 따로 되지만, 마음이 활동하게 되면 눈으로도 귀로도 갈 수 있습니다. 느낌관찰에서는 의식의 통폐합이 잘 되거든요.

　관찰하는 방법에는 몸관찰[身], 느낌이나 감정 관찰[受], 마음관찰[心],

법관찰[法] 이렇게 네 단계가 있습니다. 신수심법身受心法 4념처법이라고 하지요. 4념처 중에서 수념처受念處에 해당하는 느낌관찰이 가장 중요합니다.

현대사회는 자본주의의 첨단을 걷고 있어 물질이 굉장히 발달되어 있습니다. 물질을 발달시키기 위해 감정을 억누르지 않으면 안 되는 구조라서 사람들이 힘들지요. 감정을 쳐내다 보면 감정이 없는 기계가 됩니다. 노예가 되지요. 현대인들은 자기 감정이 남의 감정에 의해 만들어지는 것을 모르고 살아가요. 우리가 어떤 식으로 물질화되고 노예화되고 기계화되는지 관찰하면 보입니다. 보는 걸 중요시하니까 눈에 보이는 성과를 내지 못하면 인정을 안 하지요. 그 사람이 얼마나 정성을 들이고 노력을 쏟았는지는 무시하고 차단합니다. 감정을 소통하지 못하니까 병이 많이 생기지요. 물이 흐르지 않으면 썩듯이 활동하지 않는 감정들, 정화되지 않은 감정들이 고여 병을 만들지요. 불안장애, 대인공포증, 공황장애, 분리장애, 무슨 무슨 장애가 다 그래서 생깁니다.

물질이 해체되면 감정으로 바뀝니다. 반대로 감정이 굳어지면 물질이 되지요. 감정이 굳어지면 계산적이 되고, 문제가 발생하면 돈을 줘서 해결합니다. 물질밖에 생각을 안 하는 것이지요. 지금은 물질을 더 중요시하고 감정을 어떻게 소통할지 모르는 삭막한 사회입니다. 슬픈 일이지요. 감정을 어떻게 해결하느냐는 몸을 어떤 식으로 해결하느냐에 대한 열쇠가 되기도 합니다. 감정을 타고 들어가면 감정을 만드는 여러 가지 기제도 관찰되지요. 그 기제가 관찰되면 몸과 감정을 만드는 기제들이 내 마음속에 놓여 있을 필요가 없습니다. 그럼 그 마음들이 해탈해서 자유롭게 되고 의식이 넓어져요. 느낌관찰은 그런 차원에 있는 것입니다.

　몸관찰을 하면 몸속에 마음이 들어 있다는 것을 알게 됩니다. 다시한 번 말하지만, 몸속에 딱 붙어 있는 마음들은 좋은 마음들이 아닙니다. 물질에 집착하는 마음이거든요. 마음이 몸에 붙어서 몸에 영향을 줄 때는 몸이 마음처럼 느껴져 관찰이 잘 안 됩니다. 하지만 어떤 식으로든 몸과 마음에 틈이 생기면 객관화가 되어 마음이 활동하게 됩니다. 갇혀 있던 마음에 여유가 생기니 감정이 샘솟듯 흘러나옵니다. 감정이 움직이고 변화하고 흘러서 감정으로 소통하지요.

　중요한 것은 몸과 마음이 붙어 있어 마음에 저장된 기록들이 몸에 영향을 준다는 것입니다. 마음을 만드는 것이 무엇일까요? 내가 A라는 사람을 보면 내가 본 기록들이 마음에 저장됩니다. A를 봤던 기억을 가지고 B를 보면 어떻게 되겠습니까? 좋은 사람을 보다가 싫은 사람을 보고 있다고 해봐요. 그러면 싫은 사람을 받아들입니까, 안 받아들입니까? 안 받아들입니다. 기억이 내게 영향을 주어서입니다. 마음에 저장된 경험이 그런 것이지요. 좋은 사람에 대한 경험을 가진 채로 나쁜 사람을 보면 화가 납니다.

　그래서 내가 사용하고 있는 눈, 귀, 코 등의 감각기관이 어떻게 활동하는지, 어떤 느낌을 갖고 있는지를 관찰할 필요가 있습니다. 쉽게 얘기해서, 좋아하는지 싫어하는지를 관찰하는 것이지요. 5관이 어떻게 활동하는가를 관찰하는 게 소통입니다. 우리는 보통 좋은 느낌은 잡아당기고 싫은 느낌은 밀어내거든요. 밀어내면 100퍼센트 자기화가 됩니다. 무서운 일이지요. 싫어서 상대도 안 했는데 자기화가 돼서 마음에 다 저장됩니다. 마음의 법칙은 우리가 알고 있는 것하고 많이 달라요. 싫은 사람이라 보지도 않고 만나지도 않았는데 자기화되어서 마음에 있는 것은 불가사의한 일이지요.

얼마 전에 가톨릭 연구소에서 몸속에 붙어 있는 마음을 관찰하는 방법에 대해 강의한 적이 있습니다. 장기관찰을 예로 들었는데, 해부학교수가 어떻게 장기를 관찰할 수 있느냐면서 따졌습니다. 현대의학에서는 내시경 같은 장비가 있어서 장기들을 보지만, 옛날 수행자들이 어떻게 장기의 내막까지 보았는지 의아해서지요. 초기경전을 살펴보면 2,500년 전에 이미 장기를 관찰하라고 했습니다. 현대인들은 기계를 통하지 않으면 장기를 관찰할 수 없다고 생각하지만, 사실 마음으로 장기를 관찰할 수 있어요. 마음이란 놈은 몸을 만들고, 수많은 세포에 들어가고, 수많은 감정들로 기록되고, 행동에 영향을 줍니다.

안으로 들어갈수록 대상에게 베풀고 대상과 화합하는 선심善心들이 드러납니다. 겉에 붙어 있는 것은 좋은 마음들이 아닙니다. 거부하고 부정하고 나를 내세우고 싶은 마음들이 겉에 많이 붙어 있습니다. 그러니 몸을 관찰하든 5관을 관찰하든 몸에 붙은 악심惡心들을 먼저 치워야지요. 그래야 몸과 마음이 객관성을 유지하면서 몸에 갇혀 있던 마음들이 활동할 수 있습니다. 본연의 마음이 몸 밖으로 드러나면 더 넓은 범위를 인식할 수 있어요. 눈으로 보는 것 이면의 다른 것까지 봅니다. 보는 것은 나를 보는 것과 대상을 보는 것 두 가지 면이 있어요. 눈, 귀, 코, 입, 몸이라는 5관은 남을 보라고 있는 것이지 나를 보라고 있는 게 아닙니다. 마음이 나를 보는 것입니다.

5관에는 감각적인 것, 욕망적인 것이 많이 붙어 있어요. 관찰해서 이런 마음이 나올 때 행동파들은 입으로 쩝쩝거리기도 합니다. 먹을 때 내가 어떤 식으로 먹는지 한번 관찰해 보세요. 축생들은 먹을 때 옆이 차단되고 먹는 데만 집중해서 외부상황이 안 들어와요. 축생들은 코와 입이 몰려 있거든요. 먹는 것에 대한 욕망이 몰려 있어서 그런 얼굴이 된 것입니다. 그런 욕망의 마음이 없어지면 관상도 바뀔 수 있습니다. 눈이 발달한 사람은 눈이 발달한 이유가 있고, 손발이 발달한 사람은 손발이 발달한 이유가 나오기도 합니다. 머리카락에도 마음이 있어서 관찰하다 보면 곱슬머리가 직모로 되고 직모가 곱슬머리로 되기도 하지요. 몸의 부분마다 나오는 마음이 다릅니다. 몸하고 마음이 연결되어 있어서 그렇습니다.

실제로 감각기관을 통해서 느낌을 타고 들어가면 자기의 근본 마음을 많이 봅니다. 느낌은 마음하고 직결되어 있기 때문에 느낌을 통해 마음을 많이 볼 수 있어요. 느낌이 굳어져 형태가 되고 색깔이 됩니다. 그 형태나 색깔을 떨어뜨리고 순수한 느낌층에 들어가면 마음이 있습니다. 느낌층이 바로 마음층입니다. 느낌 자체가 마음이니 느낌을 그냥 관찰하세요.

묻고
답하기

물질이 해체되어서 감정이 되고 감정이 굳어져 물질이 된다는 게 잘 이해가 안
돼요.

우리가 모여 사는 사회에는 법칙이 있습니다. 여럿이 살아가려면 규칙이나 규범이 있어야지요. 나 개인에게도 있고, 가정에도 있고, 학교와 사회에도 있어요. 그 규칙들이 개개인의 자유와 욕망을 누릅니다. 제멋대로 자유와 욕망이 뻗쳐 나가면 안 되니까 법칙으로 제어하지요. 규칙에 의해 계속 억제되면 감정과 느낌들이 굳어집니다. 이 굳어진 것들이 물질의 형태가 되지요. 물질적 관념과 강한 틀, 또는 규칙 속에 감정이 갇혀 있는 경우가 많아요. 몸에 붙어 있는 물질을 관찰하다 굳어진 게 풀리면 그 속에 묶여 있는 마음들이 감정으로 풀려나오기도 해요. 얼음이 녹아 물처럼 흐르는 것하고 비슷해요.

○
느 낌 관 찰 의
방 법

느낌관찰하는 방법은 두 가지가 있습니다. 5관의 느낌을 관찰하는 방법, 대상과 부딪혔을 때의 느낌을 관찰하는 방법입니다.

5관의 느낌 관찰하기

5관의 느낌을 정확히 관찰하는 것이 중요합니다. 이미 느꼈던 느낌과 감정들을 5관 관찰을 통해서 바라보면서, 나의 5관이 현재 어떻게 활동하고 있는가를 바라보는 것이지요. 5관으로 싫어하는 사람을 보면서 미워하고 미워하며 잔뜩 쌓아 놓으면 어떻게 될까요? 몸과 마음이 딱 붙어서 고체처럼 되어 빼도 박도 못해요. 죽을 때만 기다려야 합니다. 죽어야만 고체 덩어리처럼 붙은 몸에서 마음이 떨어져 나오거든요. 그러니 나의 5관이 어떻게 활동하는가를 잘 봐서 눈, 귀, 코, 입, 몸이라는 물질을 뚫고 느낌관찰까지 들어가는 것입니다. 표면의 감각층을 뚫고 들어가서 감정층까지 관찰하는 것이지요.

　5관 중에서 눈을 먼저 관찰하고 집중하는 이유가 있습니다. 눈이 물질을 가장 많이 담고 있어서입니다. 코도 귀도 입도 있지만 눈이 가장 많이 접촉하지요. 소리도 냄새도 물질이지만 미세하거든요. 음식도 일정량 이상은 못 먹습니다. 그래서 눈을 보면 물질업이 많이 보입니다. 그러니 물질이 소통 안 되고 물질 때문에 고통받을 때 가장 먼저 할 것이 뭐겠습니까? 눈관찰입니다. 신수심법身受心法과 연결해서 보면 눈은 신념처인 몸관찰에 해당합니다. 귀관찰은 수념처인 느낌관찰에 해당하고요. 눈관찰을 먼저 하는 이유가 그것입니다.

　먼저 눈 자체의 느낌을 관찰합니다. 눈의 느낌을 집중해서 관찰해 보세요. 눈에 의식을 두고 의식이 다른 데로 가지 않게 하세요. 그래야 눈의 느낌을 파악할 수 있습니다. 마음까지 꿰뚫어야 마음이 드러나면서 느낌이 일어납니다. 생각하고 판단하고 분별하지 말고, 내연內緣에 의식을 두는 것입니다. 눈은 밖으로 열려 있어서 대상을 보고 이렇다 저렇다 참견하기를 좋아합니다. 눈관찰을 잘 하면 눈이 다른 장기에도 영향을 주는 걸 알 수 있어요. 눈은 참견하는 기관이라서 간과 연결되어 있습니다. 외부환경을 계속 보면서 간이 시달리지요. 눈관찰 잘 하면 간에 저장된 마음들도 많이 해탈할 수 있습니다. 남 일 참견하기를 좋아해 자기 멋대로 휘두를 때 "간이 배 밖으로 튀어나왔네." 하고 얘기하는 것도 그래서이지요.

한 찰나 전에 본 것도 싫다 좋다, 내 편 네 편 분별하고 판단하기 때문에 눈에 집중하면 물질업들을 많이 관찰할 수 있습니다. 눈 속을 관찰하면 물질의 마음과 물질에 대한 느낌과 감정들이 많이 나오지요. 현실에서 눈을 보면서 눈에서 어떤 느낌이 일어나는가를 관찰하는 것입니다. 5관에 대상이 들어오면서 느낌이 어떻게 일어나는가를 관찰하는 것이지요. 내 몸속의 느낌만 관찰하고, 현실 상황에서 느낌관찰을 안 하면 수행을 50퍼센트밖에 안 한 것입니다. 수행자가 왜 현실 적응력이 떨어집니까? 현실 수련을 안 했기 때문입니다. 자기를 털어낸 만큼 현실에 적용해야 하는데, 이상만 추구하고 현실 적용을 안 했거든요. 대상이 자기화되기 때문에 현실에서 수련하는 게 중요하지요. 나만 닦으면 너는 그대로 있기 때문에 너에 대해 수련하려면 대승 위빠사나를 해야 합니다. 나만 닦으려면 숫제 닦지 않는 게 나아요. 수행 안 하면 현실에서 부딪히고 깨지면서 현실에 적응이라도 하거든요.

나만 닦으며 땅굴을 파면, 현실에서 깨지고 부딪히고 노력하는 것마저 놓칩니다. 마음은 자기 마음 아닌 것들과도 결합되어 있는데, 자기 마음 아닌 것을 무시해 버리면 반쪽만 아는 수련이 되지요. 현실에서 느낌관찰을 하면서 수용하고 결합하고 받아들이는 걸 연습하세요. 그게 되지 않은 상태에서 24시간 앉아 있는 것은 소용없습니다. 현실에서 결합해야 합니다. 나와 대상 이 둘을 제대로 관찰하는 것이 느낌관찰의 핵심입니다.

그 다음에는 눈 자체의 느낌이 변화하는 것과 눈이 활동하는 것을 관찰합니다. 일단은 눈이 활동하는 것을 많이 보세요. 어떤 형태를 많이 보는지, 어떤 색깔을 많이 보는지 보세요. 어떤 색깔은 보고 어떤 색깔은 안 보는 경우도 있습니다. 사람의 모습을 주로 보는 경우도 있고, 상황을 감지하는 경우도 있어요. 그럴 때 잘 보면 자기 의식이 어떻게 활동하는지 알게 됩니다. 음식점 간판만 본다면 먹는 데 마음이 많은 것입니다.

귀관찰은 감정관찰이고 수념처受念處인 느낌관찰에 해당해요. 모습보다는 소리가 사람에게 감정을 불러일으킵니다. 감정은 소리하고 많이 관련되어 있거든요. 그래서 상대를 화나게 하려면 입으로 공격하면 됩니다. 보이는 물질에 치중하는 사람들은 감정에 치중하지 않습니다. 상대가 얼마나 힘들어하는지, 감정이 어떤지 물질을 추구하는 사람들은 잘 못 봐요.

내가 보는 것을 좋아하는지 듣는 것을 좋아하는지 한번 보세요. 보면서 듣거나 맛보거나 냄새 맡거나 하면서 같이 소통하기도 합니다. 원만한 인격체일수록 소통하는 기제가 통폐합되어 있고 감정이 흘러 다니고 감정을 나누지요. 정신적인 영역이 더 넓어지면 흘러 다니는 감정보다 더 수승한 영역까지 확장됩니다. 인간에게는 확장시킬 수 있는 마음이 많은데, 대부분 물질에 갇혀 있어요. 물질업을 떨어뜨리기 위해 우선 눈을 집중관찰하는 것입니다.

느낌은 관찰을 통해서 거의 다 드러납니다. 느낌이 뭔지 모를 때는 통증을 관찰하세요. 통증도 느낌이거든요. 느낌이 뭔지 모르겠으면 먼저 자기 몸을 스캔해서 통증이 일어나는 데를 관찰하세요. 처음에는 잘 모르지만, 하다 보면 몸속에 있는 느낌들을 관찰할 수 있습니다. 관찰하면서 느낌이 어떻게 생기는 걸까 한번 생각해 보세요. 그런 다음에 눈 관찰할 때 한 것처럼 귀, 코, 입, 몸의 순서대로 하나하나 관찰합니다.

묻고
답하기

마음이 마음 아닌 것과 결합되어 있다고 하셨어요. 마음 아닌 것이 뭔가요?

/

자신이 만든 마음도 마음이라 하고, 5관의 마음도 마음이라 하고, 물질을 만드는 마음도 마음이라고 해요. 하지만 이런 마음하고 상관하지 않는 마음이 있어. 불가에서는 수행하다 이런 마음을 보면 견성見性했다고 합니다. 자신의 마음이라고 알고 있는 것도 계속 사마타해서 들어가보면 내가 알 수 있고 이해할 수 있는 마음들이 아니지요. 풀이와 이해가 불가능한 마음층들입니다. 더 중요한 마음도 있어요. 알 수 있는 마음, 알 수 없는 마음과 관계하지 않는 늘 비어 있고 늘 관조하고 늘 한결 같으며 말 없는 마음이지요. 늘 나를 보는 마음이에요. 생사와 관계없이.

느끼는 것을 관찰이라고 해요?

/

관찰이라는 용어가 꼭 형태를 보는 것만 가리키는 게 아닙니다. '관찰'은 느낌이 일어나는 걸 느끼는 것이고, 형태가 나타나는 걸 보는 것이고, 소리가 들리는 것을 듣는 것입니다. 몸에서 반응하는 걸 느끼는 그 것을 관찰이라고 하지요. 알아차리는 것도 관찰입니다. 알아서 수용하는 것도 관찰입니다.

물속에서 느낌 관찰하기

느낌은 몸과 마음의 중간고리입니다. 느낌을 어떻게 했느냐가 몸에 영향을 주고, 느낌을 어떻게 했느냐가 마음에 영향을 줍니다. 관찰해 보면 몸은 지수화풍 4대 중에서 지성地性과 같고, 느낌은 수성水性과 같아요. 그래서 느낌관찰할 때 물을 보거나 물소리를 듣거나 물을 마시거나 목욕명상을 많이 합니다. 물관찰은 수성이라 느낌관찰하고 결합할 수 있거든요.

목욕명상은 우리가 늘 하는 샤워나 목욕, 찜질을 하면서 할 수 있습니다. 지수화풍 4대 중 수성이 느낌과 비슷하기 때문에 물을 통해 마음의 느낌을 포착하지요. 물속에 들어가거나 물기운이 많은 또는 수증기가 많은 곳에 가면 단단한 지성地性들이 풀어져요. 목욕명상이 지성을 푸는 데는 탁월해요. 목욕탕에 가면 기본적으로 더운물, 찬물, 건식사우나, 습식사우나가 있거든요. 이 조건들을 이용하여 우리 마음의 느낌을 관찰합니다.

더운물은 뜨거운 감정과 비슷하고 찬물은 차가운 감정과 비슷해요. 그래서 더운물과 찬물을 왔다 갔다 하면서 물이 살갗과 결합하는 과정을 관찰하는 것이지요. 물에 들어가 있는 시간은 똑같이 해야 합니다.

더운물에서 숨을 들이쉬고 내쉬고 30번 했으면 찬물에서도 30번 해야지요. 그런 식으로 시간을 점점 늘립니다. 찬물에 들어가서는 찬물과 결합하는 살갗의 반응을 관찰하고, 더운물에 들어가서 더운물과 결합하는 몸의 반응들을 관찰합니다. 뜨겁고 차가운 그 자체가 느낌이거든요. 그러다 보면 단단한 마음들이 풀어지면서 감정들이 드러납니다. 물속에 감정들이 녹아나기도 하지요. 습식사우나와 건식사우나도 비슷한 이치입니다. 그러나 온탕, 냉탕과는 약간 달라요. 물속에 있는 게 아니어서 물의 변화가 없기 때문에 좌선해서 오래 관찰할 수 있지요. 느낌이 무엇인지 모를 경우에는 다양한 온도의 물속에 들어가 있으면 저절로 알게 됩니다. 더운 것도 느낌이요, 시원한 것도 느낌이요, 찬 것도 느낌이잖아요. 대표적인 느낌은 좋은 느낌, 싫은 느낌이지요. 좋은 느낌은 수용으로 나타나며, 안 좋은 느낌은 거부와 외면, 또는 밀어내는 작용으로 나타나요.

우리 몸의 70퍼센트가 물입니다. 물이 감정하고 같지는 않지만 물이 의미하는 바를 빗대어 보면, 마음의 70퍼센트가 감정이라고 할 수도 있어요. 감정을 읽을 줄 알고 소통할 줄 알고 상대의 느낌과 통증을 교류할 줄 알면 수념처가 많이 완성된 것입니다. 감정과 소통하는 사람은 보고 느끼며 아픈 사람의 느낌과 계합합니다. 계합하면 그 순간에 신기하게도 그 사람이 안 아파요. 느낌관찰해서 느낌이 사라지면 아무것도 없거든요. 업이 사라지는 것하고 같습니다. 느낌 속에 업이 있기 때문에 업이 사라지면 느낌도 사라져요. 내가 비어 있으면 아무 느낌 없이 일심으로 상대와 하나가 되기 때문에 아픈 사람이 아프지 않을 수도 있습니다. 감정을 소통하는 사람들은 항상 감정을 샘물처럼 퍼 줍니다.

탁한 물이 아니라 갈증이 해소되는 신선한 물을 주기 때문에 사람들이 좋아해요. 그만큼 중요하기 때문에 우리 마음에 감정이 가장 폭넓게 자리 잡고 있지요.

묻고
답하기

목욕명상할 때 찬물에서 40회쯤 호흡하니까 물이 따뜻하게 느껴지면서 냉기가 호흡으로 나오더니, 50회 하니까 등 껍데기가 살짝 뜨기 시작했습니다. 좀 더 있으면 등이 뜨든 마음이 뜨든 뜨겠다는 생각이 들면서 정신을 잃을까 봐 무서웠어요.

그게 경계였는데. 그때 두려움 없는 상태로 집중하면 거기서 업그레이드됩니다. 두려움이 막았어요. 물이라는 데가 위험하거든요. 그래서 그런 현상이 오면 사람들이 집중을 못하고 중단하든지 딴 생각을 하든지 뛰쳐나오든지 하는데, 그때 관찰력을 동원해야 합니다. 관찰만 놓치지 않고 있으면 됩니다. 그러면 현상들이 일어났다 사라졌다 일어났다 사라졌다 하면서 문제가 없습니다. 위험하다는 생각 때문에 그 경계에서 멈추는 것입니다.

찬물에 들어갔을 때 물 온도가 달라지는 느낌을 늘 느끼거든요. 그런데 이번엔 찬기를 못 느꼈어요.

내 안에서 따뜻한 기운이 나오면 찬물이 따뜻하게 느껴집니다. 내 안의 따뜻한 기운이 냉기로 저장된 것도 있는데, 그것은 냉기로 따로 나옵니다. 입에는 차가운 기운이 있는데 주변은 따뜻해져요. 많이들 경험합니다. 냉기가 열기로 되고 열기가 냉기로 되기 때문에 어떤 때는 냉기로 나오고 어떤 때는 열기로 나와요. 그래서 찬물이 따뜻하게 느껴집니다. 마음이 나오는 것이지요. 앉아서 관찰할 때보다 목욕명상을 할 때 그런 현상들을 많이 경험합니다. 물이 흐물흐물하게 풀어 주기 때문이죠. 사마타해 주는 명상기제 중에서 물이 탁월해요. 태양도 탁월해요. 태양이 따뜻하게 하거든요. 빛이 들어오는 것을 그냥 몸으로 느끼면 냉기가 거의 녹습니다.

몸에 냉기가 꽉 차면 우울해집니다. 냉기 때문에 우울증에 걸리거든요. 그럴 때 가슴을 만져 보면 싸늘해요. 심장이 있으니 따뜻해야 하는데 싸늘해요. 그럼 어떻게 해요? 따뜻한 마음으로 오롯하게 안아 줘야 합니다. 나를 그대로 수용하는 품 안에 들어가면 따뜻하거든요. 그냥 수용하는 그런 걸 태양이 해 줍니다. 태양을 이용한 명상법으로 우울증 같은 것은 쉽게 치료할 수 있어요.

태양이 많이 안 비치는 북유럽 같은 데는 우울증이 많아요. 그래서 자본주의 논리와 맞습니다. 우울하게 만들어서, 단단하게 해서 일을 많이 시키지요. 더운 데는 태양이 많이 비추기 때문에 흐물흐물해져서 일 못합니다. 딱딱해야 일하거든요. "이렇게 해야 돈을 많이 벌 수 있어." 하면서 다그치는데, 그거에 속아서 평생 일합니다. 먹지도 쓰지도 않고 모으니까 문제가 되지요.

감정을 타고 들어가면
감정을 만드는 여러 가지 기제도
관찰되지요.
그럼 그 마음들이 해탈해서
자유롭게 되고 의식이 넓어져요.

대상과 부딪혔을 때의 느낌 관찰하기

나는 대상에 의해서 만들어집니다. 기억을 관찰해 보면 내 모습보다는 내 모습 아닌 것들이 더 많이 발견돼요. 내 마음속에 다른 사람과 관련된 모습이나 사건들이 더 많이 들어와 있습니다. 그래서 내 거라는 게 사실은 하나도 없습니다. 공기로 숨을 쉬어야 살고, 음식을 먹어야 살고, 사람들이 있어야 살고, 일을 해야 살거든요. 그러니 어떻게 바깥하고 상관없이 살 수 있겠습니까.

관계 속에서 사니까 대상을 접촉하면 접촉한 대상이 나한테 들어옵니다. 눈으로 대상하고 접촉했을 때 시각을 통해 대상이 들어오는 전 과정을 '느낌'이라고 하지요. 손으로 얼음을 만졌을 때 차가운 느낌이 들어옵니다. 돌을 베고 자면 돌의 찬 기운이 들어와요. 그렇게 접촉할 때 그 안에 있는 마음하고 교류하는 게 느낌입니다. 들어올 때도 느낌이 일어나지만 들어왔던 것들이 떨어질 때도 느낌이 일어나요. 좋아했던 사람과 헤어질 때의 느낌, 얻었던 것들을 잃을 때의 느낌, 포기할 때의 느낌들이지요.

감각기관을 통해 보거나 듣거나 먹거나 냄새 맡을 때 들어오는 느낌을 수용하는 것도 느낌이 됩니다. 싫어서 거부하고 자기화되는 과정이 느낌이지요. 냄새를 수용하면 되는데 어떤 냄새는 계속 거부합니다. 그런 게 다 느낌에 들어가요. 냄새가 싫다고 코를 막으면 자기화가 더 많이 됩니다. 맛을 볼 때도 마찬가지입니다. 몸 전체가 다 외부하고 접촉하기 때문에 피부로 들어오는 느낌도 상당히 많아요. 이런 것들이 다 느낌관찰에 들어갑니다.

내가 어떻게 느낌을 일으키고 있는가 보세요. 대상과 접촉할 때 얼굴이 빨개지고 배가 아프기도 합니다. 불안심리가 많으면 똥끝이 타기도 해요. 느낌관찰은 현실에서 대상과 부딪혔을 때 몸이 어떤 식으로 반응하고 어떤 감정이 일어나는가를 보는 것입니다. 접촉하는 순간부터 느낌이 일어나요. 대상이 들어오면 느낌이 안 들어올 수가 없어요. 물 마시는 순간, 무슨 소리를 듣는 그 순간, 그 느낌을 관찰할 수 있어야 합니다.

별을 봐도 마음이 일어납니다. 생각이 일어나든지 감정이 일어나든지 생각과 감정이 혼용되어 일어나든지 해요. 눈으로 볼 때 위험하다는 생각이 들면 동작이 일어납니다. 동작도 마음의 표현이에요. 그럴 때 '내가 왜 이럴까, 왜 눈을 깜빡깜빡거릴까, 왜 그 소리에 반응할까?' 이렇게 의구심을 가지고 탐구해 보세요. 하늘의 별이라는 대상도 각자 마음상태에 따라 다르게 봅니다. 백이면 백 마음상태가 달라요. 수많은 다름이 있는 건데, 우리는 저 사람과 이 사람이 다르다는 걸 인정하지 못합니다. 우리는 사실 내 마음의 상태로 대상을 보거든요. 노래를 들을 때도 사실은 마음으로 듣습니다. 귀가 소리를 듣는 통로이니 귀로 듣는다고 생각하는데, 한참 관찰하면 소리가 온몸으로 들어오고 온 마음으로 들어온다는 것을 알게 됩니다.

수행 많이 한 사람들은 눈으로 보는 게 아니라 마음으로 본다는 것을 알아요. 내가 눈을 달고 있으니 눈으로 보는 것이지, 사실은 마음짓을 하고 있어요. 마음이 어떤 구조냐에 따라 반응이 다르게 나타납니다. 마음이 고정되면 5관을 고정시켜서 눈으로만 보고 귀로만 듣는다고 생각해요. 입으로 먹어야만 배부르다고 생각합니다. 어떤 사람들은 입으로 먹고 한 보따리 싸들고 가야 배불러요. 몸에 갇혀 있는 마음으로 보고 듣고 냄새 맡고 먹는 것이지요. 몸에 붙은 마음이 떨어지면 먹지 않아도 배부르고 다른 사람이 먹는 걸 봐도 배부릅니다. 부모들이 자식들 먹는 것만 봐도 배부르다 하는 건 대상과 소통하기 때문이지요. 몸에 갇힌 마음이 엷어지면 먹는 대상, 듣는 대상과도 교류합니다. 몸에 갇힌 마음이 있으면 어떤 소리는 좋은 소리, 어떤 소리는 싫은 소리라고 구별합니다.

물질에 갇힌 마음을 관찰하려고 눈을 통해 관찰하고, 귀를 통해 관찰하는 것입니다. 눈을 통해 관찰할 때 마음이 눈에 붙어 있으면 그 강하고 갇힌 마음이 나라고 느껴요. 관찰을 많이 해서 물질에 갇힌 마음이 약간 녹으면 업식과 관찰이 분리되어 관찰됩니다. 물질업이 몸속에다 들어 있기 때문에 몸관찰은 물질업을 잡아내기에 아주 좋아요. 몸관찰을 통해 수련하는 것이 쉽지는 않습니다. 계속 캄캄한 것만 비추거든요. 그러나 어느 기간까지는 견뎌야 합니다. 그래야 물질업이 녹아요. 물질업이 문제거든요. 물질업이 지혜의 빛을 덮기 때문에 물질업을 녹여야 합니다.

갑자기 몽둥이가 날아오고 폭탄이 날아옵니다. 누가 억울한 일을 뒤집어 씌워요. 그러면 마음이 엄청나게 일어납니다. 손해 안 보려는 마음이 있으면 엄청나게 불편해져요. 이 손해 안 보려는 마음이 인색한 마음입니다. 그게 많으면 안까지 두터워져 시커멓게 됩니다. 시커멓고 무거워져서 자기만 보기 때문에 남들이 자기를 어떻게 생각하는지 신경 쓰고 싶지 않거든요. 그러다가 부정적인 말을 들으면 충격 받아요. 남과 교류할 때 나를 잘 살펴보세요. 자기만 닦는 사람들은 시커면 돌덩이도 반짝반짝 닦아서 빛나는 것처럼 만듭니다. 이런 사람들은 대상을 만나면 자꾸 부딪히고 교류를 못하니까 홀로 있게 돼요. 홀로 있으니 넓게 보지 못하고 점점 좁아집니다.

좁게 갇히면 좁은 정보만 들리고 말의 의미도 자기 식으로 해석하고 굉장히 좁게 봅니다. 같은 소리를 들어도 그걸 이해하는 차원은 다 달라요. 천 명이면 천 명이 그 소리를 다르게 듣고, 만 명이면 만 명이 그 소리를 다르게 듣습니다. 그러나 공성空性으로 들어가면 똑같이 들어요. 그래서 공성을 체득하고, 지혜를 체득하려고 노력하지요. 공성이 들어오면서 몸에 갇혀 있던 의식이 확장됩니다. 그러나 갇힌 마음, 자기 판단은 그렇지가 않습니다. 자기가 똑똑해서 자기가 판단하는 사람은 마음을 열지 않고 남의 얘기를 듣지 않습니다.

그 마음을 누가 만들었습니까? 내가 만들었습니다. 바깥에 진리가 있으니 바깥이 들어와야 하거든요. 소리가 들어와야 소리를 집지해서 딱딱하게 쌓아 놓았던 것들이 허물어지거든요. 눈으로 대상을 봐야 눈으로 집지해서 딱딱하게 쌓아 놓았던 것들이 허물어지거든요. 어떤 사람은 친구더러 왜 사자꼴을 하고 있냐며 예쁜 핀과 옷으로 포장해 줍니다. 그런데 그 사람은 사자꼴 사람이기 때문에 좀 있으면 다시 사자꼴이 돼요. 그러면 또 포장해 줍니다. 부모들이 자식한테 평생 그러다가 죽을 때 되어서야 인정해요. "아무리 바꾸려 해도 안 되는구나."

가족은 늘 같이 생활하니까 가족에게 내 잣대를 들이대면 힘들어요. 관념의 화신들은 평생 상대한테 "똑바로 해. 똑바로 해." 하거든요. 욕망의 화신들은 밖에 나가서 술 마시고 사기도 치는데, 관념을 쥐고 있는 사람은 그 자리에서 잣대를 계속 들이댑니다. 그러니 옆에 있으면 더 힘들지요. 욕망은 그때뿐입니다. 충족되면 끝나요. 그러나 관념을 쥐고 있는 사람은 자기가 가장 세기 때문에 힘든 줄 모르고 들이댑니다. 관념이 가장 강하지요.

예전에 가족들이 물고기를 잡아서 회를 쳐 가지고 그 자리에서 먹었어요. 나는 살생하면 안 된다는 관념 때문에 충격을 받았지요. 가족들도 내가 충격 받은 걸 느꼈어요. 그렇게 내가 남과 다름을 보여 주는 바람에 회 먹는 사람이 이상한 사람이 되고, 나는 순수하고 고귀한 사람이 돼 버렸어요. 관념의 잣대를 들이대서 맛있게 먹는 사람들에게 재를 뿌린 것이지요. 그때 '관념이란 다른 사람을 불편하게 하는구나.' 하는 생각이 들었어요. 관념이 강한 사람들은 틀 만드는 걸 좋아해요. 시간도 지켜야 하고 걷는 것도 똑바로 걸어야 한다고 생각해요. 감정은 욕망입니다. 그게 감정과 관념의 차이지요. 욕망이라든가 관념의 틀이 뭉쳐 있다가 사라지는 걸 관찰하는 것이 느낌관찰입니다.

느낌이 일어나든, 느낌이 줄든, 느낌이 사라지든, 느낌이 강렬하든 그대로 바라보고만 있으면 됩니다. 느낌은 줄어들 수밖에 없고 지혜는 늘어날 수밖에 없습니다. 그렇게 연습하고 나서 현실에 돌아가 내가 어떻게 하는지 알아차리는 것은 여러분 몫입니다. "내가 눈으로 저것을 끌어당기고 있구나. 귀로 저 소리를 듣지 않고 있구나. 분노가 일어나 저 사람을 비난하고 있구나. 아만을 키워서 나를 포장하고 있구나." 이런 것들을 현실에서 잘 관찰해 보세요. 좌선하면서 털어내면 뭐하겠습니까? 현실에 가면 온갖 것을 또 쌓잖아요. 쌓는 그 순간 '욕심내고 있구나. 내 잣대를 들이대고 있구나.'라는 걸 알아차려야 합니다.

관념이 많던 사람이 관념이 떨어지면 욕망이 나오나요?

/

그런 경우가 있지만, 욕망보다 관념을 많이 집지한 사람들, 욕망이 많지 않으면서 관념을 많이 집지한 사람들은 관념이 떨어져도 욕망이 별로 안 나옵니다. 욕망은 많은데 그것을 누르기 위해 관념을 많이 집지한 사람은 관념이 떨어지면 욕망이 더 일어납니다. 그러니 욕망은 있는데 도덕적인 기준으로 그것을 누른 사람이 제일 힘들지요. 욕계 인간은 지옥, 아귀, 축생이라는 3악도업을 많이 가지고 있어서 욕망 덩어리거든요. 욕망이 얽히고설킨 것이 욕계업입니다. 그래서 관념의 틀을 벗기면 욕망이 많이 일어나요.

관념의 틀만 갖고 있는 업은 색계업입니다. 색계업을 가진 수승한 사람들은 경계 속에서 바로바로 관념의 틀이 떨어져 나가 관념이 세지 않습니다. 거친 업이 떨어져서 느낌을 관조하면 욕망 같은 것들은 실제로 많이 줄어들어요. 신수심법 가운데 하나만 꼽으라면 수념처인 느낌관찰만 잡으면 됩니다. 느낌이 마음이요, 그게 다 정화되면 위빠사나가 살아나는 것이요, 그게 없어지면 느낌 속에서 공성을 봅니다. 느낌이 생각으로 되는 것까지 관찰되기도 해요. 느낌으로 있다가 생각으로 확 전환되는 걸 보는 것은 높은 단계의 위빠사나거든요. 느낌이 욕망을 만들고, 느낌이 생각을 만들고, 느낌이 물질을 만드는데, 느낌 자체에서 그 모든 게 양산되는 것까지 보는 사람들은 수준 높은 위빠사나 수행자입니다. 그것까지 보면 느낌이 무엇을 만들어 내든지, 느낌 자체로 있든지 생각 자체로 있든지, 그게 산화되어 공성으로 들어가든지 아무 문제가 없습니다.

불교에서 느낌은 세 가지로 나누어진다는데 무엇인지 설명 좀 해주세요.

／

그건 분화가 됐을 때입니다. 느낌 자체는 원래 똑같은데 자기 관념으로 이것은 괴로운 느낌[苦受]이요, 이것은 즐거운 느낌[樂受]이요, 이것은 괴롭지도 즐겁지도 않은 느낌[不苦不樂受]이라며 분별합니다. 느낌 자체는 분별의 체가 아닙니다. 내가 어떤 사람이 좋은 것은 좋은 기억이나 인식, 판단, 분별의 기제가 내 속에 있어서입니다. 더럽고 깨끗한 관념이 있으면, 더러운 골목에 있는 식당에서는 음식이 맛있어도 맛있다고 못 느껴요. 그 대상이 좋다 싫다가 아닙니다. 이미 내 안에 좋다 싫다 분별의 기제가 저장되어 있어요. 나올 때도 괴로운 느낌, 즐거운 느낌, 괴롭지도 즐겁지도 않은 느낌으로 분별해서 나옵니다. 내 관념에 의해서 느낌도 분류되지요. 높은 수준의 위빠사나를 하게 되면, 통증도 통증일 뿐이지 불편한 게 아닙니다.

○
욕심을 뚫고
느낌과 감정을 보라

공성이 확보되면 대상을 많이 수용하고 대상을 밀어내거나 갈등하지 않습니다. '내가 잘했어. 내가 옳아. 내가 훌륭해.' 이런 자기 합리화가 줄어듭니다. 업장이 많으면 아견이 강해서 내가 맞다고 계속 주장해요. 이런 마음 작용에는 아애我愛도 있습니다. 피곤하면 바로 이불 덮고 눕는 사람은 아애가 강합니다. 그런 사람치고 힘없는 사람이 없어요. 사실은 힘이 아주 많은데 쓰지 않거든요. 아애가 강한 사람들은 무거운 것도 안 들어요. 내가 훌륭하고 뛰어난 사람이라고 상대에게 들이미는 것은 아만我慢입니다. 옛날에 왕관을 많이 썼던 사람들은 전생의 경험이 저장되어 있어서 아만이 높습니다. 못났다고 하면 굉장히 상처를 받고 힘들어 하면서 지옥으로 떨어져요. 종교에 귀의한 사람들이 주의할 것이 아만이지요. 이 모든 덩어리를 아치我癡라고 합니다. 아치에 의해서 내 몸을 사랑하는 아애, 내가 뛰어나다는 아만, 내가 옳다고 주장하고 합리화하는 아견我見이 나옵니다.

이러한 아我의 층에 의해서 우리가 좌지우지되는데, 이런 것들은 강해서 빨리 없어지지 않습니다. 용량은 줄지만 한꺼번에 녹지는 않아요. 아성이 강해서 아층이 많이 집지된 사람들은 쉽지 않습니다. 시간이 걸려요. 수행 초입에 5관을 관찰하는 이유도 5관을 통해서 집지한 아층의 마음들이 5관에 많이 있기 때문입니다. 눈이나 귀를 통해 관찰하다가 생각이 다른 데로 가기도 하지만, 그래도 거기를 한결같이 들어가야 사마타가 됩니다. 사마타를 잘하면 마음에서 다양한 현상들이 일어납니다.

현상계에서 5관으로 지은 욕심들은 마치 자판기에 종이컵이 차곡차곡 쌓여 있듯이 업으로 쌓여 있습니다. 수행해서 업이 하나 빠지면 다음 업이 나오기 전까지는 빈 공간이 있으니 그때는 가볍습니다. 종이컵이 또 나오듯이 업도 다시 쌓이기 때문에 쌓고 빼고 쌓고 빼고를 반복하지요. 수행을 계속하면 업을 많이 쌓지는 않습니다. 업을 많이 제거하면 가벼워져서 업을 쌓아도 가볍게 쌓아요. 무거움이 많이 덜어지니까 가볍게 쌓거든요. 물질, 느낌층이 어느 정도 줄면 나머지 층이 가벼워져서 내가 의도적으로 위빠사나하지 않아도 저절로 제거됩니다. 공성과 지혜가 드러나면 업을 제거하는 것이 더 쉽지요. 빛을 가리는 것보다 비추는 것이 더 쉽거든요.

업식이 강한 사람들은 제거하자마자 곧바로 쌓는 경우도 있습니다. 욕심이라는 것이 그래요. 미래에 대한 불안이 많으니 음식을 먹으면서도 제대로 즐기지 못합니다. 잔칫집에 가서 먹으면서 왜 먹을 것 안 싸주냐고 하는 것도 그래서입니다. 어떤 사람은 준비하느라 고생했다, 일을 도와주지 못해 미안하다 하거든요. 대상을 향해서 마음을 내는 사람과 나 중심으로 모든 것을 판단하는 사람은 아주 다릅니다. 위빠사나하면 내가 어떤 모습인지 보이지요. 내가 이렇게 자기중심적이구나 생각하면 슬퍼져요. 중요한 건 그것이 가짜라는 것입니다. 내 것이 아닙니다. 우리가 만들어 놓은 착각이 굉장히 많습니다.

우리가 업식을 왜 줄이려고 합니까? 지혜가 드러나지 않아서입니다. 지혜가 있어도 있는지 없는지 모르기 때문에 업을 닦아야지요. 업은 공중에 달려 있는 거나 같아요. 실체가 없는데 실체가 있는 것처럼 공중에 달려 있기 때문에 오래 머물 수 없습니다. 때가 되면 내가 노력하지 않아도 우르르 쓰러져요. 하지만 업 때문에 몸져 눕고 어찌할 줄 몰라 밤잠을 못 이룰 정도는 아니게 되어야지요. 반야지혜는 숨을 쉬지 않아도 아무 상관없지만, 업식은 숨이 필요해요. 업식이 엷어지면 숨이 길어집니다. 반야지혜는 먹지 않아도 상관없지만, 업식이나 5관에 달린 마음들은 먹어 주고 입어 주고 욕심을 내줘야 살맛이 나요. 욕심이 전혀 없으면 우울증 걸립니다. 욕심이 발동 걸리면 재밌다 재밌다 하는데, 욕심이 끊어지면 다 밋밋해져요. 중요한 것은 이것들을 뚫고 무수하게 있는 느낌과 감정들을 관찰하는 것입니다.

묻고
답하기

물질화된 감정을 관찰해서 소통하게 하는 것이 느낌관찰인가요?

감정이 물질에 갇히면 감정이 물질화되었다고 해요. 물질적 사고를 많이 하고 물질이 가치기준에서 우위에 있다 보면, 물질 너머에 있는 감정과 느낌들은 마음 깊숙이 숨게 되지요. 물질은 단단한 지성이고 감정은 흐르는 물과 같은 수성水性이라서 그래요. 물질에 대한 마음들, 다시 말해 기억들을 버리면 감정이 흐르게 됩니다. 흐르는 것이 감정이며 느낌입니다.

그래서 수행은 단단한 물질을 먼저 관찰하고 그 다음에 느낌을 관찰하는 순서로 되어 있습니다. 물질만 내려놓아도 물질화된 거친 감정들을 한결 편하게 내려놓을 수 있어요. 감정 너머에는 순수한 알아차림의 관찰력이 있어요. 이것은 반드시 느낌을 거쳐서 알아지는 것이거든요. 느낌관찰, 다시 말해 감정관찰은 물질과 알아차림의 소통입니다. 둘은 불이_{不二}의 관계라고 할 수 있어요.

5문

음악명상

소리를 들으면서 마음 관찰하기

○

대상의 소리를 듣는
수행

　　음악명상은 음악을 들으면서 마음을 관찰하는 것입니다. 5관 중에 감각기관인 이근耳根을 원만하게 하는 수행이지요. 문사수聞思修 수행 중에 문聞 수행, 즉 들음에 대한 수행에 해당합니다. 문사수 수련은 듣고 사유하고 실제 마음을 닦는 것입니다. 먼저 듣고 나서 자기 경험에 따라 맞는가 안 맞는가 생각해 보는 것이 사유思惟지요. 수修는 실제로 수행하는 것입니다. 불교에서는 이근원통耳根圓通 수련의 대표적인 방법으로 만트라를 들고 있어요. 예로부터 우리나라 수행자들은 대부분 만트라를 통해서 득도했습니다. 80~90퍼센트가 천수경의 신묘장구대다라니로 득도했지요. 신통한 경험도 많습니다. 소리를 듣고 소리를 읊으면 그것이 마음을 치거든요. 마음에 쌓인 것들이 결국 에너지 덩어리인데, 소리도 에너지이기 때문에 가짜의 마음 덩어리를 치기가 좋습니다. 이러한 이치를 알고 하는 것과 그냥 하는 것은 효과가 다릅니다. 이치를 알면 모든 것이 연결되어 있다는 걸 알거든요. 밖의 소리를 들으며 수행을 하는 음악명상은 자신만 바라보는 아견, 아만, 아애를 없애 줍니다.

'아我'가 뭡니까? 나무가 500년 살면 나이테가 500개 생기듯이, 내가 한 생을 살면 내 마음에도 나이테가 하나씩 생깁니다. 생을 거듭하면서 생긴 게 나[我]입니다. 500생 살면 500생의 경험이 나이테처럼 우리 마음에 쌓이지요. 한 생을 힘들게 살면 무거워져서 살 수가 없거든요. 그래서 다음 한 생은 털어내느라고 쉬어갑니다. 그러니 나를 펼쳐라, 나를 주장하라는 것은 사실 수행과는 안 맞아요. 나도 주장해야 하지만 대상의 아我도 수용해야 합니다.

아견我見은 "나는 이런 사람이야. 나는 이런 경험이 있어." 하는 것입니다. "나는 어디 학교를 나왔어. 나는 박사야." 이러는 것이 아견이지요. 아애我愛가 강한 사람은 몸에 대한 집착과 사랑이 많습니다. 몸을 소중하게 여기지요. 먹는 거, 자는 거 좋아하고 피곤하면 절대로 안 움직입니다. 무거운 것도 안 들어요. 자기 관리도 철저히 합니다. 몸에 안 좋은 것은 안 먹습니다. 아애는 생존본능입니다. 어디 위험한 데 가면 아애본능이 일어나요. 아애는 감정도 많이 집지합니다. 자기 만족감이 많아요. 자기가 예쁘다고, 성격이 좋다고 생각합니다. 자기를 위하는 마음이 많아서 자기중심적이지요. 똑바로 살아야 한다는 아견이 장착되면 남을 간섭하고 그러는데 아애는 간섭도 안 합니다. 귀찮은데 뭐 하러 하겠어요.

그럼 아만我慢은 뭘까요? "내가 너보다 나아. 내가 너보다 뛰어나." 하면서 남을 비하하는 것입니다. "난 찌질이야. 나는 못났어. 나는 왜 이렇게 초라할까." 이렇게 자기 비하하는 것도 아만입니다. 자기를 굉장히 겸손하게 말하는 사람이 어느 날 말로 사람을 콱 눌러요. "똑바로 해!" 하면서 지시해요. 그런 사람들이 항상 지시형일까요? 나보다 힘세고 나보다 훌륭하고 나보다 지위 높은 사람한테는 바로 엎드립니다. 내가 그런 사람인가 아닌가 잘 보세요. 그게 아만입니다. 그 차이가 심한 사람들이 정신질환에 걸립니다. 현실과 이상의 차이가 너무 심해도 그래요. 정신질환이 별게 아닙니다. 마음의 간극이 너무 커서 생겨요. 위빠사나하면 이런 게 보이기 시작합니다. 내가 얼마나 간극이 큰지 보여요. 수행하는 사람은 아견도, 아애도 다 뗄 수 있어요. 나중에는 결국 아만하고 싸우게 됩니다. 생각이 없는 게 제일 좋습니다. 내가 어떻다는 생각이 없는 것입니다. 생각은 원래 대상이 얘기하거나 할 때 내 마음이 화합하면서 일어납니다. 마음이 혼자 일어나서 '내가 이쁘다' 하기는 쉽지 않거든요. 자기 마음이 너무 많으면 남들이 힘들어요.

아견, 아만, 아애가 많이 쌓여 있는 것을 아치我癡라고 합니다. 대상을 보지도 않고 듣지도 않고 나를 내세우지도 않고 자기 속에 갇혀 있어요. 내가 극대화돼서 아무도 들어올 수 없는 상태가 되면 그게 자기화되어서 그 기제로만 다 판단합니다. 내가 옳다고 주장하다가 "어, 저 사람이 옳을 수도 있네."가 안 되니까 아예 차단해 버립니다. 차단하는 사람들이 대부분 내면에 그런 게 많아요. 차단이 아치입니다.

대상의 소리를 잘 들으면 뭐가 좋아집니까? 아견이 많이 떨어집니다. 소리는 음파, 음질, 단어를 통해서 들어오기 때문에 음파의 곡조, 노래가사 두 가지가 다 들어옵니다. 그래서 아견이나 아애를 엷게 하는 수행에 포함돼요. 아뢰야식 속에 저장된 경험과 거친 의식과 몸에 대한 집착을 정화하는 수행에도 포함됩니다. 소리를 많이 들어서 소리와 계합하면 몸 수련 위빠사나에 굉장히 좋아요. 소리를 많이 들으면 안에 있는 사연을 담고 있는 감정이 포옥 나오거든요. 그러니 소리를 잘 들으려고 의도적으로 노력하세요. 소리를 듣고 있나 안 듣고 있나 순간순간 확인하는 것도 중요합니다.

남의 소리를 안 듣고, 대상을 보지도 않는 사람은 내가 꽉 차 있어서 그렇습니다. 내가 비어야 받아들일 수 있거든요. 나를 먼저 비우면 대상을 받아들이기 좋습니다. 음악명상은 소리에 집중만 잘하면 됩니다. 소리를 받아들이려고, 들으려고 노력하세요. 소리가 들어오면서 안에 있는 것을 밀어냅니다. 내가 싫은 소리라고 분별해서 밀어내지만 않으면 그 소리가 싫은 소리 들었던 기억들을 밀어냅니다. 한 쾌에 다 하지요.

음악명상은 수용성受容性이고 받아들임에 대한 수련입니다. 대상을 보고 소리를 듣고 느끼고 아는 견문각지見聞覺知 중에 듣는 것에 들어가지요. 대상의 소리는 사실 귀로 듣는 게 아닙니다. 마음으로 듣지요. 귀로 듣는 것 같은데 귀가 실제로는 없는 것입니다. 마음으로 들어가면 눈도 없고 귀도 없고 마음만 있으니 마음으로 대상의 소리를 듣습니다. 그리고 대상을 함께 느낍니다. 그것이 각覺이지요. 지혜는 대상을 인식하고 아는 것입니다.

일상에서도 연습해보세요. 소리를 들으면서 올라오는 마음을 내려놓고 또 듣고, 싫은 사람도 보고 좋은 사람도 보고 내가 알지 못하는 세상도 봅니다. 모든 형태 있는 것들은 다 나랑 교류하는 대상이거든요. 형태가 얼마나 많습니까. 모양이 얼마나 많습니까. 색깔은 또 얼마나 많습니까. 그런데 우리는 그 수많은 모양, 색깔과 별로 교류 안 해요. 내가 어마어마하게 많아서 그렇습니다. 내가 너무 많으면, 아상이 너무 크고 아만이 너무 크면, 나의 잣대라든가 고정관념이라든가 가치관이 너무 강하면 다 막아 버려요. 나를 들이대느라고 대상을 수용 못합니다. 내가 없어야 대상을 수용하고 모두와 교류할 수 있게 됩니다. 그러니 음악을 들으면서 연습하는 것이지요. 음악을 사랑하는 사람들, 소리를 좋아하는 사람들, 소리에 대해서 경계가 적은 사람들은 잘 들어요. 소리를 잘 듣는 사람은 감성적으로 열려 있습니다. 사실은 그럴 때 우리가 행복을 느끼지요.

저도 상담할 때 특별한 방법 안 씁니다. 그냥 잘 듣습니다. 듣는 순간에는 분별 판단을 안 합니다. 별거 없어요. 그냥 듣는 것뿐입니다. "선생님이라고 별거 없네." 그럴 수도 있어요. 잘 들어서 그 사람이 어떤 마음인지 아는 것입니다. 알아야 그 사람을 판단하고 분별할 수 있지요. 사람들은 보통 듣지도 않고 판단하거든요. 아이를 잘 키우는 방법도 잘 듣는 것입니다. 애가 바깥에서 당하고 와서 막 울고불고 하면 잘 듣고 "그래, 그래." 하며 수용해 주면 다 풀려요. 마음이 풀리기도 전에 "네가 잘못했는데 왜 울어?" 그러면 더 쌓입니다. 사실은 잘 들어주기만 하면 마음이 다 내려가요.

○

태 초 에
감 정 층 과 교 류 한 것

　　소리는 껍데기층에서 마음층으로 들어가는 통로를 연결시켜
줍니다. 태초에 감정층과 교류한 것이 소리지요. 지금처럼 아파트나 빌
라 같은 데가 아니라 허름한 집에 살던 옛날에는 소통하는 기제가 많았
습니다. 옛날에는 소리가 다 들어왔어요. 누구네 집에서 싸우면 동네 사
람들이 다 나와서 보고 듣고 했습니다. 바람소리, 빗소리, 낙숫물 떨어
지는 소리, 창문이 흔들리는 소리, 밖에서 떠드는 소리, 아이들 뛰어노
는 소리, 천장에서 쥐가 왔다 갔다 하는 소리들과 친숙하게 지냈어요. 지
금은 이중창 설치해서 아무 소리도 안 들립니다. 밖의 기운들이 안 들어
오는 집은 좋지가 않아요. 소리를 안 들으면 마음이 굳어지고, 마음이 굳
어지면 소통이 안 됩니다. 옛날 분들은 허술한 집에서 온갖 소리를 다 듣
고 살았기 때문에 마음이 넓었어요. 다양한 소리를 수용하고 살았기 때
문입니다. 우리 부모님들이 7남매, 8남매, 12남매를 낳아서 키울 수 있
었던 것도 마음이 넓어서였지요. 지금 사람들은 말 한마디 잘못하면 며
칠 동안 냉담해요. 싫은 소리를 못 듣고, 좋은 소리만 들으려고 합니다.
　　예전에 우리 도량에서 음악명상을 할 때 전축이 오래돼서 CD를 넣
으면 중간에 탁탁 튀었어요. 그 소리에 안 걸리는 사람이 없어서 처음에
는 전축을 바꾸려고 했습니다. 그런데 사람들이 마음을 많이 일으키는
걸 보고 좀 튀는 게 낫겠다 싶었지요. 인생을 살다 보면 순조롭게 흐르
는 것도 있지만 걸리는 것도 얼마나 많습니까. 걸리면 걸리는가 보다 하

고 살면 되는데, 우리가 그걸 못 견뎌요. 순항만 해야 한다고 생각하니까 그게 업이 됩니다. 걸리면 걸리는 대로 살면 되지요.

위빠사나 수행은 업을 다 털어내고 천사처럼 되는 게 아닙니다. 정확하게 얘기하면, 좋은 건 그냥 좋고 싫은 건 그냥 싫고가 되는 것이지요. 지나가면 싫은 것이 좋은 게 되기도 합니다. 싫었던 경험이 약이 되어서 삶이 풍부하게 된 사람도 많아요. 그 경험 때문에 내 마음의 경계를 벗어나서 더 넓어지는 경우도 많습니다. 음악이 상당히 많은 것을 알려 줍니다. 음악명상을 잘하는 방법은 음악을 그대로 듣는 것입니다. 그런데 듣는 게 어려워요. 음악을 들을 때 몇 퍼센트나 집중관찰하는지 물어보면 5퍼센트부터 80~90퍼센트까지 집중도가 다릅니다. 어떤 경우에는 좋은 음악이라도 수용을 못합니다. 듣기 싫은 말은 거의 안 듣지요. 듣기 싫은 마음이 많은 사람들은 공부를 못합니다. 수업 시간에 앉아만 있지 듣지를 않거든요.

제가 대학에서 한 20년 동안 강의를 했는데, 참 이상해요. "이거 중요해요. 시험문제에 나와요." 하고 가르쳐 줘도 답안을 못 씁니다. 안 들어서 그래요. 조금이라도 들었으면 5점, 10점은 안 받지요. 왜 안 들을까요? 자기가 너무너무 중요해서 자기 고민에 빠진 사람들은 듣지 않습니다. 내 얘기가 너무 많은데 어떻게 상대방 얘기를 듣겠어요. 내가 너무 많아서 다른 소리가 안 들립니다. 지금 저 얘기가 필요 없다고 생각해도 안 듣지요.

우리가 들판에 피어 있는 꽃이라고 해봐요. 나는 들국화고 저 사람은 장미라면, 들국화인 내가 장미를 알 수 없거든요. 그러면 어떻게 해요? 장미향을 맡으면 장미를 알 수 있어요. 향기를 맡는 게 소리를 듣는 거나 같습니다. 내가 모르면 아는 사람한테 물어보면 됩니다. 그럼 그 사람이 알려 줘요. 공생하는 겁니다. 나 혼자 모든 것을 알 수는 없으니, 다른 사람 소리를 듣는 것이지요.

현대인이 왜 힘드냐면, 혼자 다 해야 해서 그렇습니다. 문을 닫으면 나를 도와줄 사람이 없어요. 혼자 해야 합니다. 미래도 혼자 준비하고, 고통도 혼자 겪고, 삶도 혼자 꾸리고, 돈도 혼자 벌고, 죽음도 혼자 맞이합니다. 그러니 얼마나 짐이 많겠어요. 소통하고 나눠야 합니다. 나누는 대표적인 것이 소리지요. 저 깊은 산속 선방에 혼자 있으면 시끄러운 소리가 안 들립니다. 그런 사람이 소리 많은 데 가면 다 깨져요. 깨끗한 데 가서 수행하다가 더러운 데 가면 다 깨집니다. 있을 수가 없어요. 수행이고 뭐고 아무것도 안 됩니다. 예전에 시골 가면 푸세식 화장실이거든요. 화장실 냄새 때문에 화장실 못 가서 변비 걸리는 사람도 있었어요.

사실은 6근六根(눈·귀·코·혀·몸·마음) 경계(대상)가 다 화두입니다. 두두물물頭頭物物이지요. 화두를 들고 깨우치는 게 다가 아닙니다. 화두는 절대적인 게 아닙니다. 보고 듣고 냄새 맡고 맛보고 접촉하고 생각하는 데서 마음이 소통되어야지요. 그래서 자연명상이 중요합니다. 자연에 가면 자연이 사마타를 해 줍니다. 소리며 하늘이며 구름이며 바람이 막 꽂아서 우리를 사마타하지요. 여기 앉아서 위빠사나 몇 시간 하는 것과 저 오대산 깊은 곳에 가서 걷는 것과 비교해 봐요. 사람들이 아침 5시에 일어나서 오대산까지 오느라 지쳐 버리는데 오후 되면 얼굴이 피어납니다.

우리가 할 일이 진짜 많아요. 청소년들 영어 공부 시킬 게 아니라 그런 데 데려가야 합니다. 그런 곳에 가면 열리거든요. 사람들은 맨해튼을 꿈꾸면서 "저렇게 돼야 하는데." 그래요. 빌딩을 많이 세워서 맨해튼이 되면 뭐합니까, 마음은 갇혀 있는데. 그 속에 갇힌 마음은 진정한 맨해튼이 되지 못합니다. 정신적인 영역이 중요해요. 소리에 열리고, 보는 것에 열리고, 마음이 열리고, 행위에 열리고 소통하고 하는 것들이 진짜 중요합니다. 제가 학생들이 수행하러 오면 반가운 이유가 이 세대는 정신적인 영역을 더 모르기 때문입니다. 물질이 발달된 시대에 태어나 자랐으니까요. 부모님 세대는 물질이 없어서 고생했지만 마음은 훨씬 넓었습니다. 자연과 어느 정도 소통하며 살았어요. 우리는 어릴 때 엄마가 저녁밥 먹으라고 부를 때까지 밖에서 놀다가 집에 들어갔어요. 얼마나 정감 있고 따뜻한 시절입니까. 산에서 고욤 따먹고 놀던 게 얼마나 행복을 주었겠어요. 산천경계가 얼마나 행복을 주는지, 다양한 소리들이 얼마나 마음을 풍부하게 하는지 어려서 경험했습니다. 하지만 도시에서 자란 요즘 학생들은 그런 경험이 거의 없습니다. 그래서 학생들이 수행하러 온 걸 보면 너무 반갑지요.

음악만 심리치료를 하는 것은 아닙니다. 어르고 달래는 것도 심리치료가 됩니다. 제대로 사랑을 못 받은 사람한테 손잡고 사랑한다고 하면서 안아 주면 마음이 녹아요. 지금까지 살면서 알았던 게 그것입니다. 누군가 나를 인정해 주면, 나를 인정해 주는 사람이 한 사람이라도 있으면 정신적인 병은 많이 좋아져요. 엄마가 나를 인정하거나 형제가 인정하거나 친구가 인정할 수도 있습니다. 한 사람만 있으면 괜찮아요.

사실은 늘 있어요. 내 안에는 내가 무슨 짓을 하건 인정하는 나의 '마음'이 항상 있습니다. 우리가 수행하면서 그것만 발견해도 대단하지요. 그 이치가 같기 때문에, 늘 있기 때문에 우리가 모를 뿐입니다. 반야지혜는 우리가 자거나 밥 먹거나 무슨 짓을 하거나 나쁜 짓을 하거나 늘 내 곁에 있습니다. 수행을 해서 그걸 보려고 애쓰는데, 그것은 노력을 하거나 안 하거나 상관없이 늘 있습니다. 그 이치하고 똑같아요. 누군가 나를 알아주는 사람이 하나라도 있으면 내가 무슨 짓을 하건 어떻게 보이건 상관없어요. 의지처가 하나라도 있다면 위로가 되거든요. 사실 의지처로 삼기에는 우리 안에 있는 자성自性이 최고지요. 자성이면서 진여眞如면서 대상하고 나하고 가르지 않는 그것을 보는 것이 진짜고 행운이지요.

묻고
답하기

소리를 사마타하고 있으면 생각이 안 떠오르나요?

/

소리에 집중하든 내 몸에 집중하든 정확하게 집중하면 생각은 안 떠오릅니다. 집중하고 있어도 이미지는 떠오를 수 있어요. 그 차이를 알아야 합니다. 좀 어려울 수도 있는데, 어쨌든 집중을 잘 하면 생각은 안 일어납니다. 집중을 잘 해도 일어나는 이미지는 마음의 반응현상일 수 있습니다.

'난 왜 이렇게 못됐지.' 하다가도 금방 '그렇게까지 못되지는 않았어.' 하는 마음이 올라와요. 그게 그거예요?

'난 못됐어.'는 부정적인 거지요. 부정적인 것이 좀 있다 긍정적인 것으로 변합니다. 이 정도만 해도 괜찮습니다. 둘이 짝으로 되어 있어요. 부정적인 거, 긍정적인 거 같이 보는 게 반야지혜입니다. 나에 대해서는 '나는 나쁜 애야. 그래도 괜찮은 데가 있어.' 그러는데, 바깥에는 잣대를 들이대거든요. '쟤는 이래서 나쁜 애야. 쟤는 이래서 좋은 애야.' 하고 들이댄 잣대가 어느 날 부메랑처럼 나한테 돌아옵니다. 남한테 들이댔던 대로 나한테 돌아오게 되어 있어요. 우리가 어딜 가도 자기 자리로 돌아오는 것과 같습니다. 내가 누구한테 독설을 뿜으면, 그 독설이 나한테 꽂힙니다. 내 심장에 다 꽂혀요. 상처는 사실 남한테 받은 것보다는 자기한테 받은 것이 더 큽니다. 남이 욕하면 피하고 안 듣는데, 자기가 한 것은 자기가 다 받아요.

살면서 받은 상처는 어쩔 수 없다 해도, 이제 좀 잘 살아보자 하니까 훌쩍 가 버렸어요. 그 배신감을 어쩔 수가 없습니다.

어머니는 거기서 해탈하실 것 같아요. 있음과 없음이거든요. 살아 있음과 없음. 거기서 해탈하면 도인의 경지가 됩니다. 제가 보기에 도인의 면모가 아주 많으세요. 어머니가 지금 연세가 있어도 이렇게 덕성스런 소리를 하시는 것은 자연환경이 좋은 데 살아서입니다. 내가 어떤 환경에서 살았느냐에 따라서 굉장히 다르거든요. 자연에서 살았느냐, 도심에서 살았느냐, 갇힌 공간에서 살았느냐, 열린 공간에서 살았느냐에 따라 마음이 많이 다릅니다.

사람들은 그 사람 마음을 보는 게 아니라, 몇 평에 살고 직업이 뭐고 하는 그런 조건을 봐요. 다양한 소리를 들으려고 노력하면 소리를 통해 그 사람의 마음이 들어옵니다. 저 사람이 짜증내는 소리를 내가 많이 수용하면 저 사람은 짜증에서 많이 해탈해요. 한번 해보세요. 저 사람이 짜증을 내도, 신경질을 내도 내가 분별없이 마음을 비운 상태에서 받아 주면 그 사람은 거기서 해탈합니다. 소리명상에 그런 이치가 있어요.

○
감정층에 작용하는 대표 기제

몸관찰을 통해서 물질층이 드러나고 나면 그 뒤에 감정층이 드러납니다. 땅을 파면 속에서 물이 나오듯이 우리 마음에서 물과 같은 것이 감정층이지요. 흙은 모양이 있지만 감정층은 모양이 없으니 잡을 수가 없습니다. 물을 잡으려 하면 안 잡히고 빠져나가듯이 사람의 감정은 잡을 수 있는 게 아닙니다. 그 사람의 감정을 따라가는 것이지요. 감정은 잡고 흔들 수 있는 게 아닙니다.

음악명상은 그 감정층에 이용할 수 있는 소리명상, 감정명상의 대표적인 기제입니다. 소리가 있고, 음파가 있고, 사연이 있고, 목소리가 있지요. 이것들이 막 섞여서 음악이 나오거든요. 장르도 다양해요. 음악은 사람의 마음만큼, 사람의 수만큼 다양하게 만들어 낼 수 있습니다. 동서고금에 여태까지 같은 음악이 있었습니까? 그렇게 수많은 음악이

물을 잡으려 하면
안 잡히고 빠져나가듯이
사람의 감정은
잡을 수 있는 게 아닙니다.

그 감정을 따라가는 것이지요.

있었는데도 다 다릅니다. 똑같은 노래도 가수가 어떤 감정으로 부르느냐에 따라서 완전히 달라져요. 독창이냐 합창이냐에 따라 다르고, 어떤 악기를 쓰느냐에 따라 다르거든요. 거기에 바람이 훅 불어 주면 또 달라집니다. 그 노래를 어디에서 불렀느냐, 바닷가냐 실내냐에 따라서도 달라집니다. 무궁무진하게 달라지는 것이 소리지요. 그래서 소리로 하는 명상법이 굉장히 많습니다.

음악명상의 실제

음악명상을 하기 전에 먼저 몸부터 관찰합니다. 몸관찰을 통해서 몸이 긴장되어 있거나 피로가 쌓여 있거나 하면 부정관으로 사라지게 하세요. 몸을 이완시키는 것입니다. 그런 다음 소리를 듣는 감각기관인 귀를 관찰합니다. 딱딱하게 굳어 있거나 고립상태로 있으면 이완을 시켜서 음악이 들어올 수 있는 상태로 만듭니다.

그런 다음 음악을 듣습니다. 음악을 분석하거나 판단하지 말고 그대로 들어야 합니다. 5관을 열고 음률, 감정, 사연을 그대로 따라가면서 그냥 수용만 하세요. 생각이 올라오면 얼른 지워 버리고 음악에만 집중합니다. 음악 소리가 마음속 보따리들을 탁탁 건드려 줍니다. 음악은 사연도 있고 멜로디도 있고 흐름도 있고 음파도 있어서 마음을 움직일 수 있는 기제가 많아요.

음악을 처음 들을 때는 고요한 음악부터 들어서 몸과 마음을 이완시킵니다. 그 다음에 만트라 같은 불교제례 음악이나 종교 관련 음악을 들으면 마음이 열립니다. 영화음악 같은 경우는 영화의 스토리가 다 들어가 있기 때문에 마음이 많이 건드려져요. 그럴 때 내면에서 일어나는 감정과 사연을 관찰하세요. 전쟁음악을 들으면서 내면에서 일어나는 공포와 두려움을 관찰합니다. 투지가 일어나는 사람도 있습니다. 싸웠던 기억이 나오면서 그때의 감정들이 건드려져서 나오거든요. 예전에 깡패들이 술 먹고 난장 피우면서 얼마나 무서운 소리들을 냈는지 몰라요. 그러면 두려움이 굉장히 일어나거든요. 전쟁음악 같은 걸 들으면서 내마음이 어떻게 일어나는가 관찰해 보세요. 전통과 향수를 불러일으키는 민속음악을 들으면서 마음속에 있는 고향의 추억을 관찰하기도 합니다. 마음이 나오기도 하고 감정도 일어납니다. 술집에서 젓가락 두드리는 소리를 들으면 내가 전생에 일탈하면서 느꼈던 마음들이 나와요. 어버이, 애국, 광복, 어린이와 관련된 기념음악을 통해서는 특별한 인연의 마음을 관찰할 수 있습니다.

우리가 뭘들 안 해봤겠습니까. 왕을 안 해봤겠습니까, 천하 기생을 안 해봤겠습니까, 죽비 치는 고승을 안 해봤겠습니까. 온갖 것을 다 해봤으니 내가 보고 듣는 그 경계는 이미 나와 둘이 아닙니다. 나와 분별이 없어요. 그러니 음악을 잘만 들으면 마음을 관찰할 수 있고, 풀어낼 수 있고, 그 대상의 감정과 하나가 될 수 있습니다. 다양한 음악을 접하면서 마음의 문을 열고, 내 마음을 들여다보고 대상을 보고 듣고 느끼고 안아 주고 하나 되는 것이 음악명상입니다.

우리가 음악이라는 기제를 통해 음악명상을 하지만, 소리는 어디나 있기 때문에 소리를 잘 듣는 게 중요합니다. 소리를 잘 들을수록 마음이 확장되고 마음에서 해탈합니다. 소리로 할 수 있는 게 굉장히 많아요. 어떤 의미에서는 중간 중간 나쁜 소리 들려주는 사람도 참 고맙지요. 생전 나쁜 소리를 안 듣다가 어떤 사람이 나쁜 소리를 하면 마음이 일어나거든요.

소리가 왜 그렇게 사람의 심금을 울릴까요? 기독교는 복음성가라고 해서 노래가 참 많습니다. 기독교 방송이나 CBS 보면 노래를 많이 합니다. 그것 때문에 교회 가는 사람도 많거든요. 노래 소리가 행복감을 줘요. 주님을 찬양하는 소리가 얼마나 진지합니까. 복음을 전파하는 데는 성가대 노래가, 소리가 굉장히 중요합니다. 소리를 들으면 많이 풀리거든요. 주님을 찬양하면서 안에 있는 걸 털어내거든요. 그것도 사마타입니다. 사실은 성경 말씀도 소리입니다. 그 소리를 잘 들으면 되는데, 마음속에서 잘못되었다 생각하고 들으니까 듣기 힘들지요.

어떠한 것도 대상이 문제가 아니니, 나를 내려놓는 게 중요합니다. 나를 내려놓고 대상을 수용하세요. 불법만 들어야 하고 하느님 교리만 들어야 하는 그런 건 없습니다. 어떤 소리도 그 소리 안에 진리가 있습니다. 엄마가 자기 개념이 많으면 아이가 배 아파서 우는지 오줌 마려워서 우는지 잘 몰라요. 아이가 설사 나서 장이 뒤틀려 우는데 배고파서 우는 줄 알고 젖을 줍니다. 내가 비워진 상태에서 애 우는 소리에 집중하면 소리가 그대로 들어와서 "배가 아파서 우는구나. 피곤해서 우는구나. 자고 싶어서 우는구나." 다 알아요. 그게 소리 명상입니다. 아이들은 욕구단계라 잠 잘 때 성질이 급하거든요. 자고 싶은데 잠이 안 들면 짜증나서 막 울어요. 감정이 수용되는 사람들은 잠자려고 짜증내는 그 자체가 귀여워요. 그러니 아이는 얼마나 좋겠습니까. 자기 신경질을 다 받아 주니까 사르르 잠이 들지요. 그렇게 키운 아이들은 성격이 원만합니다.

대부분의 소리를 싫어하는 사람들도 있습니다. 딱딱한 사람들은 소리를 싫어해요. "야, 결론만 얘기해." 그래요. 장황한 걸 싫어하고, 흐르는 걸 싫어합니다. 그러니 딱딱 끊어서 코드에 맞춰 얘기하지요. 현관문 열 때 비밀번호 누르면 문이 딱 열립니다. 기계는 그렇지만 감정은 그렇지 않아요. 감정은 여러 가지가 섞여 있기 때문에 복잡합니다. 소리를 잘 듣는 것이 여러 가지 감정을 여는 데 굉장히 도움이 됩니다.

음악을 들으면서 우리 마음 안의 사연들을 보고, 사연들을 내려놓고, 사연들을 인정해 보세요. 음악이 사악 들어와서 내 마음들을 녹이면 대상의 소리가 들립니다. 그럴 때 뭐가 열리나요? 행복이 열립니다. 행복이라는 단어를 어떻게 규정하느냐에 따라 다르기는 합니다. 그래도 공통적으로는 내가 비워져서 대상과 하나가 될 때 행복을 느끼지요. 나라는 존재는 불완전해요. 대상이 들어와야 완전해져서 안정이 됩니다. 대상이 소리로 들어왔을 때 그것을 받아들이면 행복감이 찌리릭 전기 통하듯 차오르거든요. 혼자 어디 들어가서 아무 소리도 안 듣고 있으면 불행합니다. 세상이 얼마나 삭막하겠어요. 세상 사람들이 다 같이 교류하며 살면 얼마나 좋겠어요.

음악을 들려주는 게 음악명상이지만, 음악명상은 특별한 게 아닙니다. 모든 게 음악이거든요. 새가 쪼롱쪼롱 우는 게 음악이요, 시냇물이 졸졸 흐르는 게 음악이요, 산에서 부는 바람소리도 음악이지요. 저기 북한산 너럭바위에 가도 음악이 있습니다. 새소리, 물소리, 바람소리, 그리고 기도원에서 "주여! 주여!" 외치는 소리.

얼마 전에 세종문화회관에서 오랜만에 오케스트라 연주를 들었어요. 제가 명상을 해서 소리가 어떻게 구조화됐는지 다 느껴지니까 예전하고 다르게 들려요. 사실은 사람들이 내뿜는 삶의 소리들도 음악 못지않게 많은 사연과 마음을 담고 있습니다. 그게 둘이 아니거든요. 어떤 특정한 소리만 소리로서 아름답고 그런 게 아니라, 모든 소리가 그 자체로 아름답고 소통하는 기제가 됩니다. 자연의 소리라든가 할머니들이 옛날에 부르던 민요 같은 것들이 오히려 진솔한 감정을 여는 기제가 되기도 합니다.

○
듣 기 만 잘 해 도
관 념 이 많 이 떨 어 져

듣기를 잘하면 1차적으로 관념이 많이 떨어집니다. 물질이 생기면 물질에 개념이 생기고 명칭이 붙어요. 내관內觀을 하면 그게 같이 떨어집니다. 무너져 가는 시신을 보고 외관外觀하면 어떻게 될까요? 애욕이 떨어집니다. 아애가 떨어집니다. 아애가 세면 저 사람하고 반드시 자야 욕구가 풀리는데, 아애가 떨어지면 성욕도 안 일어나요. 대상을 보면서 자고 싶다는 생각이 안 일어나요. 내관, 외관 이 두 가지를 잘해야 아애가 떨어집니다. 사실 아애만 있는 게 아니거든요. 배합 비율이 중요해요. 아견의 배합 비율이 높은 사람은 무엇으로 많이 나올까요? 입으로 많이 나와요. 논리가 정연해서 말로 이길 수가 없습니다.

지혜는 대상과 나가 둘이 아닌 것을 봅니다. 보통은 나를 보든지, 나를 잊고 대상을 향해서 전전긍긍하든지 둘 중 하나거든요. 파도가 안 치는 것이 지혜가 아니라, 파도칠 때 바다와 파도 두 가지를 다 보는 것이 지혜입니다. 지혜는 파도가 치든 안 치든 문제 삼지 않아요. 여러분이 어느 한쪽에 치우치지 않았다면 지혜가 있는 것입니다. 지혜는 나도 아니고 너도 아니고 중도中道거든요. 사실은 네가 내가 되고 내가 네가 되기 때문에 "네 탓이야."라고 하는 순간 내 탓이 됩니다. 나를 생각하는 순간 지혜에서는 멀어져요.

'나'는 현실에서 다 드러납니다. 경계 속에서 부딪히거든요. 소리에도 부딪히고 모양에도 부딪히고 일에도 부딪힙니다. 배고픈 것도 드러나고 누가 나를 구박해서 속상한 마음도 드러나지요. 그럴 때 그 속에서 그렇지 않은 마음과 결합해서 보는 것이 중요합니다. 상相이 떨어지면 '뿐'만 남거든요. 그냥 했을 '뿐'입니다. 들어도 들었을 '뿐'입니다. 현실에는 사마타하는 기제가 굉장히 많아서 수행이 많이 됩니다. 앉아서 수행만 하면 그런 기제가 없습니다. 수행할 때도 사람이 있지만 생활 현장에는 예견 못한 기제가 훨씬 많거든요.

많이 듣고 수용하면 소리에서 해탈합니다. 모양이나 물질보다 소리가 마음에 포용되는 것이 더 넓거든요. 외형적으로 보이는 물질층보다는 감정층이 훨씬 넓지요. 예를 들어 컵은 물질층이고 컵에 담긴 물은 감정층입니다. 감정층은 음악과 비슷한 기제를 갖고 있어요. 그러니 사람의 감정을 좋게 하거나 편하게 할 때 뭐를 이용하는 게 좋겠어요? 예쁜 얼굴로 생글생글 웃어도 기쁨을 주는 건 잠깐이거든요. 그런데 부드러운 소리, 인정하는 소리, 위로하는 소리, 화합하는 소리를 내면, 마음이 소리를 타고 들어가서 상대방의 마음이 활짝 열립니다.

소리 그 자체는 어떤 형태나 선악의 기준이 없습니다. 우리가 어떤 소리를 들었을 때 좋은 소리다, 나쁜 소리다, 듣기 싫은 소리다 판단하지요. 까치가 깍깍 울면 "쟤는 왜 저렇게 시끄러워?" 하고 생각하지만, 그 소리에 문제가 있는 건 아니거든요. 까치는 자기 소리를 낼 뿐인데, 우리가 그 소리를 갖고 뭐라고 할 뿐이지요. 소리로부터 자유로워져야 합니다. 그냥 소리가 들릴 뿐인데 시끄럽다고 느끼거든요.

우울증 걸린 사람들이 햇빛 많이 쬐면 우울증에서 벗어납니다. 햇빛을 통해서 따뜻한 에너지가 들어오니까 행복을 느끼지요. 소리로도 행복을 느낄 수 있습니다. 그래서 우울증 앓는 사람에게 초등학교 옆에다 집을 얻으라고 권장하는 경우도 있습니다. 아이들이 와글와글 떠드는 데서 살면 좋아요. 그게 시끄럽다고 느끼면 시끄러운 소리고, 봄에 나오는 새싹처럼 아름답다고 느끼면 아름다운 소리가 되지요. 옛날에는 공동묘지였던 데다 학교나 놀이터를 만들었어요. 아이들의 밝은 기운이 무거운 기운을 싹 없애거든요. 용을 봤다는 둥 귀신을 봤다는 둥 소사 아저씨가 용 꼬리를 끊어서 소풍갈 때마다 비가 온다는 둥 전설은 많지만 그곳에 밝은 기운이 많아집니다. 우리가 다양하게 소리를 들을 수 있으면 사실은 다양한 에너지 충전의 기회를 갖지요.

지금은 물질사회가 되어서 사람들이 먹어야 건강해진다는 물질적인 사고밖에 못합니다. TV 보면 먹는 얘기가 50퍼센트도 넘는 거 같아요. 우리가 음식하면서 눈으로도 음식을 먹지만 소리로도 많이 먹습니다. 자글자글 치지지직 요리하는 소리를 들으면 소리가 이미 마음에 들어와서 먹은 거나 진배없어요. 사실은 소리가 듣기 싫으면 감정적으로 이미 죽었다고 보면 됩니다. 소리에 감정이 다 들어 있거든요. 죽고 싶으면 아무 소리도 안 들으면 됩니다. 그럼 마음이 무덤처럼 되거든요.

○

내 소리도 잘 내고
남의 소리도 잘 듣는 것

　　감성을 교류해야 행복을 느끼지 물질을 교류하는 걸로는 행복을 느끼지 못합니다. 물질은 짧고 감성은 더 길거든요. 물질은 그냥 그 상태로 있고, 감성은 퍼지고 넓어지거든요. 그것에 더 많은 기제를 담고 있는 것이 음악과 소리입니다. 그게 한 쾌에 안 되니까 수행할 때 나를 들여다보면서 내려놓는데, 빨리 안 내려갑니다. 우리 몸속에 있는 마음은 한 생만 담은 게 아니거든요. 한 생이면 털어내기 좋지요. 전생, 전전생, 전전전생까지 담아서 풀어내지 않은 보따리가 엄청납니다. 그러니 나도 나를 몰라요. 내가 어떤 것을 그 마음이란 보따리에 집어넣었는지 모릅니다. 내가 왜 저 사람을 못 보는지 나도 몰라요. 유사한 기억들이 보따리 속에 가득 들어 있다는 것도 몰라요.

　가득차면 물질이 됩니다. 그러니 물질적인 사고밖에 못해요. 딱딱 계산해서 "50원 필요해? 50원 줄게." 이거밖에 못합니다. 그 50원 때문에 그 사람이 얼마나 가슴 쓰렸는지는 몰라요. 어제 TV 보는데 탤런트 H씨가 나왔어요. 옛날에 인기 있던 사람인데, 활동을 안 하다가 20년 만에 나왔어요. 이 사람이 인기 많을 때 아주 안하무인이었답니다. 어려서 부모가 귀하게 키워서 "내가 훌륭한 사람이구나." 착각하고 살았나 봐요. 밥 먹을 때 계란이 안 나왔다고 촬영 펑크 내고 그냥 갔답니다. 주인공이 가 버리니까 촬영을 못하고 많은 사람들이 허탕을 쳤지요. 그게 쌓이니까 주변에 소문이 나서 일거리가 다 끊겼답니다. 알려진 사람이고 자존심도 세니까 어디 가서 무슨 일을 하겠어요. 나중에는 돈이 딱 700원 남았대요. 300원만 더 있으면 먹고 싶은 걸 사 먹을 수가 있는데 300원이 없었답니다. 우울증 걸려서 죽을 생각만 했는데, K 씨가 극본을 쓴 드라마를 통해서 재기했습니다. 다시 세상 사람들하고 부딪히면서 자기가 과거에 세상을 수용하지 않고 독불장군이었다는 것을 배웠답니다. 서로 소통하고 교류해서 행복하니까 그 사람하고 자꾸 만나기를 원하고 그 사람하고 일하기를 원하거든요. 소통 안 하고 나만 들이대면, 내 식대로 하려고 하면 사람들이 다 싫어해요. 세상이 진리는 아니지만 진리를 알려 주는, 진리로 갈 수 있는 퍼즐을 많이 갖고 있습니다.

사실은 돈보다 감정이 더 중요합니다. 감정을 소통하면 돈은 줘도 되고 안 줘도 되거든요. 징징거리면 돈은 줄 수 있습니다. 귀찮으니까 "옛다. 가져라." 하고 줍니다. 그럴 때 감정을 줍니까? 안 줍니다. 감정을 줘야 해결되는데 안 줘요. 그렇게 거꾸로 살기 때문에 마음이 힘들지요. 돈으로 주는 상처보다 감정으로 주는 상처가 더 깊거든요. 요즘엔 돈이 최고니까 돈으로 사람을 괴롭힙니다. 돈 없는 인간이라고, 무능력한 인간이라고 무시합니다. 사실은 돈이 없다고 괴롭혀도 상처를 안 받아야지요. 사람은 돈보다 더 귀한 것을 갖고 있거든요. 그런데 물질화가 많이 되어 있으면 "왜 그렇게 무능력해? 돈도 못 벌어?" 하면 상처 받아요. 마음이 그렇게 되어 있습니다. 이런 보따리가 세세생생 살면서 산만큼 쌓이면 어떻게 됩니까? "좋아. 싫어." 하는 마음으로 자기화가 더 되지요.

대상을 싫어했던 건 다 자기화가 됩니다. 내가 가진 개념, 틀이 옳다고 생각하지요. 그걸 자기보다는 남한테 적용하거든요. "그렇게 살아야 돼. 그렇게 해야 돼." 하며 적용한 그 잣대가 다 자기화됩니다. 우리가 알 수 없는 수없이 많은 전생까지 따지면 그 보따리가 엄청나게 많아요. 그래서 빨리 해결되지 않습니다. 물질층을 많이 관찰하면 감정층이 나오는데, 거기에는 상당히 오랜 세월 자기가 쌓은 업과 습기가 들어 있습니다.

감정이 진짜 자기 마음의 구조를 알게 합니다. 감정을 교류하는 것은 저 건물 뒤에 있는 수없이 변화하는 감정하고 교류하는 것이지요. 감정은 딱딱한 구름이 아니라 흔들리는 구름입니다. 고여 있는 물이 아니라 흐르는 물이지요. 바람인데 흐르는 바람입니다. 태풍같이 센 바람은 흐르는 바람이 아닙니다. 물질화된 바람이고, 파괴하는 바람이거든요. 에너지가 꽝꽝 뭉쳐서 파괴하고 찌르는 소리는 물질화된 소리입니다.

내 감정을 알 수 있는 대표적인 것이 소리입니다. 소리를 잘 들으면 감정에서 해탈할 수가 있어요. 내 소리도 다른 사람한테 영향을 주고, 다른 사람의 소리도 나한테 영향을 줍니다. 함께 하는 소리, 부드러운 소리, 멀리 가는 소리, 청정한 소리, 진리의 소리는 내면을 울립니다. 소리가 더 마음을 울려요. 물을 만들기 이전의 마음까지 건드려 주고, 구름을 만들기 이전의 마음까지 가거든요. 다 소통하고, 다 만들어 냅니다. 소리라는 게 굉장히 중요합니다. 우리는 부드러운 소리, 나를 인정하는 소리, 칭찬하는 소리만 좋아해요. 짜증내는 소리, 나를 비난하는 소리는 듣기 싫어합니다. 그 두 소리가 둘이 아닙니다.

모습도 좋은 것만 보고 싶어 합니다. 끔찍한 것을 못 보는데, 끔찍한 것도 봐야지요. 쥐를 못 보는 사람은 쥐를 봐야 합니다. 저는 뱀을 엄청 무서워하는데, 뱀을 봐야지요. 모양에서 해탈해야 합니다. 싫어하는 것에서 벗어나야 합니다. 뭐를 못 본다, 뭐를 못 듣는다, 무슨 냄새를 못 맡는다는 것들이 수행의 대상이에요. 대상과 하나가 되어야 합니다. 보는 것도 들어왔다 나갔다 하고, 소리도 들어왔다 나갔다 해야지요. 소리를 안 내는 건 수행이 아닙니다. 반쪽짜리 수행이지요. 소리를 안 내는 게 아니라, 소리 내고 소리 듣고를 자유롭게 해야 합니다. 어떤 사람은 자기 소리는 내는데 다른 사람 소리는 절대로 안 들어요. 나는 잘 보여 주는데 남들이 보여 주는 건 안 봅니다. 그것은 반쪽짜리 수행입니다.

다양한 소리가 소리명상이라는 것을 알고, 다양한 소리를 그대로 수용하세요. 일상에서는 좋은 소리, 나쁜 소리, 나를 비난하는 소리, 나를 칭찬하는 소리도 모두 소리명상의 대상이지요. 일상에서 더 많이 듣습니다. 소리를 들어서 내 마음에 들어 있는 여러 가지 군상들, 까르마들, 아뢰야식에 저장되어 있는 기록들이 다 떨어져 나가면 대상의 소리를 굉장히 많이 수용합니다. 괴롭다고 하면 "뭐가 그렇게 괴로운데?" 하면서 가르치는 게 아니라 그 괴로움 자체를, 괴로워하는 소리를 들어줍니다. 사실 우리는 좋은 나라에 태어났습니다. 우리나라처럼 맑은 물이 흐르면서 물소리까지 맑은 데가 드물지요. 물에 땅기운이나 석회석 같은 게 많이 섞이면 맑은 소리가 안 나거든요. 그러니 자연에 가면 하던 일을 놓고 하던 생각을 놓고 소리를 들어 보세요.

여러분이 왜 이렇게 모여서 집중수련을 합니까? 내 안에 걸려 있는 것을 어느 정도 털어내려고 수련을 합니다. 현실에서는 소리를 들을 때 그냥 수용되지 않거든요. 수용이 되면 따로 수행할 필요가 없어요. 수용이 안 되니까 여기 와서 방법도 배우고 강의도 듣지요. 여러분 스스로도 그걸 압니다. "내가 심리적으로 이런 소리는 정말로 못 듣는구나. 자존심 건드리는 소리는 진짜 못 듣는구나." 알거든요. 그러면 그러한 기제가 왜 그렇게 쌓여 있는지 마음을 관찰해서 털어내야 합니다. 많이 듣고 수행하면 소리에서 해탈해요.

소리를 잘 듣는 게 중요합니다. 남한테 얘기도 잘해야 하지만 남이 하는 이야기도 잘 들어야지요. 관찰하면 그게 둘이 아니라는 걸 알게 됩니다. 듣는 거와 말하는 거는 둘이 아닙니다. 그 이치를 잘 알아서 내가 상대방이 되고 상대방이 내가 되고 서로 간의 관계가 잘 이루어지는 게 수행입니다. 뭐가 없는 게 아니라, 말을 안 하는 게 아니라, 말과 말없음이 하나임을 아는 것이지요. 우리는 말은 잘 하는데 듣는 건 잘 안 하거든요. 그래서 불합리하다는 것입니다. 이제 음악명상을 배워서 이치를 알았으니 현실에 적용해서 조금씩 넓혀 가시길 바랍니다.

묻고
답하기

음악명상은 그냥 소리명상이라고 할 수도 있겠네요.

음악명상은 소리명상의 일종입니다. 소리에는 음악도 있고 만트라도 있고 염불도 있고 사람 소리도 있고 자연의 소리도 있지요. 모두 소리명상이라고 할 수 있습니다. 그러나 각각 특징이 있지요. 음악소리명상은 음률과 사연이 있어서 고개 넘어가듯 굴곡이 있습니다. 물소리를 듣는 것도 소리명상이라고 할 수 있는데, 음악에는 인간의 여러 사연과 감정이 더 들어 있어요. 그래서 음악이 내 마음을 건드리면 많은 영상과 감정들이 드러납니다. 지루하지 않게 하면서도 자연스럽게 알지 못했던 기억들이 드러나지요.

특별히 도움이 되는 음악의 종류나 상태가 따로 있나요?

／

처음 음악명상을 할 때는 마음이 들뜨지 않게 하는 음악을 선택하는 것이 중요합니다. 그러다가 음악소리에 의해서 일어나는 마음의 현상을 내려놓을 수 있는 마음 상태가 되면 어떤 음악이든 듣기만 잘 해도 마음 속으로 들어갈 수 있어요. 마음의 현상을 잘 알아차리는 단계에 이르면 어떤 음악도 명상의 기제가 될 수 있습니다. 어떤 소리도 수용하고 관찰할 수 있으면 그 소리와 합일할 수 있고, 하나가 되는 것을 느끼기 때문입니다.

6문

촛불 명상

촛불을 그냥 그대로 바라보기

○

관상법 觀想法 과
관상법 觀相法

    관상법에는 생각의 모습을 관찰하는 관상법觀想法과 밖에 있는 모습을 관찰하는 관상법觀相法이 있습니다. 생각의 모습을 관찰하는 관상법은 생각만 관찰하는 경우가 있고, 생각이 항상 떠오르고 있는 것을 관찰하는 경우가 있어요. 또한 생각에는 그냥 홀연히 떠오르는 생각과 이미지가 붙어 있는 생각이 있습니다. 여러 생각들이 다 관찰되어서 생각이 홀연히 떠오르지요. '홀연히 생각이 떠오르네.' 하고 아는 사람은 수행을 많이 한 것입니다.

    밖의 모습을 관찰하는 관상법에도 여러 가지가 있어요. 밖의 사물을 관찰하는 것, 점을 관찰하는 것, 촛불을 관찰하는 것 등이 있습니다. 점이나 촛불이나 바깥에 있는 여러 사물을 그대로 바라보고 잘 바라보는 그것이 관상법이지요. 봄에 막 돋는 새싹을 바라보면 엄청난 생명력이 눈을 투과해서 들어옵니다. 그 수많은 봄이 빤짝빤짝 빛나면서 들어오니 현기증이 나지요. 너무 강렬하게 들어오니까 막 들뜨거든요. 자연에는 마음을 일으키는 것들이 상당히 많습니다. 관상법 중에 태양명상이라고 있어요. 『관무량수경』에 보면, 태양을 집지해서 관상하는 방법이 나옵니다. 이글이글 타는 해를 보면 실명하니까 지는 해를 보라고 써 있습니다. 지는 해를 봐야 안정적이면서 지긋하게 자기 마음을 볼 수 있거든요.

밖의 사물을 관찰하는 관상법, 모습을 보는 관상법은 눈으로 밖의 모습을 지긋하게 보는 수행법입니다. 바깥에 펼쳐지는 여러 가지 자연의 모습과 사물의 형상과 색깔을 관찰하지요. 빨간 꽃이 있으면 빨간색만 봅니다. 꽃을 보면 위는 빨간색인데 밑은 초록색입니다. 빨간색을 계속 보고 빨간색이 나를 사마타했을 때와 초록색을 사마타했을 때 내 마음이 일어나는 게 달라요. 분홍색을 보면 분홍색 마음이 드러나지요. 보라색 있는 데 가서 내가 한 번 봐주면 보라색이 나를 봐주지요. 외부에서 나를 사마타해 줍니다.

자연 관상법은 자연에 속한 여러 가지, 해와 달 같은 것을 봅니다. 해는 항상 비춰 주고 달은 보름달, 초승달이 다 아름답지요. 날씨 좋으면 그날그날 달을 보세요. 밤하늘에 반짝이는 별을 보세요. 새벽에 일어나서 보면 더 선명해요. 해, 달, 별, 나무, 구름, 바다, 땅, 바위, 허공, 하늘, 동식물 등을 눈으로 바라보면서 마음의 현상과 몸의 현상을 알아차리는 것이 자연 관상법입니다.

달을 보거나 해를 보는 것도 다 관상법입니다. 하늘을 본다든가 구름을 본다든가 다 관상법이지요. 아래 있는 걸 관상하는 것보다 높이 있는 걸 관상하는 게 좋습니다. 높이, 멀리 있는 건 깊게 들어오거든요. 가까이 있는 건 깊게 안 들어옵니다. 그래서 가까이 있는 인연은 도움이 안 됩니다. 가까이 있는 사람이 도움이 된다고 믿는 건 착각입니다. 가까운 인연은 멀리 있는 인연을 보기 위해서 있는 거지, 실제로 도움은 안 됩니다. 가까운 인연은 고통을 더 많이 줘요. 우리는 눈에 보이는, 금방 이득을 얻을 수 있는 것에 연연합니다. 금방 도움이 되는 데로 머리가 굴러가요. 그런 사람은 수행 오래 못합니다. 수행한다고 폼은 잡을 수 있지만 진짜 수행은 못합니다. 그 순간을 봐야 하는데 그 순간을 안 봅니다. 뭐 특별한 게 있나 두리번거리느라고 못 봐요.

수행하면 특별한 게 있다는 것은 착각입니다. 이 순간이 특별한 것입니다. 이 순간에 다 있습니다. 이 순간에 지혜도 있고 모든 게 다 있지요. 특별한 게 있다고 여기면 이걸 안 보고 저걸 보거든요. 이 순간 이 사람을 봐야 하는데, 이 순간 저 사람을 봅니다. 그럼 맨날 꽝이지요. 관상법을 하면서 별거 아닌 것 속에 진리가 들어 있는 것을 보고, 가까운 것에 연연하지 않는 것을 익혀야 합니다. 다들 가까운 것을 잡고 있거든요. 수행을 많이 하면 그 의미를 알게 됩니다.

우리나라 사람들은 갑질하는 부자를 싫어하는데, 부자도 내가 되고 가난한 사람도 내가 됩니다. 그렇게 닫혀 있던 것들이 자연을 보면서 열려요. 자연을 보면서 이 넓은 세상 속에서 나와 교류하는 여러 가지 가능성들이 열립니다. 마음이 열릴 수 있는 요소들이 상당히 많아요. 그래서 해와 달, 별, 나무, 산 같은 자연의 여러 요소들을 한 번씩 다 관찰해 봐야 합니다.

　일정한 사물과 형상을 마음으로 그리면서 그대로 오롯하게 관상합니다. 옛날엔 불상으로 관상을 많이 했어요. 물건 같은 것을 바라보기도 했지요. 색깔 관찰은 청황적백靑黃赤白의 색깔들과 그 색깔들의 조합을 관찰하는 것입니다. 벽지가 하얀색인 데서 명상하면 하얀색이 들어와요. 눈길을 걸으면 하얀색이 계속 들어와서 좋습니다. 그것이 사마타가 돼서 내 마음의 뭔가를 열어 줍니다. 비 올 때 관찰하면 어두컴컴한, 무채색 같은 기운들이 들어와요. 자연을 접하면 마음 깊숙한 데가 열리기 때문에 집단적으로 하는 게 좋습니다. 자연이 모든 것에서 동등하게 이익을 주기 때문에 자연명상은 사람이 많을수록 좋지요.

　물질계는 마음의 껍데기층까지만 들어오고 깊게 안 들어와요. 그런데 자연은 동등하기 때문에 마음 깊숙이 들어옵니다. 그러니 자연하고 결합한 명상을 하면 껍데기층에 있는 것들을 많이 털어낼 수 있지요. 물질이 들어오면 좁아지기 때문에 물질이 발달된 데는 사람들이 삭막해요. 물질이 마음하고 결합돼 있는 사람들은 물질을 잃어버리면 마음에 상처를 받아요. 물질이 없어졌는데 아무렇지도 않은 사람들은 뛰어난 사람들입니다.

　물질이 많이 없어져도 연연해하고 앓아 눕고 이러지는 않지요. 물질이 깊숙하게 안 들어가기 때문입니다. 물질이 마음 깊숙한 데까지 차 있는 사람들은 수행 안 해요. 수행에 관심도 없어요. 파도 파도 물질뿐이니까 그렇지요. 그런데 파고 파다 보면 나중에는 마음의 체계가 나오거든요. 그렇게 되면 대상과 내가 둘이 아니라는 걸 그냥 저절로 알아요. 알려 줘서 아는 게 아니라, 교리나 책을 봐서 아는 게 아니라 그냥 저절로 알게 됩니다. 차단을 안 한단 말입니다. 어떤 틀을 만들어서 그것에 맞는 것만 받아들이고 아닌 경우는 내치거나 그러지 않습니다. 아닌 것도 내가 되거든요.

○
촛 불 명 상 의
특 징

촛불명상은 관상법의 하나입니다. 관상법은 부처님 상호 같은 것을 보면서 내 안을 관상해요. 상호 그대로 이지러지지 않게끔 봅니다. 태양을 보고 태양의 있는 그대로를 관찰합니다. 태양이나 촛불을 보면 잔상이 남아서 관상이 바로 되거든요. 그게 관상법입니다. 그 이미지를 보는 것이지요. 내면을 관찰하는 것이 아니라 밖에 있는 촛불을 관상하는 것이 촛불명상의 특징입니다. 촛불을 그냥 바라보는 것이지요.

촛불에는 형상과 색깔이 있기 때문에 5온에서 색온色蘊과 수온水蘊에 해당합니다. 에너지가 있기 때문에 색온, 물질에 해당하면서 그게 풀어지기 때문에 수온입니다. 뭉쳐 있고 형체를 띠고 있는데, 그냥 풀어지면 수온이에요. 감정이 꽉 뭉쳐 있으면 물질 같은데, 풀어지면 수온이지요. 촛불명상은 수온에 해당하고 눈으로 외부의 촛불을 보기 때문에 눈 관상법입니다. 촛불이 빛을 동반하기 때문에 빛 관상도 되지요. 어둠이 많은 사람은 빛 명상이 굉장히 좋아요. 촛불 보면 좋고, 햇빛 보면 좋습니다. 밝은 데 있는 게 좋고, 형광등도 환히 밝혀 놓는 게 좋아요.

촛불명상의 핵심은 촛불을 그대로 관찰하는 것입니다. 어둠이 아닌 빛을 관찰하고, 차가움이 아닌 따뜻함을 관찰합니다. 촛불은 따뜻한 에너지가 있어서 많이 관찰하면 힘이 뭉쳐 있어 힘을 못 쓰는 사람들한테 좋아요. 뭉쳐 있는 힘을 촛불이 녹여 주기 때문에 힘이 생깁니다. 에너지가 들어가기 때문에 약한 사람들한테도 좋아요. 촛불이 화기가 있어서 따뜻함이 몸속으로 들어오거든요. 그래서 촛불명상이 몸의 냉기와 열기를 관찰하는 불 관찰에 해당합니다. 냉기를 빼내는 데 촛불이 굉장히 좋아요.

촛불은 느낌, 감정과 유사한 체계를 갖고 있습니다. 촛불이 변화하듯이 감정도 변화하거든요. 4념처 중에 변화하는 건 수념처에 속합니다. 변화를 안 하면 신념처에 속하지요. 감정이 죽 끓듯 한다 그러는데, 원래 감정은 죽 끓듯 합니다. 변화하는 게 감정이에요. 계절이 변화하기 때문에 계절명상도 수념처에 들어갑니다. 계절마다 기온이 바뀌는 것은 수념처에 들어가요.

촛불을 보면서 많은 감정들을 볼 수 있습니다. 감정들이 변하면서 마음이 보여요. 그래서 촛불은 신념처면서 수념처에 들어가요. 사실은 심념처까지 들어가지요. 촛불이 눈에 닿으면서 마음이 일어나는 것까지 관찰하면 법념처에도 들어갑니다. 촛불이 일정한 형상을 유지하기 때문에 점관찰과도 같습니다. 노랗고 빨갛고 희고 푸르고 여러 가지 색깔을 띠기 때문에 물질명상, 색명상이라고도 할 수 있지요. 에너지가 있고 다양한 감정과 느낌을 관찰할 수 있어서 정서를 관찰하는 데 촛불이 참 좋습니다.

○
촛불명상의 방법과
효과

촛불명상의 방법은 별게 없습니다. 촛불을 켜고 그냥 촛불만 바라보면 됩니다. 촛불은 바람이 불면 흔들리기도 하고 외부 환경에 의해서 변화하기도 해요. 촛불명상은 변화하는 촛불을 그대로 인정하면서 바라보는 것입니다. 촛불을 계속 눈으로 마주하고 몸으로 마주하고 있으면 촛불의 불빛이 마음 안으로 들어옵니다. 그러면 안에 쌓여 있던 마음들이 반응하는데, 그렇더라도 촛불만 계속 바라봅니다. 그러다 보면 촛불의 열 기운이 그 마음들을 녹여서 사라지게 해요. 내가 촛불을 사마타하면 촛불은 내 마음을 사마타합니다. 사마타의 힘이 내 마음을 녹이고 내 업들을 녹이고 내 안의 수많은 감정들을 알게 해 줘요.

촛불을 관찰하려면 먼저 눈의 피로를 풀어야 합니다. 눈을 감고 피로한 그 상태를 관찰하세요. 눈의 피로가 어느 정도 사라지면 앞에 놓인 촛불을 바라봅니다. 아무런 생각 없이 그냥 촛불만 계속 보세요. 드러난 생각과 강한 느낌들을 촛불의 따뜻함이 해결해 줄 것이라고 믿고 계속해서 촛불을 봅니다. 촛불로 해결이 안 되거나 눈의 피로가 심해지면 눈을 감고 몸과 마음의 현상들을 관찰하세요.

내가 촛불을 본 만큼 촛불도 나를 봤기 때문에 촛불이 내 것을 찾아 줍니다. 내가 촛불을 보고 촛불은 나를 보고 나도 나를 보기 때문에 더 잘 찾아 줘요. 내가 이 사람한테 덕을 베풀면 이 사람이 나중에 나한테 덕을 베풀거든요. 내가 이 사람한테 뭘 베풀었기 때문에, 내가 세상에 뭘 베풀었기 때문에 세상이 나한테 이득을 줍니다. 세상을 위해서 아무 것도 안 했어요. 그럼 받을 게 없으니 그대로 인정하면 됩니다. 그러고 어떡해요? 이제부터라도 베풀어야지요. 베풀지 않으면 들어올 게 없습니다. 내가 그 사람한테 좋은 소리를 하지 않았는데, 그 사람이 나한테 좋은 소리를 하겠어요? 안 합니다. 그럼 그러려니 해야지요. 그 이치를 알고 지금부터라도 내가 씨앗을 심어야지요. 시간도 투자하고 공도 들이고 힘든 것도 버텨 내면 선물을 줍니다. 열매를 줍니다.

그런데 지혜가 없으면 열매만 따려고 합니다. 첫 번째를 제대로 안 하면 두 번째는 더 어려워져요. 빨리 얻고 싶은데 얻어지는 게 없습니다. 그래서 불안이 생기는 것이지요. 뭐든 그냥 해야 합니다. 우직해야 합니다. 오늘도 하고 내일도 하다 보면 언젠가는 진실한 결과를 얻어요. 노력하는데 누가 날 안 믿어요. 안 믿어도 그냥 합니다. 믿든 안 믿든 하다 보면 나중엔 나를 믿어요. 그런 이치를 알면서 지혜가 탁 떠오르는 것이지요.

내가 촛불을 바라봤기 때문에 촛불이 나를 바라보는 것입니다. 촛불을 어떤 상相도 갖지 않고 그대로 바라봤기 때문에 촛불도 나를 그냥 바라보지요. 내가 못났어도 비추고, 내가 잘났어도 비추고, 내가 지금 아주 나쁜 사람이라도 거짓 없이 비춥니다. 작은 것에도 지혜가 있어요. 내가 잘 모를 때에는 따뜻한 걸 갖고 있는 선우善友를 옆에 두면 도움이 돼요. 그런 사람을 선택하는 것도 까르마를 약간은 제거해야 가능해요. 그냥 있는 상태에서는 잘 안 보입니다. 세상을 깊숙하게 볼 수 있는 눈이 있어야 하고, 사람을 깊숙하게 볼 수 있는 눈이 있어야 합니다. 촛불을 보면서 그것을 익히는 것입니다.

내가 대상을 봐야 대상도 나를 봐주지, 내가 대상을 안 보면 대상도 나를 안 봐줍니다. 내가 보기만 하면 수많은 대상이 나를 봐주는데, 뭐가 심심하고 뭐가 지루합니까. 꼭 사람만 있어야 하는 건 아닙니다. 나무는 사람한테 좋은 기운들을 배출하거든요. 사람은 나무보다 못한 거 같아요. 끝까지 뭔가를 얻어가려고만 하지 베풀지는 않거든요. 내가 베풀 수 있는 사람이 되어야지요. 내가 누구를 이런 모양이어도 사랑하고 저런 모양이어도 사랑해 봐요. 아주 아름다운 모양, 정확한 모양, 내 틀에 맞는 모양일 때만 사랑하는 게 아니라 그냥 뭐든지, 모든 사람한테 사랑을 주겠다는 마음을 가져 봐요. 배고픈 사람에게 늘 밥을 주는 사람도 있지 않습니까.

저희 어머니는 한 가지 특징이 있습니다. 밥도 잘 주지만 집에 사람이 오면 무조건 차비를 줍니다. 돈 많은 사람이든 돈 없는 사람이든 상관없이. 왜 그러냐고 물었더니, 6·25 때 피난을 가는데 돈이 없었대요. 철도청에 다니는 누구를 통해서 공짜로 부산행 기차를 탔는데, 차표 검사하는 사람이 오면 걸릴까 봐 그렇게 가슴을 졸였답니다. 그 뒤로 집에 누가 왔다 갈 때는 항상 차비를 줬어요. 그게 좋은 일, 선행이에요. 누구한테 뭘 얻으려고 하기보다는 일단은 베푸는 게 좋아요. "어려운 사람 도와주겠다, 노인들이 비틀거리면 부축해 주겠다, 무거운 짐 있으면 같이 들어 주겠다." 하는 마음이 있으면, 살아가면서 미움을 덜 받습니다.

사람들한테 미운 털 박혔으면 이유가 있습니다. 베푸는 걸 안 해서지요. 베푸는 게 하나라도 있으면 적어도 미움은 안 받거든요. 마음을 잘 베풀든지, 돈을 잘 베풀든지, 힘을 잘 쓰든지 아니면 일이라도 하면 되지요. 그런데 일도 안 하고 돈도 안 쓰고 정도 안 주고 아무것도 안 합니다. 지적만 해요. 논리만 얘기해요. 그럼 누가 좋아하겠어요. 자연은 늘 베풀거든요. 나무는 죽어서 땔감도 줍니다. 그루터기가 돼서 누구 쉬어 가게도 하지요. 나는 뭘 줬어요? 욕심만 드글드글해서 죽으면 묻어도 거름이 안 됩니다. 너무너무 세니까 화장해서 묻어도 뼛가루가 안 썩어요. 화석연료로나 써야 합니다. 원래 동물의 뼈가 석유가 되거든요. 강하고 센 업들이 나중에 그렇게 됩니다. 바로 쓰지도 못하고 몇천 년, 몇만 년 묵혀야 쓸 수 있어요.

여러분들도 세고 강한 것들을 내려놓고 대상한테 따뜻함을 줄 수 있게 노력하세요. 그 노력도 안 하면 뭐에 쓰겠어요? 그냥 센 것만 갖고 살다가 땅에 묻히면 땅의 기운들하고도 화합을 못합니다. 많은 대상들이 서로 하나의 이로움을 주듯이 뭐라도 베풀든지 행위를 하든지 해야지요. 그러면 대상과 더불어 나도 행복하고 대상도 행복할 수 있어요.

이제 촛불을 보세요. 촛불을 보다가 몸에서 무거운 느낌이 들면 그곳에 10분만 집중하세요. 집중을 잘하면 가슴 쪽에 따뜻한 것이 느껴집니다. 따뜻한 기운이 눈을 통해 심장으로 들어가기도 합니다.

묻고 답하기

촛불명상에 적합한 사람이나 상황이 있을까요?

/

촛불명상은 불 에너지를 관찰하는 것이기 때문에 현재 분노와 화의 감정이 들끓고 있는 사람에게는 도움이 안 돼요. 현실에서 폭력적인 행위를 일삼는 사람에게는 오히려 불기운이 들어와서 화를 조장합니다. 안에 감정이 뭉쳐 있지만 이 감정들이 폭발적이지 않은 사람에게는 도움이 되지요. 냉정하고 이성적이고 자신의 감정을 안으로 응축하는 사람에게 도움이 됩니다. 촛불이 안에 움츠러든 감정들을 드러나게 하고 사라지게 하니까.

주의할 점은 없나요? 혼자 해도 될까요?

/

촛불은 강렬해요. 그 자체의 에너지가 눈을 통해서 들어오거든요. 강렬한 에너지가 나를 사마타해서 강렬한 현상이 일어납니다. 그 현상이 관찰할 때 일어나는 게 아니라, 나중에 혼자 있을 때 일어나기도 하고 며칠 있다 일어나기도 합니다. 그냥 촛불을 보는 건 괜찮지만 사마타 기법을 이용해서 촛불을 보면 에너지가 직접 나를 건드려 마음이 일어나요. 불이기 때문에 불 같은 마음을 건드려서 분노심, 화기가 많이 일어납니다. 그게 너무 세면 일단 알아차리고 찬물을 마시거나 목욕을 해서 꺼뜨리는 게 좋아요. 터지면 좋긴 한데 해결을 못하니까요.

촛불, 나무, 하늘, 무수한 대상이 나를 보고 있다는 걸 모르겠어요. 계속 보면 알수 있을까요?

/

모든 대상들이 나를 보고 있지요. 나의 반쪽이기 때문입니다. 촛불을 계속 본다거나 나무나 하늘 같은 대상을 계속 보고 느끼고 시간을 함께 보내면 저절로 알아차려요. 그래서 자연명상이 우리 마음을 키우고 확장시키는 데 탁월해요. 내가 좁게 살고 좁은 세계만 알고 있어도 우리 마음은 그렇게 좁지 않습니다. 광대하고 광대하고 우주 끝까지 펼쳐져 있어요. 그래서 어떤 대상도 내 마음 아닌 것이 없으니, 그냥 한번 보세요. 반드시 선물을 줍니다.

촛불을 봤더니 팔이 따뜻해졌어요.

/

팔로 따뜻한 게 오기도 하는데, 결정적으로는 심장이 열을 집지하기 때문에 심장 쪽으로 열이 들어가요. 제대로 하면 심장 쪽이 따뜻해집니다. 태양으로 명상할 수도 있어요. 태양이 비춰도 내가 열어야 빛이 들어옵니다. 열어 놓으면 따뜻함이 많이 들어와요. 내가 열어놔야 그 사람이 정성을 주는지 알아요. 내가 닫아 놓으면 아무리 따뜻하게 사랑을 줘도 못 느끼거든요. 따뜻함을 인식할 수 있는 기법이 촛불명상에 많습니다.

너무 냉정한 사람들은 선우善友를 따라가면 좋아요. 마음이 외롭고 쓸쓸하고 지치고 누구한테 상처받았을 때는 따뜻한 게 좋습니다. 그런데 그 사람이 따뜻하다는 걸 알아야 가까이 갈 거 아닙니까. 대부분 반대로 알고 있어요. 그 사람이 따뜻한데 안 따뜻하다고 생각합니다. 겉모습이나 미사여구만 보니까 따뜻한 사람을 못 알아보지요. 중요한 것은 내가 따뜻한 사람이 되는 것입니다. 내가 차가울 때 따뜻한 사람을 찾아서 도움을 받는 것도 중요하지만, 내가 따뜻하게 도움을 줘야지요. 어떨 때는 차가운 걸 주거나 미지근한 걸 주는 게 좋을 수도 있습니다. 마음이 완벽하게 조합되면 여러 가지 형태로 바뀔 수 있어요.

자기 안에 갇혀 있거나 흉측한 걸 세상에 던지는 사람들도 있습니다. 따뜻한 걸 주지는 못할망정 자기 업을 휘날리면서 사는 사람들이 있어요. 죽을 때까지 업을 휘날리다가 아무것도 모르고 가요. 그래서 끝없이 태어나는 게 중생입니다.

○

번 뇌 를
태 워 서 없 애 는 것

왜 촛불을 보나요? 왜 점을 보나요? 본연의 마음이 번뇌에 덮여 있어서 봅니다. 번뇌에 덮여 있는 마음을 점이라는 의도, 촛불이라는 의도 속에서 보면 별거 아니라고 인식하지요. 별거 아니라고 인식하는 게 선정이고 사마타입니다. 공중에 아무리 화려하게 있어도 공중에 있으니 언젠가는 떨어져요. 세속적인 것은 다 사라집니다. 사라진다는 것을 알려면 관觀을 해야 합니다. 나한테도 관을 하지만 대상한테도 관을 합니다. 대상이 내가 되기 때문에 바깥을 관하지 않으면 나도 못 봐요. 표징이 있는데 안 봅니다. 저 사람이 왜 심리적으로 불편한지 보면 아는데, 안 보고 엉뚱한 소리 하니까 그 사람하고 교류를 못하지요.

남을 잘 보고 잘 이해하는 사람은 자기도 잘 보고 자기 번뇌도 많지 않아요. 자기 번뇌가 많으니까 남의 걸 안 보고 남의 사정 하나도 안 봐줍니다. 자기 속에 들어가서 자기가 맞다고 자기 방식만 고집하지요.

그 논리로 보면 모순 속에서 빠져나오겠어요? 그렇게 계속 구르겠지요. 살아가면서 한번은 내가 알고 있던 것도 다 버리고, 내 지식도 버려 보세요. 가장 중요한 건 나를 버리는 것입니다. 나를 한번 버려 보세요. 우리는 늘 나를 가지고 다니거든요. 늘 내가 소중해요. 이 소중한 나를 조금이라도 버릴 줄 알아야 대상을 볼 수 있습니다. 내가 강하게 있는데, 뭐가 보이겠어요? 안 보입니다. 그러면 내가 강한 것을 인정하고, 못 보는 것을 인정하고, 잘 보는 사람 말이라도 들어야지요.

반야지혜가 그냥 떠오릅니까? 늘 있는데, 늘 있는 그것을 내가 발견하기가 쉬운가요? 너한테도 있고 나한테도 있고, 지금도 있고 잘 때도 있고 구름이 낄 때도 있고 내가 번뇌에 시달려서 너무너무 괴로울 때도 있어요. 그 쉬운 것을, 늘 있는 그것을 왜 모릅니까. 늘 있는데, 별것도 아닌데 알기가 어렵기 때문에 별거 아닌 것이 별거처럼 돼 버렸어요. 어떻게 보면 진짜 별거이긴 하지요. 변하지 않고 항상 있으니까. 그래서 우주 만유의 모든 사람에게 개별적으로 하나씩 있어도 완벽합니다. 그 낱낱이 전체하고 연결되거든요. 풀 한 포기가 별거 아닌 것처럼 보이지만, 그게 또 전체를 품고 있기 때문에 별것입니다.

파도는 바다하고 둘이 아닙니다. 내 마음에서 감정이 낱낱이 일어나서 엄청나게 파도가 쳐도 별거 아닙니다. 조금 있으면 가라앉아요. 본질은 안 사라지는데, 낱개는 그냥 사라집니다. 반야는 안 사라지는데 공중에 있는 것은 아무리 큰 번뇌라도 다 사라져요. 그런데 우리는 본질을 안 보고 맨날 껍데기를 중요시합니다. 껍데기는 맨날 바뀌고 사라지고 고꾸라지고 전도몽상되고 오해받고 그러거든요. 세속에서는 내가 아무리 잘해도 욕먹어요. 얻으면 잃어야 하고, 올라가면 다시 내려와야

번뇌에 덮여 있는 마음을
점이라는 의도,
촛불이라는 의도 속에서 보면
별거 아니라고 인식하지요.

그것이 선정이고 사마타입니다.

하고, 살아 있는 건 다 죽어야 합니다.

그 속에 있는 내가 그것을 여여하게 알기는 어렵습니다. 그래도 하나하나 성실하게, 솔직하게 해야지요. 촛불도 잘 보고 점도 잘 보고 번뇌 일어나는 것도 잘 보면서. 세상 속에서 이 이치를 왜 모르냐면 주고받음이 없어서 그래요. 마음을 내고 마음을 받고 이런 걸 안 합니다. 그래서 영원히 파도가 칩니다. 파도를 넘어야 대승불교의 6바라밀로 갑니다. 이 파도를 넘어가게 돕는 여섯 가지 방편이 있어요.

첫 번째는 보시입니다. 내 걸 내줘요. 물질세계에서는 물질을 베풀지 않으면 그 다음으로 넘어가기 어렵습니다. 물질부터 소통해야 막힌 게 뚫리거든요. 물질부터 뚫려야 정신적 영역이 열립니다. 물질이 다 가리고 있으니 물질을 좀 쳐내야 하늘이 보일 거 아닙니까. 공간이 보일 거 아닙니까. 여러분의 의식을 한번 보세요. 물질을 잡고 있는 생각과 물질을 아끼는 생각이 대부분입니다. 옛날에는 물질을 별거 아닌 것처럼 툭툭 던지는 사람이 많았어요. 그런데 우리가 일제시대를 거치고 전쟁을 겪으면서 물질로 학대받고 물질을 착취당했습니다. 물질 때문에 허덕허덕했어요. 물질이 없어 병들어 죽었어요. 그러니 물질이 중요할 수밖에 없지요. 한이 맺혀서 물질을 쌓아올렸습니다. 돈을 빨리 버는 것만 중시했으니, 정신이 약해질 수밖에 없어요. 정신의 취약으로 얻는 고통과 질병이 많을 수밖에 없어요. 정신이 깨어나 새롭게 세울 필요가 있습니다. 내가 나 하나가 아니니, 일단 남하고 소통하는 자세부터 갖춰야지요. 그러고 나서 물질을 주고받을 줄 알아야지요.

두 번째로 중요한 게 뭐겠어요? 계율이에요. 계율은 나를 지키고 대상을 지켜 줍니다. 대상을 지키려고 불살생하는 것이지요. 확 사기 쳐서 갖고 올 수 있는데 대상을 지키려고 안 갖고 옵니다. 대승보살은 마음먹으면 물질을 얻을 수 있어요. 확 풀어주려고 물질을 얻습니다. 그렇게 멋지게 살아야지 우리가 쫀쫀하게 살아서 되겠습니까? 이번 생도 한 거품으로 왔다 가는데, 어차피 꺼질 이 거품을 부여잡고 애쓸 필요는 없거든요. 계율은 대상을 온전하게 인정해 주는 것으로서, 자기한테 선정도 되고 남한테 선정도 됩니다. 남의 소리를 듣고 내 안에서 수용이 돼야 자기 것을 내려놓을 수가 있어요.

세 번째는 인욕입니다. 대상을, 남을 또는 환경을 받아 주고 인정하고 알아주는 것이지요. 마음이 확장되면 인욕은 저절로 됩니다. 인욕은 참는 것이 아니라 수용하는 것입니다. 그렇게 대상을 받아 주는 범위와 종류가 많아지고 수월하게 진행되는 것이 네 번째, 정진이지요. 그러면서 마음의 배는 피안彼岸으로 점점 향해 갑니다. 마음이 대상을 향해 넓고 길게 열리지요. 그것이 바로 다섯 번째, 선정입니다. 선정은 내 마음의 길도 내지만 대상의 마음도 품고 길을 열어 줘요. 그러다 보면 너와 내가 둘이 아닌 지혜가 환하게 드러납니다. 지혜가 여섯 번째 방편입니다. 지혜의 등불은 나와 너를 가르지 않고 둘 다를 인정합니다. 허공 속에서 구름을 같이 보고 느끼는 것이라고나 할까요.

수행은 고행입니다. 내가 한 만큼, 고통받은 만큼 정지正智가 생기고 반야가 생깁니다. 정지는 분명하게 알아차린다는 뜻이지요. 빨리어로 쌈빠자나sampajāna라고 해요. 염念(사띠, 주의 또는 집중)이 계속되다 보면 살짝 살짝 지혜가 떠오르게 되고 중도中道를 알게 되는데 그것을 정지라고 합니다. 수행해서 깨달았다는 사람하고 한번 거래해 보세요. 거래해서 경우가 없으면 수행 안 된 것입니다. 현실에서 소통이 잘 돼야 제대로 된 수행이지, 현실에서 제대로 못하면서 무슨 구름을 쫓고 있습니까? 수행이 됐는지 안 됐는지는 사람들이 평가해 줍니다. 내 부모가, 내 가까이 있는 사람이 잘 알아요.

○

고통받은 만큼 지혜가 생긴다

사실 촛불 보는 게 힘들어요. 촛불은 별거 아니지만 촛불을 보면서 대상을 보는 것입니다. 내가 대상을 얼마나 보고 있는지 알아차려야지요. '대상을 잘 봐야지.' 하면서 바람 불면 바람 부는 대로, 뭐가 날리면 날리는 대로, 흔들리면 흔들리는 대로, 꺼져 가면 꺼져 가는 대로 그냥 보세요. 점 많이 봐도 대상을 수용하는 게 좋아집니다. 내 마음이 투영되어서 점이 움직이거든요. 정지가 되면 '내가 또 이거에 걸려서 골질하고 있구나.' 알아차려요. '아직도 여기 못 넘고 있구나. 아직도 내가 엄청나게 잘났다고 생각하는구나.' 알아차립니다. 내가 너무너무 중요하니까 대상한테 밀어 대거든요. 열등감이 심하니까 "나 좀 알아줘." 하거든요. 알아차림이 되면 내가 대상한테 인정받으려고 얼마만큼 밀어 대는지 알아요.

반야가 많이 생기면 그 다음부터는 늘 알아차립니다. 번뇌가 줄어든 상태라 번뇌로 내 마음이 좌지우지해도 아무 문제가 없습니다. 번뇌가 깨져 나갈 때 마음은 굉장히 좋아져요. 내 발목을 잡고 있는, 알 수 없는 '나'라는 존재감이 있거든요. 윤회를 많이 해서 어쩔 수 없습니다. 제가 옛날에 '왜 저 사람은 저렇게 안 될까? 한소식 했는데 왜 안 될까?' 늘 궁금했어요. 진리는 빤히 알고 있어요. 물어보면 환하거든요. 그런데 현실에서 내려놓음이 안 됩니다. 윤회가 압축파일처럼 되어 있으니 세상일에 빠꼼하고 이해타산이 강합니다. 하지만 아무리 압축돼 있어도 무너질 수밖에 없어요. 마음은 공중에 그림을 그린 거하고 똑같기 때문에 무너질 수밖에 없어요. 윤회한 경험에 따라 어떤 사람은 굵게 올라오고, 어떤 사람은 물거품으로 올라옵니다. 윤회가 낱낱의 파도라면, 그 낱낱이 하나하나 모여 바다를 이룹니다. 낱낱을 잘 보면 그 속에서 본질을 알 수 있어요. 낱낱 하나하나가 본질하고 붙어 있거든요.

그러니 수련회 가서 한 번에 깨우치고 하는 건 없습니다. 부처님도 온갖 고행 끝에 깨우쳤지요. 부처님은 원래 독각승입니다. 6년 동안 고행하면서 업을 엄청나게 떨어뜨렸어요. 온갖 사마타를 다 했습니다. 가시에 찔리는 고행을 한 것이 사마타가 되었습니다. 밥 안 먹는 고행이 사마타가 되고, 숨 안 쉬는 고행이 사마타가 되었어요. 그렇게 사마타를 하니까 업이 다 떨어졌습니다. 사실 부처님은 고행하면서 신념처를 한 것입니다. 고행이 몸을 관통하거든요. 안 먹는 것도 관통하는 거고, 숨 안 쉬는 것도 관통하는 거고. 숨 안 쉬어 봐요. 몸관찰 엄청나게 잘 됩니다. 그렇게 업이 떨어진 상태에서 부처님이 쓰러졌어요. 업이 떨어진 상태에서 '나하고 대상이 둘이 아니구나.' 하는 연기법을 알았지요. 그런 다음에 중생을 제도하려고 대승으로 전향했습니다. 몸이라는 물질을 다 떨어뜨리고 나서 여유가 생기니 조절을 했지요.

부처님이 출가할 때 혼자 나온 게 아닙니다. 석가족 친척들이 같이

207

나와서 고행림에서 다 같이 수행했어요. 그 사람들은 고타마가 타락해서 우유죽 먹고 고행도 안 한다고 생각했거든요. 부처님 오기 전에는 "고타마가 오면 말도 하지 말자. 쟨 타락했어." 하면서 자기들끼리 약속했어요. 그런데 막상 보니까 옛날 고타마가 아니라 의연해지고 달라졌어요. 나중에 그 다섯 명이 최초의 제자가 되어 승가가 형성됐습니다.

종조로 추종하는 자들이 생겼기 때문에 그때 최초로 승가가, 모임이 생겼지요. 교단이 부자가 된 건 야사가 출가하면서입니다. 야사의 아버지가 장자거든요. 불교는 장자를 잘 활용합니다. 깨달음을 펼치는 데 물질이 중요하거든요. 그 물질층을 장자들이 다 마련했습니다. 상인은 이득을 구하기 마련인데, 부처님이 버림으로써 큰 이득 얻는 법을 알려 줬거든요. 그래서 이득을 크게 본 장자들이 재산 다 갖고 출가를 했습니다. 출가 안 한 장자들은 재가로 있으면서 부처님한테 보시를 많이 했어요. 경제적인 뒷받침을 했지요.

왜 출가를 하냐면, 세속에서는 이치를 알기가 어려워서입니다. 대승불교는 세속에서 닦는 게 더 넓다 그러지만, 그 당시만 해도 워낙 고정관념이 체계적으로 강하게 있으니 일단은 데려다 수행을 시켰어요. 욕망을 버리는 게 사실은 출가입니다. "세속의 욕망을 버리고 이쪽으로 오면 욕망이 어떻게 생겼는지 알려 주리라." 하고 말했지요. 계를 책정한 건 욕망이 빨리 안 버려져서입니다. 사람들이 욕망에 자꾸 딸려 가니까 계율을 책정한 것이지요. 감각기관에 딸려가지 못하게 일단 제어하는 게 계율입니다.

저는 수행할 때 욕심이고 뭐고 다 버렸습니다. 지금은 도량도 운영하고 자식도 키우다 보니 방편으로 여러 가지를 쥐고 있지만, 수행할 때는 어떤 것도 필요 없었어요. 진짜 진리만 알겠다고 마음먹으면 뭔들 못 버리겠어요. 목숨을 못 버리겠어요. 그까짓 물질을 못 버리겠어요. 그런데 가만 생각해 보니 덜 버린 게 있습니다. 생각이 안 나서 못 버린 게 있습니다. 가만있으니 꾸역꾸역 생각나요. 소유가 없다고 생각했는데, 엄청나게 소유를 하고 있었어요.

지금 세상이 왜 이렇게 복잡합니까? 마음이 쌓이다 보니, 자꾸 집어넣다 보니 그렇게 되었습니다. 수행하다 보면 나중에는 삶이 단순해집니다. 제가 맨날 그러거든요. 물건 많이 사지 말라고. 바가지가 밥그릇도 되고 물컵도 되는데, 가진 게 너무 많습니다. 그것 때문에 정신적으로 확장될 수 있는 걸 많이 놓쳐요. 현대사회는 그게 젤 문제인 거 같아요. 사람을 기계처럼 돌리니까 다 피로해 있습니다. 그렇게까지 안 해도 되거든요.

우리가 잘못 알고 있는 게 참 많습니다. 내가 알고 있는 것, 내 지적 호기심, 지적 허영심 다 헛것입니다. 우리는 쓸데없는 것들을 엄청나게 많이 갖고 있어요. 분리돼 있을 때는 내가 다 해야 한다고 생각합니다. 분리되어 있으니 갖고 와야 내 소유가 된다고 생각해요. 이것들이 다 번뇌거든요. 이 잘못된 인식을 버리려면 관을 해야 합니다. 관찰하면 번뇌가 떨어지는데, 알아차려야 버릴 수 있고 찾아내야 버릴 수 있거든요. 여기에 붙는 게 의도지요. 불교용어로는 작의作意입니다. 하려고 하는 의도. 번뇌가 많은 사람은 누군가 옆에서 의도를 불어넣어 주거나 스스로 의도를 내지 않으면 관이 안 됩니다. 그럴 때 도반이 필요하고 스승이 필요해요. 선생님 말이라도 잘 들어야 합니다. "수련하러 오세요." 할 때는 이유가 있거든요.

수행하다 보면 현실 속에서 끌려가는 것을 알고 끌려갑니다. '아, 내가 또 이렇게 욕심내고 있구나. 또 욕망에 끌려가고 있구나.' '아, 내가 지금 허기가 져서 엄청나게 밥을 먹고 있구나.' 알아차려요. 번뇌가 많기 때문에 번뇌 속에서 알아차림을 합니다. '아, 내가 지금 이렇게 포장하고 있구나. 내 존재감 때문에 잘못했다고 말해야 하는데 말이 안 나오는구나.' 이게 소위 알아차림이지요. '내가 지금 번뇌가 불타고 있구나.' 이것도 알아차리고, '이건 조금 하다가 사그라질 거구나.' 이런 것도 알아차립니다. 거기에 끌려가 끌탕하지 않으니 한결 여유가 있지요. 결국은 관입니다. 관은 늘 똑같아요. 오염된 마음 때문에 안 드러날 뿐입니다. 오염된 마음 때문에 가렸다 비쳤다 가렸다 비쳤다 하지요.

관은 똑같이 동등하게 있거든요. 늘 있기 때문에 문제입니다. 원래 깨달아져 있고, 우리 마음에 늘 있습니다. 깨어 있을 때만 있어요? 깨어 있지 않을 때도 있습니다. 하품할 때도 있고 하품 안 할 때도 있고, 욕심 있을 때도 있고 욕심 없을 때도 있고, 늘 있습니다. 늘 있는데, 사람들은 맨날 깨달음, 깨달음 합니다. 저는 그 사람들이 진짜 아는 건가 의심스러울 때가 있어요. 왜냐면 지혜는 늘 있는데 현재의 생각 또는 감정 때문에 가려서 안 나타나는 것처럼 느껴지거든요.

지혜는 확 뚫려 있어요. 구름이 좀 있다 해도 아무 문제 안 됩니다. 구름일 뿐이라는 걸, 허공에다가 그림을 그렸다는 걸 내가 환히 알아요. 내 마음이 거기 매달려 있다는 걸 알아요. 그것이 본질이 아니기 때문에 흘러가는 물이요, 흘러가는 구름이요, 흘러가는 인생이요, 흘러가는 거라는 걸 알아요. 그렇기 때문에 번뇌가 부글부글 끓어도 문제가 안 됩니다. 구름이 있어도 햇빛 속에서 구름을 봐요. 구름 속에서 햇빛을 보는 게 아니라 햇빛 속에서 구름을 보거든요. 그게 주체라는 걸 딱 봅니다. 잡을 수도 없고 놓을 수도 없고 그냥 그대로 있는 그 자체거든요.

그것이 반야인데, 나만 있습니까? 너도 있습니다. 우리가 몰라도 있고 알아도 있어요. 내가 죽어도 있고 살아도 있고, 밥을 먹어도 있고 밥을 안 먹어도 있습니다. 내가 지옥에 있어도 있고 천상에 있어도 있습니다. 깨달음의 세계에 있어도 깨닫지 않은 세계에 있어도, 윤회하는 세계에 있어도 윤회하지 않는 세계에 있어도 이것은 늘 그 자체로 온전하게, 완벽하게 변하지 않고 그대로 있습니다. 무슨 실체가 있는 게 아닙니다. 실체가 있는 건 다 변해요. 실체가 있으면 다 죽거든요. 다 변하거든요. 세상에 변하지 않는 게 어디 있습니까? "너 왜 변했어?" 그러는데, 변하는 게 당연하고 변하는 게 진리입니다.

99.9999퍼센트의 사람들이 이 진리를 전혀 모르고 들어본 적도 없이 죽어 갑니다. 부처님의 가르침을 배우는 사람은 그나마 전생에 복을 지은 사람입니다. 아무리 못나고 찌질해도 뭔가 복을 지은 사람이 가르침을 배울 기회도 만나고 수행할 수 있는 기회도 얻지요. 그 의도는 자기가 내야 합니다. 진리를 알면 세상이 나와 함께하기 때문에, 나하고 둘이 아니기 때문에 사는 데 아무 문제가 없어요. 내가 세상에 있는 걸 두루 누릴 수 있고 같이 할 수도 있습니다. 여러분들이 부지런히 수련해서 진리를 알고 세상을 향해 마음을 활짝 열기를 바랍니다.

제가 지금 번뇌 속에 있지만 알아차림이 있습니다. 졸고 있는 나를 알아차리는데, 알아차리고 나니 또 딴 생각이 나요.

/

지금 왔다 갔다 하는 상태입니다. 어떤 때는 업식에 휩싸여 있다가 맑아지면 반야로 가요. 사람마다 다 다릅니다. 제 아무리 번뇌가 커도 구름이 걷히는 과정에 있으니 걱정하지 마세요. 본질은 안에 똑같이 있습니다. 그래서 관찰을 잘하는 게 중요합니다. 대상을 잘 보면 대상 속에서 보입니다. 촛불이 대상이라고 해봐요. 촛불 속에 따뜻함이 있습니다. 촛불 보면 한시도 가만있지 않습니다. 자유롭거든요. 처음에는 보는 게 힘들다가 계속 보면 안 지루해요. 촛불이 계속 움직이고 변화하거든요. 굳어 있는 사람은 촛불을 보면 좋아. 딱딱하고 원리원칙대로 하는 사람들이 자유로운 촛불을 보면 처음에 힘들어하다가 나중이 되면 좋아집니다. 딱딱한 게 좀 녹으면 오히려 점보다 보기가 더 좋아요. 촛불 잘 보게 되면 제멋대로 구는 사람도 잘 봅니다. 제멋대로 구는 사람들을 규칙에 집어넣으려고 하는 게 바로 '나'거든요. 촛불을 잘 보면 개개인의 자율성을 많이 수용하게 되지요. 촛불이 굉장히 자유롭거든요. 촛불이 주는 의미가 상당히 많습니다.

7문

만트라 명상

입으로 외우고 귀로 듣고

○

마음은 상호 연기적인 관계

원래 마음은 항상 움직이고 변화무쌍하고 새로운 걸 담습니다. 마음이 너무 꽉 차 있고 밀도가 높으면, 새로운 게 들어가도 아무 영향을 안 받지요. 어떤 사람은 새로운 환경에 가면 꽃이 확 피듯이 변합니다. 새로운 사람을 만나도, 새로운 환경에 가도 안 변하는 사람이 있어요. 이런저런 걸 너무 많이 갖고 있어서 그렇습니다. 그걸 털어내야 변화하고 새로운 걸 담을 수 있습니다. 자신이 얼마나 가졌는지 모르니 채워 놓은 상태로 살아요. 내가 옳다고 하면서 살거든요. 누가 이것 중에서 하나라도 빼라, 이건 필요 없다고 말하면 자존심 상해서 난리 칩니다.

마음을 들여다보는 것, 마음으로 들어가는 과정이 사마타입니다. 본

연의 마음이라는 곳에 가까이 가야 꽉꽉 눌러 놓은 마음속에 뭐가 있는
지 보여요. 마음에 가까이 가는 과정이 사마타입니다. 우선 이 마음을 들
여다보겠다는 목적이 있어야지요. 목적지까지 다 가면 그 목적은 사라집
니다. 산에 올라가겠다는 목적으로 산에 오르는데, 막상 산에 올라가면
목적이 사라져요. 가는 과정에서는 목적이 필요합니다. 계속 가겠다는
목적을 갖고 목적이 사라질 때까지 가는 것이 사마타입니다. 이만큼 가
서 보느냐, 저만큼 가서 보느냐에 따라 그 대상이나 마음이 달라지지요.

　우리가 얼마나 허망한 걸 붙들고 살아갑니까? 세세생생 윤회하면서
그 허망한 걸 가져다가 담아 놨습니다. 담아 놓은 그 습관으로 물질을
잡고, 명예를 추구하고, 뭔가 이루려고 혁혁대지요. 채워지면 그 순간
은 괜찮은데, 다음 것이 또 보입니다. 그렇게 덧없이 살다 가는 게 인생
이니, 가서 다시 안 오면 되거든요. 좋은 데 가면 되거든요. 그런데 원
수처럼 싸우면서 지지고 볶고 하던 걸 담아 놓은 상태로 가니까 채우려
고 다시 옵니다. 그래서 본연의 마음을 향해서 가는 것이 절대적으로 필
요하지요. 가봐야 어떤 것으로 채워졌는지 보일 거 아닙니까? 전생부터
습기習氣로 쌓아 놓은 그것을 없애 가는 과정이 사마타입니다. 가다 보
면 얼마만큼 갔느냐에 따라 모양이 달라져요. 그것을 불교에서는 선정
이라고 합니다. 단계별로 1선정, 2선정, 3선정, 4선정이 있어요. 선정에
이르면 반드시 본연의 마음이 작용합니다. 가까이 가면 갈수록 더 잘 끌
어 줍니다.

　마음은 상호 연기적인 관계라서 가까이 들이대면 없어지기도 하고
드러나기도 합니다. 가까이 가면 뭐가 훅 드러나기도 해요. 보통 영상
지로 나옵니다. 마음의 현상이 드러나는 것이지요. 그렇게 보는 그것을

관觀, 위빠사나Vipassanā라고 합니다. 그냥 느낌만 있는 것도 위빠사나입니다. 감정 같은 건 통증이나 느낌으로 나오기 때문에 그냥 느끼고 있으면 됩니다. 그 속에 쇠심줄 같은 게 보이기도 합니다. 거친 것들은 영상으로 나오거든요. 물질업이 많으면 영상을 많이 봅니다. 물질을 잔뜩 가져다 담아 놓았기 때문입니다. 그러지 않으려면 현실에서 어떻게 해야 할까요? 마음은 현실을 담으니까 현실에서 그것을 잡지 말아야지요.

마음에 담긴 짐은 내가 업장을 들고 있어서 생깁니다. 어떨 때는 답답해요. 아무리 얘기해 줘도 사람들이 잘 모르니까. 병원 가서 치료하면 뭐 합니까? 마음의 짐 때문에 무거워져서 병이 났으니 그 짐부터 내려놔야지요. 마음의 짐을 내려놓지 않으면 병은 재발합니다. 그래서 몸에 병이 나면 내 마음을 살펴보고 그 안에 무겁게 담긴 짐을 내려놓아야 합니다. 관찰해 보면, 사마타해서 가보면 뭘 들고 다니는지 알 수 있습니다. 자세히 보면 마음이 불뚝불뚝 나옵니다. 마음이 나오기 시작하면 스스로 알지요. "내가 이렇게 많은 걸 마음속에 갖다 놨구나."

세상엔 알 수 없는 게 많습니다. 해석되는 것도 있지만 해석되지 않는 것도 많아요. 그래서 자기 식대로 해석하면 안 됩니다. 분석하고 해석하는 기제도 마음의 껍데기층에 있거든요. 해석하지 말고 나오면 나오는 대로 느끼는 게 중요합니다. 이 마음이 불뚝불뚝 나올 때 그것을 보는 것이 위빠사나입니다. 나중에 나올 것이 없어서 없는 그 자체를 보는 게 진정한 위빠사나입니다. 우리는 있음을 계속 봅니다. 마음에 잔뜩 담아 놨으니 볼 수밖에 없어요. "무거워. 무거워." 하면서도 이 짐을 평생 들고 다닙니다.

사람들이 뭘 내려놓아야 하냐고 물어서 "전부 다요." 하고 답하면 황당해 합니다. 뒤통수가 따갑더군요. 하루 종일 앉혀 놓고 "어떻게 내려놔요?" 물으면 "한꺼번에요." 하고 답하니 황당하지요. 마음이 뭔지도 모르는데 어떻게 '다' 내려놓느냐고 반응하다가 다음번에는 수행하러 안 옵니다. 사람들을 살펴보니까 대부분 한꺼번에 내려놓지 못하고, 심지어 그 말이 무슨 뜻인지 모르는 사람이 많더군요. 그래서 이해하기 쉽도록 여러 가지로 설명하게 됐지요. 마음을 내려놓게 하는 방법을 많이 연구했습니다.

마음으로 가는 게 사마타고, 마음에서 튀어나온 걸 보는 게 위빠사나입니다. 튀어나올 만큼 튀어나오면 마음이 고요해지고 수용도 잘해요. 마음이라는 것은 그때그때 대상과 일치하기 때문에 어차피 지혜를 볼 수밖에 없습니다. 들어가는 것도 마음이지만 빼내는 것도 마음이에요. 그게 마음이 지혜로 되는 과정입니다. 어떤 사람은 집어넣기는 엄청 집어넣는데 버리는 게 안 됩니다. 버리는 게 아깝다고 입에 집어넣어서 버려요. 어머니들은 음식 남으면 먹어 치우자고 해요. 그 말은 먹어서 버리겠다는 거 아닙니까? 위장은 담을 수 있는 한계가 있어요. 먹어 치우자며 계속 집어넣으면 견디지 못합니다. 욕구 때문에 그냥 버리지 않고 자꾸 안에다 버려요. 욕구가 강하니까 냉장고에 잔뜩 쟁여 놓거든요.

마음에 채워 넣는 것도 필요하지만 버리는 것도 필요합니다. 이게 잘 되면 수행할 필요 없어요. 집어넣기도 하고 버리기도 하는 그게 이치입니다. 높은 데 올라갔으면 내려와야 하는데, 내려오기 싫어합니다. 내가 구박했으니 구박받는 것이 당연한데, 구박받는 건 싫어해요. 먹었으면 치워야 하는데, 먹기만 하고 치우진 않습니다. 그러니 불균형이 되지요. 베풂을 받았으면 베풂을 줘야지요. 우리는 사실 자연한테 엄청난 사랑을 받고 있습니다. 햇빛, 공기, 물 이런 게 없으면 살 수 없거든요. 인간은 어리석어서 자연이 어떤 식으로 내게 들어와 있는지 모릅니다.

앉아서 명상하는 데는 한계가 있습니다. 현실에서 겪는 게 중요하지요. 내 속을 썩이는 그 대상을 사마타하면 됩니다. 보기 싫은 거 계속 보고, 듣기 싫은 잔소리 계속 듣는 게 사마타거든요. 그럴 때 내가 내 마음을 관찰하면 앉아서 명상할 때보다 업장이 더 많이 없어지고 무너지고 사라집니다. 누가 나를 공격하면 고요했던 마음이 흐트러지고 꼬질꼬질한 게 올라와요. 그것이 스승입니다. 그 대상이 엄청나게 나를 공부시키지요. 그 사람을 만난 이유가 있습니다. 거기에 마주치는 내 마음이 있기 때문에 만나요. 내 마음 때문에 그런 사람을 만나고 그런 조건을 만나고 그런 환경을 만납니다. 딱 마주쳐요. 내게 그런 조건이 없으면 만나지 않아요. 내가 악담 많이 하는 사람이면 악담 많이 하는 사람을 반드시 만나요. 그때 거기서 나를 보면 됩니다. 내가 욕심이 많으면 욕심 많은 사람들이 끊임없이 나를 괴롭혀요. 가까운 인연에서 거의 만납니다. 그런데 우리는 네가 그렇다고 생각하지, 내가 그렇다는 생각은 안 하거든요. 네가 나를 사마타하는 걸 통해서 나를 보는 게 대승 사마타고, 마음이 일어나는 걸 관찰해서 내려놓는 게 대승 위빠사나고, 그 관계를 잘 봐서 둘이 아니라는 걸 아는 것이 지혜입니다

자기 마음을 관찰해서 내려놓는 게 기본 수행이고, 그 다음에 현실 속에서 보는 것이 진짜 수행입니다. 현실 속에서 보기 싫은 사람을 보면서 마음을 관찰하는 게 진짜 수행이에요. 그런데 5분을 못 견딥니다. 싫은 사람한테는 아예 안 갑니다. 쳐다보지도 않고 근처에도 안 가니 마음이 일어나지 않거든요. 철저한 외면입니다. 싫은 소리도 들어야지요.

어떻게 좋은 소리만 듣습니까. 어쨌든 부딪히는 것이 피하는 것보다는 낫습니다. 꼴 보기 싫은 사람하고 부딪히면서 욕을 하더라도 그게 수행 법으로는 더 우위에 있습니다.

우리가 부딪혀서 해결할 걸 안 하고 도망갈 때가 많습니다. 해결 안 했기 때문에, 외면으로 쌓여서 무지가 됐기 때문에 어쩔 수 없이 무지에 가득 찬 행동을 또 합니다. 현실에서 욕을 먹으면서, 마음이 뒤집어지면 서, 욕도 하면서 수행하는 게 대승입니다. 그게 힘들면 어떻게 해요? 일 단 도망가야지요. 떨어져서 나를 좀 내려놓고 나 자신을 챙겨야지요. 그 러고 나서 대상과 부딪힐 만하면 도망가지 말고, 외면하지 말고 부딪히 면 됩니다.

현실에서 행위를 안 했는데 어떻게 복을 받겠습니까. 남을 하나도 안 도와주고, 보시라곤 해 본 적도 없고, 그런 개념조차 없는데 어떻게 수 많은 대상이 나를 도와주겠어요. 누가 나를 도와주려고 해도 그 마음을 모르기 때문에 차단합니다. 베푸는 사람들은 누군가 베푸는 게 고마워 서 잘 받거든요. 주기도 잘하지만 받기도 잘해요. 주고받는 관계 속에 있으니 받는 거지, 내 거라고 생각해서 받는 게 아닙니다. 내 거라고 생 각하니까 못 받지요. 신세 지면 안 된다고 생각해서 못 받아요. 신세 지 면 나중에 갚으면 되는데 그게 안 됩니다. 나를 닦고, 외면하지 말고 대 상을 향하고, 대상의 소리를 들으세요. 듣는 게 사마타고 대상을 보는 것도 사마타입니다. 대상이 나를 밀고 들어오면 그만큼 대상이 나를 사 마타하거든요. 그 압박감, 그 강요, 그 비참함. 그것이 다 사마타입니 다. 그게 사마타가 아니라고 생각하기 때문에 수행이 안 됩니다.

수행하는 사람들인데 세상에 나가면 비난을 받습니다. 세상에서 거래하고 주고받는 건 보통 사람들이 더 잘해요. 맨날 눈 감고 수행만 한 사람과 세상 속에서 쌀가마니 져 나르면서 일하고 자식 키우고 산 사람 가운데 누가 사마타, 위빠사나를 더 잘할 것 같나요? 옛날에 호랑이 담배 먹던 시절에 호랑이가 떡 하나 주면 안 잡아먹지 해서 또 주고 또 주고 했던 마음과, 고요하고 깨끗한 곳에 앉아서 수행한 마음 중에 뭐가 더 위에 있어요?

마음을 고요하게 해서 자기를 닦는 것도 물론 필요합니다. 고요하고 사람 많지 않고 깨끗한 곳에서 수행하라고 가르치기도 해요. 그런데 시끄러운 데, 저잣거리, 더러운 곳, 악처惡處 같은 데서도 해야지요. 수행하는 데 장소나 환경이 정해져 있는 건 아닙니다. 마음은 그 모든 환경과 다 교류하고 있거든요. 쉬운 건 아니지만, 여러분들이 수행하면서 기본적으로 뭐가 사마타고 뭐가 위빠사나인지 알아야 합니다.

○

들음과 알아차림의 수련

우리가 귀로 소리를 듣는데, 소리를 듣고 말면 그냥 끝납니다. 그런데 들었던 소리를 기억합니다. 왜 기억할까요? 걸리는 게 있어서 기억하지요. 마음이라는 그릇이 있기 때문에 기억을 합니다. 윤회를 한 만큼 마음에 담긴 게 많아져요. 귀로 소리를 듣고 아뢰야식阿賴耶識이라는 저장식에 소리를 저장합니다. 얼마만큼 저장해 놨는지는 스스로도 몰라요. 내가 한 신구의身口意 3업도 저장하지만 내가 알 수 없는 것, 보지 않은 것까지도 저장합니다. 지금 이렇게 있는 이 공간, 저 집도 저장해요. 내가 저 집과 관련 안 하고 있는데도 의식에는 저 집 너머 북한산이 있습니다. 그것도 저장합니다. 그것까지 저장한다는 건 대부분 잘 몰라요. 환경 일반, 우주 끝도 다 저장합니다. 가까운 것은 더 저장해요. 정확한 소리 같은 것도 저장합니다.

가까운 걸 많이 저장하는 사람들은 저 끝닿은 게 없는 소리가 저장된다는 걸 인식 못합니다. 작은 것에 연연하기 때문이지요. "좁은 걸 털어라 털어라." 하는 이유가 그래서입니다. 좁은 세계에서 복닥복닥 살면 답답해져요. 우주 끝까지 넓은 게 마음이잖아요. 뭘 잃으면 부들부들 떨고 피눈물 흘리는 사람도 있습니다. 중생심은 그렇지만, 그거 그렇게 중요하지 않아요. 마음속에 소리를 저장할 때도 다 다릅니다. 단어를 저장하는 사람이 있고, 개념을 저장하는 사람이 있고, 스토리를 저장하는 사람이 있고, 문장을 저장하는 사람이 있어요. 각자 자기 방식대로 기억해요.

어떤 사람은 소리를 6하원칙으로 변환해서 저장합니다. '누가, 왜, 언제, 어디서, 무엇을, 어떻게' 했다고 저장해요. 소리와 상황을 저장할 때 저장하는 기제가 있는 것입니다. 모습과 형태와 색깔로 저장하기도 해요. "그 사람이 무슨 브랜드의 옷을 입고 뭐를 끼고 왔어."라고 얘기해요. 모습과 형태와 색깔로 저장하는 것이 나를 포장하는 업입니다. 마음 가득 포장지만 저장했어요. 명품을 좋아하니 명품 옷을 입어야 하고, 연봉도 많이 받아야 하고, 명품 아파트에 살아야 합니다.

사실은 자연 환경이 좋은 곳에 소통하는 기제가 많습니다. 흙집은 소통하는 집이에요. 아궁이 앞에 앉아 불을 때면 훈증하니까 몸에 아주 좋아요. 시골에서는 씻을 때 비누 샴푸 필요 없습니다. 청정해서 깨끗한 땀이 나오기 때문에 물로만 씻어도 됩니다. 옛날 코찔찔이 시절에 바깥에서 놀 때 행복하지 않았어요? 뭘 먹어도 맛있지 않았어요? 감성이 열려 있어서 교감하니까 행복하지요. 나눠서 행복하고, 놀이를 같이 하니까 행복해요. 마음이 열려 있으면 교류하니까 남의 좋은 것도 들어오고, 도움도 들어오고, 정보도 들어와서 행복하거든요. 마음이 닫히면 교류하기 힘들어요. 만약 교류하기 싫어진다면 위험 신호라고 생각하세요. 이것도 필요 없고 저것도 필요 없고 다 귀찮으면 어떻게 돼요? 혼자서 자기 업식대로만 살아요. 그렇게 업이 굴러가는데 제대로 살 수 있겠습니까?

우리는 문자, 가사, 말 자체도 기억하지만 그 속에 있는 감정도 저장합니다. 귀로 들으면서 감정과 느낌으로 저장해요. 만트라를 하면 소리가 모양, 형태, 색깔을 파괴해서 감정이 열립니다. 만트라를 많이 한 사람들은 감성이 열려서 감정이 풍부해요. 절에서 고성염불할 때는 사람들이 삶의 회한, 억울함, 슬픔 같은 걸 많이 안고 오니까 울부짖으면서 만트라를 합니다. 스트레스가 엄청 풀리고 괴로움이 해결되지요. 큰 소리로 에너지가 센 것들을 파괴하는 것이지요.

센 것을 그냥 위빠사나로 훑어 가지고 되겠어요? 관찰 자체는 우아한 것이거든요. 엷으면 관찰해서 들어갈 수 있지만, 센 것들은 관찰해서 들어갈 수 없습니다. 지우기, 없애기, 죽이기 같은 명상기법을 써도 들어가기가 쉽지 않습니다. 그러니 고성염불이 좋지요. 큰 소리를 따라서 저장된 감정들이 나오고 저장된 형태, 문자들이 나오거든요. 귀로 들고 눈으로 봤으니 얘기하는 거지, 나 스스로는 얘기할 게 하나도 없습니다. 나 스스로의 진리로는 얘기할 게 하나도 없어요. 뭐 얘기할 게 있습니까? 아무것도 없습니다.

우리는 눈으로 보고 생기는 감정들을 입으로 말합니다. 바깥에서 들은 소리를 내가 아는 체하면서 남한테 전달해요. 남이 나한테 들어와서 내가 남한테 내보내요. 남이 나한테 먹이를 줘서 내가 남을 먹고 살아요. 스스로 먹을 것을 만들어서 사는 것이 아닙니다. 바깥의 음식을 먹고 그 힘으로 살지요. 그러니 거기에 나라는 게 붙으면 안 됩니다. 내가 혼자 큽니까? 남의 도움으로 크는데, 도움을 안 받겠다고 "너 필요 없어." 하는 건 몰라서 그렇지요.

귀와 입은 마음을 매개로 유기적인 관계를 갖습니다. 유기적인 관계인 걸 아는 것이 지혜지요. 독자적으로 있는 건 아무것도 없어요. 하다 못해 내가 안 먹고 싶어도 안 먹을 수가 없습니다. 내 맘대로 할 수 있는 건 아무것도 없습니다. 다 외부에 의해서 만들어져요. 지혜를 찾으면 내 맘대로 할 수 있지요. 내가 되든 네가 되든 상관없으니까요.

묻고
답하기

진언을 하면 뭔가가 덮여 있는 것 같은데 뭔지 모르겠어요.

/

그럴 때는 눈부터 새로 시작하세요. 그걸 약간 걷어내야 합니다. 그게 기초거든요. 여러분이 안이비설신眼耳鼻舌身의 순서로 관찰하지만, 뭔가가 덮여 있고 잘 모르겠고 오리무중五里霧中이다 싶으면 무조건 눈부터 시작하세요. 진언眞言도 관찰도 눈부터 하세요. 지금 상태에서는 관찰이 안 되면 무조건 진언만 합니다. 무조건이에요.

진언을 하면 피곤하고 아프고 졸리고 그래요.

/

굳어 있고 뭉쳐 있고 긴장이 강하게 있는 곳을 관찰하면 몸이 풀리면서 아픈 걸로 나타나요. 이제 몸관찰이 되는 것입니다. 들뜨는 도거심이 많이 가라앉았어요. 그럴 경우에도 졸 수 있습니다.

진언을 하면서 몸관찰을 한다는 게 구체적으로 뭔가요? 방법은?

/

'옴 마니 반메 훔' 진언을 한다 칩시다. "옴 마니 반메 훔, 옴 마니 반메 훔"을 계속 읊조리면서 그 소리가 눈을 향하게 합니다. 소리의 방향을 눈에다 두는 것입니다. 예를 들면 우리가 청소할 때 창문에다 세정액을 분사하듯이 '옴 마니 반메 훔' 소리를 세정액이라 생각하고 눈에다 분사하세요. 눈에 의식을 집중하고 소리도 눈에다 쏟아 부어 보세요. 소리를 이용하면 생각으로 빠져서 집중하는 것을 놓치는 것이 줄어듭니다. 몸의 반응에 따라서 '옴 마니 반메 훔' 세정액을 계속 분사하세요.

○

만 트 라 명 상 의 방 법 과
종 류

　　얼마 전에 평생 처음으로 풀을 맸습니다. 아침 7시에 일어나서
네 시간 동안 쉬지 않고 맸는데, 호미가 없어서 손으로만 풀을 매니까
품이 두 배로 들어요. 풀 매는 것도 똑같은 동작을 계속하는 거기 때문
에 네 시간 동안 일 사마타를 했지요. 다음 날 손이 안 구부러져요. 손톱
이 빠질 거 같고, 온몸이 두들겨 맞은 거 같고, 뒷다리까지 당겨요. 마
음관찰하면 의도대로 보기 때문에 일정한 것만 보거든요. 일을 하면 근
육이 사마타되어서 근육쪽 마음을 건드려요. 그게 일명상입니다. 잘 안
쓰던 근육을 건드리기 때문에 일하면서 나타나는 마음들이 많아요. 어
떤 동작을 반복하는 것에는 사마타처럼 선정의 요소가 많습니다. 만트
라도 사마타하기 좋아요. 똑같은 음을 반복하거든요. "관세음보살 관세
음보살 관세음보살." 염불을 외우면서 똑같이 반복하면 사마타 효과가
많이 나타납니다.

　　여러분들이 처음부터 화두선이나 위빠사나를 하기는 어렵습니다. 염
불은 똑같은 음을 반복하고 힘까지 있어서 마음에 팍팍 들어갑니다. 소
리가 마음에 저장된 강하고 센 것들을 파괴하거든요. 업장을 파괴하는
효과가 큽니다. 만트라는 신비한 힘과 위신력과 진리까지 합성해 놨어
요. 그러니 알 수 없는 마음의 작용들을 많이 관찰할 수 있지요. 만트라
가 마음 안으로 파고들어가는 힘이 탁월합니다. 화두수행은 홀연한 생
각을 내려놓고 그 생각에 의식을 두어야 하는 어려움이 있어요. 생각이

만만치가 않거든요. 그러나 만트라는 수십 수백 명의 소리를 집지해서 수행시킬 수 있습니다. 대중적이지요. 고성염불을 하면 회한, 분노가 떨어지면서 외부가 잘 보이고 소통이 잘 되니 물질도 잘 들어오고 부자가 됩니다. 큰 부자가 아니라 그전보다 부자가 되지요. 길게 보면 현세 이익적으로 물질계가 좋아지니까 사람들이 거기서 막힙니다. 당장 물질계는 좋아지지만 그게 또 업장이 되거든요.

위빠사나는 거친 번뇌가 떨어져야 잘 할 수 있는데, 만트라는 상관없습니다. "옴 마니 반메 훔, 옴 마니 반메 훔, 옴 마니 반메 훔." 번뇌가 많든 적든 똑같이 가는데 힘이 있으니 번뇌가 툭 떨어집니다. "옴." 하고 소리를 내면 마음이 알아서 준비하고 있다가 툭 튀어나와요. 마음의 세력을 기르는 게 만트라니까 많은 사람이 하면 효과가 더 큽니다. 무슨 때가 되면 수십 수백 명이 고성염불하는 이유가 있어요. 소리가 클수록 치는 효과가 크거든요. 나중에는 온갖 소리가 다 들어옵니다. 울부짖는 사람도 있고, 기어 다니면서 만트라 하는 사람도 있습니다. 자기가 한 번도 안 쓴 외국어, 히브리어도 나오고 인간의 언어가 아닌 이상한 소리도 나옵니다. 마음 안에 있는 다른 세계에서는 다른 세계의 언어를 집지했을 거 아닙니까? 그걸 건드리니까 혹 나오지요. 소리는 소리와 관련된 것들을 다 찾아내요. 여우, 늑대 소리도 냅니다. 만트라를 하다 보면 별 게 다 나와요.

초창기에는 만트라를 많이 했습니다. 센 것들이 막 튀어나오니까 사람들이 엄청나게 울고불고 했어요. 일단은 현실에서 억울한 것부터 튀어나오거든요. 내가 내 관념 때문에 힘든데 그걸 모르니 얼마나 억울합니까. 그게 건드려지니까 울고불고 난리가 났지요. 시끄럽다고 귀 막고 하는 사람이 있는데, 만트라는 울고불고하는 그 소리까지 들어야 합니다. "옴 마니 반메 훔 옴 마니 반메 훔." 하면서 마음속으로 들어가면 그 소리가 내 업장을 치는데, 다른 사람이 내는 소리도 내 업장을 같이 칩니다. 그러니 속에서 막 튀어나오지요.

오로지 자기 소리만 듣는 사람도 있어요. 다른 소리 하나도 안 듣는 사람은 엄청나게 센 사람입니다. 자기 소리만 내고 다른 사람 소리는 하나도 안 들어요. 자기 소리 속으로 들어가서 자기 업장을 빼는 건 소승의 방법입니다. 내 소리가 다른 사람 소리와 화합해서 울려 퍼지면 감동을 일으켜요. 그래서 합창 소리가 정서에 좋습니다. 노래를 통해서 마음을 울리거든요. 예전에 학교 다닐 때 합창단 만들어서 반별 대회하고 그랬어요. 화합해서 한소리를 내는 게 굉장한 방법이에요. 그것이 만트라입니다.

만트라에는 신명이 들어 있습니다. 사실은 세상 모든 소리가 모두 만트라지요. 우리가 어떤 만트라를 선별해 쓰는 것뿐이지, 세상 소리 중에 만트라 아닌 게 있겠습니까? 모든 소리에 다 의미가 있습니다. 다 마음이 담겨 있어요. 소리는 신수심법身受心法 4념처四念處에서 수념처受念處에 들어가고 감정에 들어갑니다. 원래 물질계를 넘나드는 게 소리고 감정이거든요. 안과 밖의 모든 물질을, 물질적 사고를 파괴하는 게 만트라입니다. 소리를 세력화해서 파괴하지요. 물질에 갇힌 것들이 파괴되면 외부 물질이 들어옵니다. 만트라가 각광받았던 이유가 그것입니다.

만트라 하는 집단은 국가도 안 무서워해요. 권력이라는 것도 물질계인데, 물질계가 떨어져 나갔으니 뭐가 무섭겠어요. 신념에 따라 움직입니다. 그러니 역사적으로 탄압을 많이 받았지요. 국가가 볼 때 만트라

현실에서 겪는 게 중요하지요.
보기 싫은 거 계속 보고,
듣기 싫은 잔소리 계속 듣는 게
사마타거든요.

하는 세력이 커지면 국가를 전복할 것 같거든요. 옛날에 중국에서 삼계교 三階教라고, 만트라 하는 염불집단이 큰 종단을 형성했습니다. 국가에서 한꺼번에 그 마을을 몰살시켰어요. 불상이고 절이고 다 때려 부쉈습니다. 제가 그 지역에 간 적이 있는데, 민가들을 보니 흔적이 남아 있었습니다. 아궁이에도 도자기에도 벽에도 불경으로 도배가 되어 있어요. 그 유물들을 보면서 '참 대단한 지역이었겠구나.' 싶었습니다.

대표적인 만트라 진언 세 가지

새와 물고기는 업이 같습니다. 하늘을 나는 새가 무거워서 풍당 빠지면 물고기가 되거든요. 형태도 비슷합니다. 어디에 딱 고정되면 다른 걸 안 봅니다. 새들이 대부분 그래요. 불교에서 물고기는 수행을 상징합니다. 절에서 목어를 탁탁탁 치는 것이 그래서입니다. 목어를 치면서 "오욕칠정을 바라보지 마라. 불법의 진리만 바라봐라." 하는 것이지요. 만트라가 비슷한 기법입니다.

만트라는 문자나 음을 입으로 외우고 귀로 들으면서 수행합니다. 계속하면 사마타 기법으로 소리가 마음에 들어가게 하지요. 몸에다 만트라를 해도 되고, 생각에다 만트라를 해도 됩니다. 만트라는 신비한 힘이 있으니 오랫동안 하면 효과를 많이 봅니다. 대표적인 만트라 수행이 염불선이지요. 만트라 종류가 많은데, 일단 진언으로 만트라를 합니다. 진언은 종류가 많고 진언마다 특색이 있어요. 초심수련이라 쉽게 할 수 있는 세 가지만 소개합니다.

우선 '옴 살바 못쟈모지 사다야 사바하' 참회진언입니다. '인생이 왜 이렇게 꼬였나? 인생이 왜 이렇게 힘든가?' 하는 마음을 끌어내서 거기에 '옴 살바 못쟈모지 사다야 사바하'를 합니다. '왜 이렇게 회한이 많지?' 하는 생각이 들 때 그 회한에다 참회진언을 하면 회한의 기억을 중심으로 해서 들어갑니다. 이것도 저것도 모르겠다 싶으면 몸에다 진언을 하세요. 강한 집착은 몸에 다 있거든요. 시종일관 참회진언을 하면 좋아요. 악업이든 선업이든 자기 마음과 몸을 참회하지 않으면 깊숙한 마음이 열린 게 아니거든요.

나의 회한, 나 잘났음을 녹이는 게 참회진언입니다. 내 안에 갇힌 나, 나만 아는 나, 주변을 힘들게 했던 나를 털어내는 게 참회진언입니다. 저는 이 진언을 강조하는 편입니다. 내 감정이 세서 상대방에게 상처 줬던 것을 참회진언이 다 쳐내거든요. 내 감정이 세서 남한테 악다구니도 하고, 내 감정이 세서 다른 사람 때리기도 하지요. 사실은 내가 나를 제일 힘들게 해요. 내가 나를 괴롭혀요. 이런 걸 녹이는 것이 참회진언입니다.

우리 마음속에는 많은 것이 저장되어 있습니다. 우리 몸과 입과 생각으로 지은 업입니다. 참회진언을 외우면 그런 여러 가지 거친 업이 사라집니다. 내가 지은 수많은 죄업과 악업과 탐진치 3독심이 녹아요. 감정으로 남을 해친 것도 다 찾아냅니다. 죄업이 생각나지 않을 때도 오로지 이 진언을 외우세요. 어떻게 살았나 생각이 안 나도 참회진언을 외우면 생각납니다. 참회진언은 참회하는 마음을 불러일으키는 신비력이 있어요. 예전에 잘못했던 것을 찾아내는 묘한 작용을 하지요. 살면서 내가 했던 것들이 다 참회할 일입니다. '얼마나 주변 사람들을 힘들게 했던가.' '얼마나 세상을 더럽혔던가.' '얼마나 내 관념으로 주위를 좌지우지

했던가.' 그런 것들을 참회하는 것입니다.

그 다음에 청정진언이 있습니다. '나무 사다남 삼먁 삼못다 구치남 다 냐타 옴 자례주례 준제 사바하 부림.' 이 진언은 칠억 부처님께 귀의한 다는 뜻을 가지고 있어요. 칠구지불모 대준제보살은 칠억 부처님의 어머니가 된 보살인데, 엄청난 사랑을 베풀었습니다. 이 진언이 천수경에도 나와요. 바위 같은 업장을 깨서 청정한 마음이 나오게 하므로 청정진언이라고 이름을 붙였습니다. 청정진언에 '부림'을 넣자, 넣지 말자 하는 얘기가 있어요. '부림'은 도돌이, 계속 반복하라는 뜻입니다. 해도 되고 안 해도 됩니다.

강하고 센 업이 우리 몸도 만들고 병도 만들고 죽음도 만들어요. 몸을 만드는 센 업을 파괴하는 것이 이 진언입니다. 이 진언은 자비가 없는 사람들에게 자비심이 생기게 해요. 단단하게 고립된 감정들, 업장들은 물질업이 심해서 생기거든요. 바위를 깨야 속에서 샘물이 나올 거 아닙니까. 바위를 깨는 역할을, 자기 몸과 마음을 깨는 역할을 청정진언이 해줍니다. 태산 같은 바위도 다 깨줍니다. 감정이 살아나면 숨통이 트여서 살 만해져요. 감정이 다 죽으면 무기력해지고 삶에 희망이 없습니다. 재미가 없습니다. 업장이 센데 자기만 쳐다보니까, 그 속만 맨날 보니까 재미가 없지요. 밖을 봐야 새로운 것이 들어오는데 안 봅니다.

어제 누가 총이 있으면 죽고 싶다고 메시지를 보냈는데, 제가 그랬어요. 죽어서 괴로움도 같이 없어지면 죽으라고 할 텐데, 몸만 죽는 거지 그 괴로움이 죽는 건 아니라고. 죽어도 괴로움은 그대로 갖고 가요. 그 괴로움을 없애는 방법이 만트라입니다. 만트라로 괴로움을 찾아서 쏘면 괴로움이 사라져요. 또 하나의 방법은 아픈 사람을 수용하는 것입니다.

대상을 수용하면서 나와 대상의 아픔을 사라지게 하지요. 그 방법이 좋은데, 수용하는 게 사실 어렵습니다. 나도 힘드니까요. 그래서 내 안에서 고통을 만드는 원인, 강한 관념을 만드는 원인을 찾아내 만트라로 퍽 퍽퍽 씁니다. 대자연 속에서 만트라를 하면 효과가 더 좋아요.

왜 자연 속에서 수련하는 게 좋으냐면, 서로 관계되어 있기 때문입니다. 자연은 공업共業이고 나는 자업自業입니다. 나의 업이 반은 나를 만들고 반은 튀어나가요. 내 반쪽이 나가서 자연환경을 만듭니다. 똑같이 나가기 때문에 누구에게나 똑같이 마음을 줍니다. 저 산은 나만 반기는 게 아니라 누구에게나 똑같이 푸르름을 줍니다. 공기도 나한테만 주는 게 아니라 똑같이 줍니다. 바람도 똑같이 줍니다. 햇빛도 똑같이 줍니다. 그러니 사람들이 괴로우면 산에 들어가지요. 우리 생각에는 뱀도 있고 벌레도 많고 못살 거 같은데 더 잘 살아요. 왜냐면 자연은 공통적으로 주기 때문입니다. 사람은 차별하거든요. 이 사람은 미우니까 10초만 보고, 저 사람은 예쁘니까 30초 보고 그래요.

자연은 안 그래요. 자연은 내가 엄청난 악업 종자라도 똑같이 줍니다. 동등하게 주니까 마음이 풀어집니다. 그리고 단단한 물질로 막지 않습니다. 도시처럼 건물이 빽빽하지 않으니 하늘도 열려 있어요. 시야가 트여 있는 데 살면 훨씬 좋습니다. 이익을 따지면 아파트가 좋을지 모르지만 마음을 따지면 아파트가 안 좋아요. 시멘트로 막혀 있거든요. 아래도 막히고 위도 막히고 층층이 막혀 있어요. 공간과 공간도 막아요.

자비진언은 '옴 마니 반메 훔'입니다. 마음을 확장하고 사랑의 마음을 전하고 사랑의 마음을 키우고 용서와 화해의 마음을 키우기 때문에 자비진언이라 하지요. 관세음보살처럼 모든 대상을 사랑하고 세상의 괴

로운 소리를 다 듣고 해결해 준다 해서 '관세음보살 육자대명왕진언'이
라고도 합니다.

참회진언, 청정진언, 자비진언 이 세 가지 진언을 그때그때 많이 하
면 힘든 일을 극복하는 데 도움이 됩니다. 감정적으로 시달리고 힘들고
회한이 많으면 참회진언 '옴 살바 못쟈모지 사다야 사바하'를 하세요.
몸이 아프면 청정진언 '나무 사다남 삼먁 삼못다 구치남 다냐타 옴 자례
주례 준제 사바하 부림'을 외우세요. 몸의 딱딱한 업들, 바위같이 센 업
들을 다 쳐 버립니다. 업장소멸하는 데는 이 진언이 좋습니다. 계속하
면 '뭘 깎아내나?' 하는 생각이 들 정도로 강력해요. 세 가지 진언 중에
서 가장 무리가 없는 진언이 자비진언 '옴 마니 반메 훔'입니다. 자비진
언은 부드러워요. 무리 없이 쉽게 마음으로 들어가면서 사랑을 채워 주
는 진언입니다.

마음이 일어날 때 이 세 가지 진언으로 사마타해서 위빠사나까지 하
면 아주 좋습니다. 중생의 업장이 세기 때문에 그냥 위빠사나하기는 어
렵거든요. 그럴 때는 염불을 하거나 진언을 하면 극복하기 좋아요. 화
두 집지하는 것보다 만트라 수행하는 게 훨씬 쉬워요. 염불하면서 염불
을 화두처럼 장착하면 됩니다. 만트라 수행은 혼자 하는 게 아닙니다.
워낙 강력해서 초심자는 위험할 수 있습니다. 꼭 도반과 함께 하세요.

만트라가 외워지지 않을 때 보고 해도 되나요?

/

보고 해도 괜찮아요. 만트라 문구를 벽에 붙여 놓고 계속 보면서 외워도 괜찮습니다. 보고 외우고 하면 집중이 분산되기 때문에 외워서 하라는 것이지, 보고 하는 것이 효과가 없는 것은 아닙니다. 그런데 만트라에 는 음파와 음률이 있어서 하다 보면 금방 외우게 되어 있어요.

○

만트라 명상의
효과

우리 몸 안에 마음이 들어붙어 있습니다. 몸에 영향을 주는 마음이 손가락 한 마디 크기라면, 나머지는 몸하고 관련 없는 마음들이지요. 욕구나 스트레스 같은, 몸에 붙어 있는 센 마음들이 몸에 영향을 줍니다. 만트라를 하든 관찰을 하든 몸에서 반응하는 곳에 의식을 꽂으면 이 마음들이 보여요. 이게 떨어져 나와야 몸이 자유로워집니다. 지옥, 아귀, 축생의 3악도업 때문에 몸이 있거든요. 몸을 위하는 사람들은 축생업이 많습니다. 그렇지 않으면 몸을 그렇게 위할 수가 없어요. 어떤 사람들은 의식이 몸이라든가 성욕, 식욕, 이런 욕구에 많이 꽂혀 있어요. 그런 사람들은 의식을 확장하려는 노력이 필요합니다.

만트라는 입으로 하지만 듣기도 합니다. 염불 CD를 들으면서 만트라를 하는 이유가 듣는 것도 같이 이뤄져야 하기 때문입니다. 사람들은 말하는 건 잘하는데 듣는 건 안 하거든요. 삶과 죽음을 같이 인정해야 하는데, 사는 건 인정하고 죽는 건 인정하지 않습니다. 그래서 노인 문제가 심각하지요. 병들거나 죽는 게 인정되면 문제가 크지 않습니다. 우리 몸의 구조를 보세요. 먹으면 배출하게 되어 있어요. 먹은 것을 담아두고 싶은 마음이 많으면 배출을 잘 못해요. 변비가 되는 이유도 마음입니다. 병은 성격이 만들어요.

묻고
답하기

먹으면 계속 화장실 가는 사람은 왜 그런가요?

/

여러 가지 경우가 있지요. 관념에 따라 다르게 나타나요. 관념이 센 사람들은 지저분한 데서 음식을 보면 바로 배 아파서 화장실 갑니다. 더러운 데 가서 밥 먹으면 먹자마자 배 아픈 사람이 있어요. 눈으로 보면서 관념이 작동해 가지고 기분이 나빠져요.

이꼴저꼴 다 보고, 더러운 데서도 먹고 깨끗한 데서도 먹고, 이 사람하고도 먹고 저 사람하고도 먹는 그게 수행이고 도입니다. 딴 게 아닙니다. 이 사람도 보고 저 사람도 보고 이 소리도 듣고 저 소리도 들어야지요. 부드러운 말만 들은 사람은 거친 말을 못 견딥니다. 분별의 양 측면입니다. 내가 존중받으면 좋은데 내가 하인처럼 되면 싫어해요. 두 가지가 잘 되면 수행이 된 것이고 어떻게 보면 마음이 닦인 사람들입니다. 그 안 되는 부분을 마음에서 찾아서 관찰하는 것이 진정한 위빠사나입니다. 잘 되는 것만 계속 바라보면 무슨 소용입니까? 안 되는 걸 봐야지요. 남한테는 잘하는데 가족한테는 안 됩니다. 반대로 가족한테는 잘하는데 바깥에는 안 되기도 합니다.

상하 간극, 좌우 간극, 깨끗하고 더러움의 간극을 보세요. 용수보살은 생사가 일여하고, 하나와 전부가 같고, 오고감이 같다고 했습니다. 내가 저 사람한테 가면, 나는 가는 거지만 저 사람한테는 내가 오는 것이거든요. 사실 같은 건데, 저 사람하고 내가 간극이 있으니 다르게 보입니다. 더러움과 깨끗함은 같아요. 더러움 속에서 깨끗한 게 추출되고, 깨끗하면 더럽게 되거든요. 물이 위에서 아래로 흐르는 이치랑 같아요. 내가 맑아지는 것은 수행해서 맑아지는 것입니다. 그 다음은 맑은 상태로 대상의 온갖 더러움을 받아들이는 것이지요. 그게 대승보살입니다. 그 순간에 둘이 다르지 않다는 것을 알아 버리거든요. 나를 허공으로 만들면 됩니다. 허공에는 대상이 들어올 수 있으니까.

○

말하면서 듣는 겸수兼修의 수행법

수행할 때 항상 앉아서 하는 걸 상좌常坐라고 합니다. 늘 상常 자에 앉을 좌坐 자를 사용하지요. 앉아서 수행해서 대상하고 일치하면 상좌삼매常坐三昧라고 하지요. 낮은 단계입니다. 나중에는 행위로 할 수 있는 삼매로 들어가요. 이게 섞여 있으면 반행반좌삼매半行半坐三昧라 하고, 이걸 깨뜨리는 게 비행비좌삼매非行非坐三昧입니다. 맨 마지막에 있는 게 제일 어렵지요. 앉아서 하는 게 상좌삼매인데, 만트라는 입으로 하니까 행위로 하는 상행삼매常行三昧입니다. 앉아서 만트라를 섞여서 하면 반행반좌삼매요, 이 틀을 다 깨버리면 비행비좌삼매입니다. 행주좌와 어묵동정이 다 수행이기 때문에 사실은 일상이 삼매고, 일상이 다 수행입니다. 그게 안 되니까 형식적인 틀을 갖고 하지요. 다 되면 뭐 하러 도량에 와서 수행을 하겠습니까.

현실에서 말하고 듣는 게 잘 되면 수행이 많이 된 것입니다. 말은 잘하는데 남의 말을 안 듣는다면 수행이 된 게 아닙니다. 시시한 사람의 말에도 진리가 있어요. 진솔하게 자기 이야기하는 걸 들어보면 진리의 말씀입니다. 고고한 사람들이 얘기하는 내용도 진리고, 강아지가 멍멍 대는 소리도 진리입니다. 제가 고양이를 길러 보니까 알겠어요. 야옹 소리에 감정이 다 들어 있습니다. 우리는 말로 마음을 전하지만 고양이는 야옹 소리로 마음을 전해요. 우리는 일정한 틀을 만들어서 그게 진리라고 생각하는데, 그건 착각입니다.

만트라는 착각을 깨는 데 탁월합니다. 만트라를 계속하면 소리의 파장 자체가 한곳으로 들어가요. 이게 사마타 기법입니다. 소리를 내는 데 집중하든, 소리가 나는 데 집중하든, 입모양에 집중하든 한곳에 집중하세요. 집중하다 반응이 일어나면 소리를 거기에 집어넣습니다. 어깨가 아프면 어깨 아픈 곳에 소리를 집어넣습니다. 그러면 일치가 되면서 삼매를 경험합니다. 듣기도 해야지요. 아미타불 염어를 듣든 관세음보살 염어를 듣든, 들으면 그게 또 만트라입니다. 바람소리를 듣거나 물소리를 듣는 것도 만트라지요. 소리가 다 만트라입니다. 폭포 소리를 듣고 있으면 그 소리가 나를 사마타해서 내 마음을 확 트이게 합니다. 그러면 내가 무슨 마음이고, 물소리가 나하고 어떤 마음으로 결합했는지 알아요. 답답하면 바다에 가고 싶어집니다. 파도치는 소리를 들으면 시원하게 속이 뚫리니까. 내가 나를 뚫는 것보다 외부가 나를 뚫는 게 많습니다.

만트라는 입으로 하면서 듣는 겸수兼修의 수행법입니다. 날 보여 주는 것도 잘하고 대상을 보는 것도 잘해야 합니다. 나를 잘 보여 주는 사람들이 대상도 잘 봐요. 그런 걸 지혜가 떠올랐다고 합니다. 어떤 건 되고 어떤 건 안 되는 것은 없습니다. 다 진리 속에 들어 있지요. 단정적인 말, 이득을 따지는 말, 잘난 척하는 말은 듣기가 힘들어요. 위빠사나 잘하는 사람들은 상호 교류관계를 알기 때문에 중도 이치에서 말하지요.

오대산 북대로 심화명상하러 갔는데, 비가 억수같이 왔어요. 그래도 왕복 10킬로미터를 우비 입고 빗소리 들으면서 걸었어요. 빗속을 걸으면 습기 때문에 몸이 무거워지지만, 108배 하고 목욕명상하면 다 풀립니다. 습기가 있으면 왜 몸이 무거워요? 내가 단단한데 습기가 내 속에 들어오니 힘들지요. 비는 그냥 뿌릴 뿐인데 비를 안 맞으려는 내 마음 때문에 힘들지요. 비 오면 비 맞고, 눈 오면 눈 맞고, 바람 불면 바람 맞으면 됩니다. 그것이 진리거든요. 딴 거 없습니다. 특별한 게 있을 거 같죠? 없습니다. 보이면 보고 들리면 듣는 게 진리입니다.

『마조록馬祖錄』을 보면 스승이 불렀는데 대답 안 해서 얻어터집니다. "애야." 부를 때 "네." 하면서 깨닫거든요. 그거 깨달으라고 때립니다. 문지방이라는 경계를 딱 넘는 순간에, "누구야." 하고 불러서 "네." 하고 대답하는 그 순간에 둘이 아닌 이치를 확 알아 버려요. 스승이 지혜가 있기 때문에 그렇게 합니다. 절호의 경계 속에서 뒤로 돌면서 하나가 되는 기법이거든요. 맞고 비틀거리고 발로 걷어차이면서 배웁니다. 그 경계 속에 다 있어요. 그게 사실은 비행비좌삼매입니다. 마조 선사 이야기에 선의 기치가 다 들어 있습니다. 선의 기치면에서 운용의 묘가 많아요. 그냥 앉아서만 하는 거 말고 다양한 것들을 이야기합니다.

수행을 왜 앉아서 할까요? 일단 뭉친 상태를 고요하게 봐야, 떨어지기도 하고 늘어나기도 하고 여러 가지가 다 가능해지거든요. 흔들리면 잘 안 보이는데 고요해지면 보입니다. 그래서 앉아서 하는 것부터 시작합니다. 흙의 속성을 알아야 먼지의 속성을 알듯이 앉아서 고요해진 다음에 내가 쌓아 둔 마음의 거친 장벽을 털어내야 합니다. 그런 다음에 현실 속에서 부딪히고 깨져야지요.

누가 나를 구박하는 것도 사마타입니다. 구박, 구박, 구박, 구박이 사마타입니다. 우리는 누가 구박하면 도망가요. 누가 싫은 소리를 하면 자존심이 욱하고 올라옵니다. 아무리 성인이라도 "왜 그렇게 못났어? 왜 그 모양이야?" 그러면 올라와요. '나는 안 올라와, 안 올라와.' 이러다가 어느 날 깊은 내면에서 뭔가가 틀어져 올라옵니다. 그러니 이 세상에 존재하는 어떤 것도 다 사마타 기법 아닌 것이 없어요. 올라오는 그것을 보는 건 내 몫입니다. 내 마음이 올라오니까요. 치는 사람도 올라오긴 올라와요. 대상이 너무 단단해서 쓰러지지 않고 저항하니까 올라오지요. 그래서 사마타와 위빠사나가 둘이 아닙니다.

누가 나를 쳤을 때 올라오는 마음을 보는 게 위빠사나입니다. 올라오는 게 없으면 없음을 보는 게 위빠사나입니다. 학자들이 있음을 보는 게 위빠사나냐, 없음을 보는 게 위빠사나냐 논쟁했는데, 둘 다 위빠사나입니다. 적당히 올라오면 위빠사나가 잘 되는데, 돌덩이 같은 거친 마음들이 막 올라오면 안 됩니다. 수행 초기에는 번뇌가 많이 드러나니까 위빠사나가 뭔지 몰라요. 그래도 계속 관찰하다 보면 저절로 압니다. 통증이 있는 데를 보고 보고 보는 게 사마타고, 거기서 마음이 나오면 위빠사나입니다. 마음이 나올 때 휙 움직이면 집중했던 걸 놓치고 딴 데로 갑니다. 그것도 위빠사나지요. 마음이 나올 때 거친 게 없으면 다른 생각이 뜹니다. '집에 가서 저걸 해야 하는데.' 그러면 벌써 놓쳤지요. 마음으로 들어가 관찰하다 보면 뭐가 나옵니까? 예를 들어 흙덩어리 계속 파면 공간이 커지고, 계속 파면 심연의 물이 탁 나옵니다. 그 물이 흙덩어리 밑으로 흐르면서 딱딱한 땅에 물기운을 줍니다. 마음관찰은 그런 것과 비슷하지요.

지혜의 물이 흐를 때는 어떤 것도 피하지 않습니다. 흙덩어리도 지나가고 사막도 지나가요. 위빠사나와 지혜는 관통되어 있습니다. 계속 관찰하다 보면 '아, 이게 지혜구나.' 하고 알아요. 지혜는 늘 있는데, 업장이 많아서 안 보일 뿐입니다. 센 업을 놔두고 딴 데 가서 보면 공성이 잘 보입니다. 그러나 그것은 지혜가 아닙니다. 지혜는 센 거 약한 거 다 봅니다. 더럽고 깨끗하고, 괴롭고 즐겁고가 똑같이 적용됩니다. 지혜는 불이고, 두 개가 아닙니다. 현실과 이상을 같이 봐요.

불교에서 왜 지혜를 체득하라고 강조하냐면, 둘이 아니기 때문입니다. 수행하는 사람들은 현실감이 떨어져요. 수행을 제대로 안 해서 그렇습니다. 사람들은 현실을 버리는 게 지혜인 줄 아는데, 현실 속에서 현실을 정확히 보는 것이 지혜입니다. 지혜가 있는 사람들은 현실도 잘 알지요. 더러운 것을 만져도 오염되지 않는 게 지혜입니다. 현실을 잘 운용하는 게 지혜입니다. 돈도 열심히 벌어야 합니다. 다만 돈에 집착하지는 말아야지요.

뿌리를 박는 것도 지혜요, 그 박힌 것이 뽑히는 것을 보는 것도 지혜입니다. 둘을 같이 볼 줄 아는 게 지혜입니다. 지혜가 언제나 내 마음을 비추지는 않아요. 덜 비추는 건 어떻게 합니까? 현실에 돌아와서 걸리는 것을 직접 보면서 변화시켜야지요. 일상에서 '오늘 또 이 마음이 일어났네.' 하고 알아차립니다. 우리는 마음이 일어난 걸 저 사람 탓이라고 합니다. 저 사람이 나한테 원인 제공은 했지만, 일어나는 건 내 마음이거든요. 그것을 질적으로 변환해서 거기에 얽매이지 않는 게 명상입니다. 결국 소통이거든요. 현실에 나가면 소통할 수 있는 기제가 많습니다. 보이는 것도 많고, 들리는 것도 많고, 해야 할 것도 많습니다. 그것들을 통해서 확장시켜 나가는 것이 명상입니다. 사마타, 위빠사나를 통해서 지혜를 체득하고 현실에서 소통 못하는 마음들을 전환시켜서 질적인 성숙, 앎의 성숙을 이뤄 내는 게 명상입니다. 명상은 사실 소통입니다. 내가 저 사람을 보고 저 사람은 나를 보고 자유롭게 들어왔다 나

갔다 하는 걸 같이 하는 것이지요. 그걸 현대적으로 풀어서 알려 줘야
합니다.

만트라를 혼자 했을 때 문제가 생기는 경우가 더러 있습니다. 만트라
가 세거든요. 앉아서 관찰하는 것도 세지만, 힘을 가진 소리로 턱턱 치
는 건 더 강렬합니다. 그래서 센 업이 확 드러날 수 있어요. 센 업이 들
이닥쳤을 때는 그게 진짜처럼 느껴져요. 그 순간에 나왔던 것이 나를 확
덮거든요. 드러났을 때 그 업을 해결할 수 있는 관찰력이 있거나 그게
헛것이라는 것을 확연히 알면 상관이 없습니다. 그렇게 못하는 사람들
은 여럿이 하는 것이 좋습니다. 초보자들은 더욱 그렇지요.

여러분이 수행이 많이 되면 스스로가 스승이 되기 때문에 스승이 따
로 필요 없습니다. 그렇지만 도반과 도량은 항상 필요해요. 도량에 수
행하는 기운들을 뿌려 놓으면 다음 사람들이 그 기운을 받아 또 수행하
게 됩니다. 도반은 수행만 함께 하는 게 아닙니다. 쉴 때는 친구처럼 얘
기도 하고, 밥도 같이 먹고, 여행도 같이 가요. 도반은 인연관계로 묶이
지 않아서 순수한 도반관계가 형성되면 수행하는 데 부담이 없습니다.

여러분이 반야지혜가 드러나고 마음의 공성이 드러나면 진리를 얘기
할 수 있습니다. 진리는 공통된 것이기 때문에 진리를 얘기하면 산천초
목뿐 아니라 미물도 반응하지요. 진리까지만 가면 내가 하는 얘기를 나
도 믿을 수 있고, 대상도 믿을 수 있고, 모든 만물들이 믿고 따를 수 있
습니다. 거기까지 가는 게 쉬운 일이 아니지만, 도반과 도량과 선각자
들이 내놓은 길이 있기 때문에 할 수 있어요. 반야라는 진리는 누구나
똑같이 갖고 있기 때문에, 진리에 근거해서 얘기하거나 공감하거나 나
누는 것은 똑같기 때문에, 진리를 통해서 모두가 합일할 수 있습니다.

생각에 대고 만트라를 할 수도 있나요?

/

생각 많은 사람들이 처음에 몸관찰 위빠사나를 하면 생각으로 흘러서 대개는 관찰이 잘 안 됩니다. 생각이 일어나면 만트라의 주인공 노릇을 잠시 잊게 됩니다. 그러니 생각이 나면 무조건 만트라를 그 생각에 쏟아부으세요. 망상이건 중요한 생각이건 가리지 말고 생각이다 싶으면 온 정성을 쏟아서 생각이 없어지도록 만트라를 하는 것입니다. 처음에는 생각이 만트라의 힘을 이기기도 하지만 그냥 계속하세요. 만트라는 신비한 힘이 있기 때문에 하다 보면 생각이 아스라하게 사라집니다. 그러나 생각이 일어나면 만트라로 쳐내겠다는 의도를 내야 합니다. 생각이 줄면 그저 만트라만 하면 되지만, 생각이 많으면 만트라를 생각 잡는 파리채로 사용하세요.

신묘장구대다라니 수행으로 깨달은 사람이 많다고 했는데 만트라 수행에 적합한가요?

/

신묘장구대다라니는 긴 만트라입니다. 그래서 다양한 사마타 기법을 가지고 있다고 할 수 있어요. 짧은 단어를 합성한 것만이 만트라가 아닙니다. 길게 이어지는 문구들도 만트라거든요. 처음 수행을 접한 사람은 짧은 문구의 만트라가 적용하기 쉽지만, 만트라 수행이 어느 정도 이루어지면 긴 만트라도 해봐야 합니다. 그럴 때 신묘장구대다라니가 좋은 만트라가 될 수 있어요. 신묘장구대다라니로 득도한 사람이 많다는 것은 관세음보살의 위신력이 그만큼 대단하다는 것이겠지요.

성격과 심리 상태에 따라 만트라가 달라지나요?

/

그렇습니다. 성격과 심리에 따라 여러 가지 만트라 중 하나를 선택할 수 있어요. 감정이 막혀 있고 외롭고 쓸쓸할 때는 단연 자비진언 '옴 마니 반메 훔'이 효과가 좋습니다. 관념과 강박이 심한 사람은 청정진언이 좋지요. 청정진언 '나무 사다남 삼먁 삼못다 구치남 다냐타 옴 자례주례 준제 사바하 부림'은 마음의 물질업을 녹이고 관념을 녹이는 데 효과가 뛰어납니다. 항상 구업口業을 일삼고 몸으로 상대를 이기려는 사람들은 일단 강한 업을 참회진언 '옴 살바 못쟈모지 사다야 사바하'로 내려놓아야지요. 밤길을 걷거나 두려운 대상을 만나서 두려움이 많이 생길 때는 광명진언 '옴 아모카 바이로차나 마하무드라 마니 파드마 즈바라 프라바르타야 훔'이 좋고, 내면의 깊은 심리를 건드리고 싶으면 신묘장구대다라니가 좋습니다. 염불의 종류를 달리 해도 만트라만큼의 효과를 볼 수 있습니다.

8문

마음관찰

겹겹이 쌓인 마음층 관찰하기

○

나 를 객 관 화 해 서
보 는 것

　　우리는 업을 굴리면서 살아갑니다. 생각도 막 굴리고 몸도 막 굴리지요. 큰 톱니바퀴는 천천히 구르는데, 내 톱니바퀴는 너무 작아서 빠르게 굴러가요. 한 치의 여유도 없습니다. 마음이 노예가 되고 마음이 기계가 되었어요. 마음이 작동하면 불안심리가 계속 촘촘히 올라옵니다. 쉬고 싶어도 안 쉬어져요. 안 하고 싶어도 하게 돼요. 안 만나고 싶어도 만나게 돼요. 그렇게 안 살고 싶어도 그렇게 살아요. 누가 그렇게 하라고 하지 않았는데 어느새 그렇게 하고 있습니다. 부정적인 생각이 한번 일어나면 부정적인 쪽으로만 생각이 굴러갑니다. 긍정적인 생각을 한번쯤 하면 좋은데 안 되거든요. 그것이 업력業力입니다.

사랑하는 사람이 있으면 그 사람만 보이지, 그 사람과 관련된 여러 가지 상황들이 안 보입니다. 마음이 꽉 차면 그게 파동을 치면서 톱니바퀴처럼 굴러가요. 너무너무 싫은 바깥의 것들이 다 자기화됩니다. "저 사람 왜 저래. 너무 싫어." 그러는 것이 다 자기화돼요. 대상을 통해서 보고 듣고 말한 건 다 자기화됩니다. 열 번 욕하면 열 번 모두 자기화가 됩니다. 좁을수록 자기화가 더 많이 되지요.

명상이라는 건 뭘 하는 게 아닙니다. 다만 자기화된 데다 들이댈 뿐이지요. 들이대서 깊숙하게 들어가면 대상을 볼 때도 표면적인 것만 보지 않고 그 사람의 심리, 내면까지 쑥 들어갑니다. 표면만 봤을 때는 '왜 성격이 그 모양이야? 왜 머리 안 빗었어?' 이러는데, 안으로 쑥 들어가면 어떻게 됩니까? 그 사람이 지금 복잡하고 일이 많아서 머리를 못 빗는 상황이 보여요. 알고 보면 다 이해됩니다. 내 마음도 넓게 보지만, 다른 사람을 볼 때도 넓게 봅니다. 나를 보고 너를 보고 나를 보고 너를 보다 보면, 네가 내가 되고 내가 네가 되는 것을 저절로 알아차려요. 내가 만든 것도 아니고 네가 만든 것도 아니거든요.

관찰해서 내 업이 객관화되는 데까지는 가야 합니다. 누가 내 발등을 찍어요. 누가 나를 배반하고 억울하게 만들어요. 다 '나' 때문입니다. 내 업에 휘둘려 가지고 내가 내 발등을 찍어요. 처음에는 그 대상이 내 발등을 찍은 것처럼 느껴지는데, 한참 보면 아닙니다. 선택은 내가 했어요. 이리 갈까 저리 갈까 하다가 내가 선택해서 이리로 갔거든요. 먹을까 말까 하다가 먹었으니 내 선택입니다. 안 먹을 수도 있었어요. 버릴까 말까 하다 버렸습니다. 내가 버리는 걸 선택했어요. 늘 내가 선택해요.

관념은 어떻게 생깁니까? 관념은 둘 중 하나가 맞다고 생각하는 건데, 둘은 하나로 연결돼 있습니다. 우리가 늘 하나에 연연하기 때문에 번뇌가 일어나요. 잃으면 잃은 대로 살면 되는데, 얻어야 한다고 생각하니 괴롭지요. 지혜로운 사람은 잃어야 얻는다는 걸 알아요. 얻으면 반드시 내려놔야 한다는 것도 알아요. 얻었기 때문에 잃을 때가 오는데, 어리석을수록 얻음만 생각합니다. 얻음만 생각하면 반드시 낭떠러지에 도달해요. 스스로 그렇게 만듭니다. 그랬던 기운들이 마음에 다 들어가 있어요.

내가 계속 얻음만 생각하는지 아닌지 마음관찰하면 알 수 있습니다. 잃으면 잃음만 보고, 얻으면 얻음만 보고, 욕구만 채우고, 관념대로만 살거든요. '이렇게 사는 게 맞아.' 하면서 감정, 욕구 다 무시해 버립니다. 소통해야 하는데 소통 안 하기 때문에 뭉쳐요. 고집 센 사람들은 소통 안 합니다. 고집으로 똘똘 뭉쳐서 말을 안 들어요. 그러니 잘 관찰해서 자기 마음상태를 봐야지요. 그것이 마음관찰입니다.

몸과 마음이 붙어 있으면 모릅니다. 좀 떨어져서 객관화돼야 자기 마음의 총량을 아는데, 객관화되지 않았거든요. 객관화되지 않은 마음이 현실에서 작동합니다. 작동하다 못해 밖으로 튀어나와서 남의 인생도 휘둘러요. 그 사람은 자기 길을 잘 가는데 자기 마음으로 이렇게 해야 한다고 끌고 갑니다. 그 마음이 세력화돼서 대상도 휘두르고 세상도 휘두릅니다. 자기 마음이 최고라고 여기는, 전도 몽상된 마음들이지요.

마음이 객관화되면 심리적으로 안정이 됩니다. 이 간극이 크면 심리적인 안정을 얻을 수 없어요. 돈을 벌어야 한다고 생각하는 사람들은 돈을 못 버는 상황이 오면 견디지 못합니다. 살아야 한다에 걸려 있으면, 죽을 상황이 됐을 때 죽음을 받아들이지 못합니다. 또 뭐가 있어요? 성

공하는 데 걸려 있고, 부지런한 데 걸려 있고, 깨끗하고 더러움에 걸려 있습니다. 성적인 업이 많은 사람들은 깨끗하고 더러움에 많이 걸려 있어요. 절반씩 한 치의 오차도 없이 동등하게 있는데, 한 쪽을 키웠으니 얼마나 간극이 크겠어요. 낭떠러지의 부담이 엄청나지요.

묻고
답하기

왜 대상을 통해서 보고 듣고 말한 건 자기화되나요? 이해가 잘 안 됩니다.

/

보고 듣는 것이 모두 자기화되지는 않습니다. 그냥 보고 들으면 자기화되지 않아요. 싫고 좋은 감정에 의해서 대상의 모습을 분별하고 하나만 취할 때 자기화됩니다. 자기 방식대로 듣고 보면 자기화되지요. 자기 방식 없이 그저 보고 들으면 수용되는 것이기에 뭉치지 않습니다. 내 방식과 내 틀과 내 기억을 내려놓고 내 안을 비운 상태에서 보고 들으면 보고 들은 것이 다 지혜의 빛이 되어서 자신도 녹이고 대상도 녹이지 '나'가 되지는 않아요. 별 문제가 생기지 않습니다. 반쪽이 또 다른 반쪽을 만나 완성되기에 더 이상 할 일이 없는 것이지요.

왜 성적인 업이 많은 사람들이 깨끗하고 더러움에 많이 걸려 있나요?

/

우리의 대표적인 관념들은 생과 사에 있기도 하고, 얻음과 잃음에 있기도 합니다. 어떤 경우에는 일치와 분리에 있기도 하고, 오고 감에 있기도 하지요. 뿐만 아니라 깨끗하고 더러움에 있기도 하지요. 이 깨끗하고 더러움에 관한 관념이 강하면 어떤 한쪽을 극도로 취합니다. 성적인 마음들이 한쪽에 편향되어 일어나는 경우가 있기 때문이지요. 사람에 따라서는 두 분별의 한쪽을 유별나게 취하는 경우가 있어요. 욕심 많은 사람들은 얻음에 편향될 확률이 높고, 관념이 강한 사람들을 하나와 둘이 같음을 놓치게 되지요. 성적인 업이 센 사람들은 자신이 깨끗함에 속해 있다고 착각을 일으키기도 해요. 몸이란 물질을 깨끗하게 하고 정결하게 하는 사람들이 여기에 포함됩니다.

○

세 가지
마 음

마음은 세 가지입니다. 첫째, 눈·귀·코·입·몸의 5관의 마음과 의식의 마음, 둘째, 5관과 의식으로 인식한 내용들을 한 장 한 장 쌓아 놓은 자기 마음, 셋째, 이미 저장되어 있어서 끊임없이 영향을 주는 마음이지요. 5관의 마음과 의식의 마음, 자기 마음, 저장의식이 모두 마음인데, 마음이 많이 발현되는 게 생각입니다. 가만히 앉아서 흘러가는 나의 생각들을 들여다보세요. 현재의 내 마음을 알 수 있습니다. 늘 돈생각만 합니다. 돈계산하는 게 지금 내 마음이지요. 계산을 치밀하게 하면 마음이 치밀해집니다. 그것이 나를 단단하게 묶어 버리거든요.

계산하는 생각이 유식唯識으로 말하면 말라식末那識입니다. 저울질이지요. 손해 볼까 말까 따지는 게 계산법이거든요. 이게 떨어지면 안의 마음들은 선업 종자가 많기 때문에 생각 자체가 긍정적으로 바뀝니다. 위기에 봉착했을 때도 긍정적인 생각이 나서 위기가 없어져요. 성향이 그런 사람들이 있습니다. 분명히 위기인데 생각이 긍정적으로 바뀌어요. 그러니 부정적인 생각에서 빨리 벗어납니다.

우리 마음은 욕망, 욕구, 분노, 외면, 무지들로 뒤엉켜 있습니다. 무지는 바깥을 아예 돌아보지 않아요. 그냥 갇혀 있습니다. 자기 속으로 들어가서 되새김질하는 상태지요. 끄집어내서 되새기고 끄집어내서 되새기는 그것이 무지입니다. 결국 시간이 해결해 줍니다.

마음을 볼 때 잘 모르겠으면 5관을 집중적으로 보든지, 아니면 겹겹이 쌓인 나를 보든지, 나라는 의식이 어디서 발동이 걸리는지 잘 보세요. 내 견해를 보거나 나를 내세울 때 보는 것입니다. 다 보기는 어려워요. 그래서 내 속성 중에서 아만我慢이 세면 아만을 보고, 교만이 세면 교만을 봅니다. 내 주장을 말로 하는 게 아견我見입니다. 자기 몸을 엄청 소중히 여기는 건 아애我愛입니다. 아치我癡는 아만, 아견, 아애가 다 붙은 총합이고 고집입니다. 고집과 아치는 아주 유사하지요. 그래서 고집에서 보든지 주장에서 보든지 자기 몸에서 보든지 나를 내세울 때 보든지 합니다. 내가 거기서 다 나오거든요. 아만, 아견, 아애, 아치 네 가지에서 내 마음을 보는데 다 볼 수 없으니 하나를 정해서 봐야지요. 아만, 아애는 주로 몸을 잡고 있습니다.

보는 것도 막혀 있고 듣는 것도 막혀 있고 냄새 맡는 것도 막혀 있고 대상과 접촉도 제한되어 있고 엄청나게 깔끔한 사람들은 무지 덩어리입니다. 아만도 세고 아애도 세고 아견도 세요. 고집도 너무 세서 돌덩어리 같아요. 소통이 안 됩니다. 돌덩어리로 굴러가다 보면 외부대상이 와서 깨줘요. 돌이 풍화되어 부슬부슬해지는 게 아니라, 더 강력한 돌덩어리가 와서 깨줍니다. 외부에서 강한 공격을 받거나 믿고 사랑했던 사람이 뒤통수를 후려칩니다. 스스로 변하는 것보다는 경계를 만나서 변하지요.

이번에는 마음이 어떤 건지 관찰하겠습니다. 5관을 보든 자기를 보든, 생각을 보든 하나를 정해서 관찰하세요. 마음관찰하면 주로 어떤 마음들이 관찰될까요? 번뇌의 마음, 자기중심적인 생각들, 말로 표현할 수 없는 마음, 억울하고 창피한 마음, 돈을 많이 벌어야 한다는 마음, 계산하는 마음, 지키자는 마음들이 많지요? 계산하고 지키려는 마음은 반드시 버려야 합니다. 그게 인색입니다. 인색이 발동 걸리면 마음이 좁아집니다. 계산 안 하면 손해 볼 거 같은데, 사실은 이득이 와요. 관찰하면 마음들이 흐르거든요. 관찰해서 마음 보따리가 열리면 마음이 사연으로 나오고 행위로 나오고 감정으로 나오고 영상으로도 나와요. 몇 년 동안 접시만 본 사람도 있습니다. 그게 음식업이거든요. 그릇이 관념도 되고 욕심도 됩니다. 먹는 것도 그릇이 있어야 저장할 수 있으니, 저장하는 마음이 그릇으로 나오지요.

마음은 그 자체로 완벽합니다. 주관이 있고 객관이 있는데 둘이 한통속입니다. 말로 표현하기 어려운 얘기를 말로 풀려니까 힘든데, 여러분들이 수행을 하다 보면 알게 됩니다. 나라는 존재를 관찰해서 객관화하면 내가 아닙니다. 나라고 생각했는데 내가 아닙니다. 그러니까 나도 너고 너도 나입니다. 어쨌든 간에 나라는 것은 분리의식 때문에 생겼어요. 분리의식이 없으면 내가 생겼겠어요? 내 것이 생겼겠어요? 고무줄을 같이 쥐고 있으면 내 것이 없어요. 그런데 내가 이쪽에서 잡아당기면 고무줄도 내 것이 되고 힘도 내 것이 됩니다.

맞잡고 있을 때는 누구 것도 아닙니다. 그런데 한쪽에서 탁 놓으면서 분리되는 순간 누구 것이 되지요. 내 것이 많고, 내가 가져온 것이 많아요. 물질도 가져다 놓고, 사람도 가져다 놓고, 관념이나 과거 기억도 가져다 놓고, 생사윤회했던 기록들도 내 거라고 가져다 놨습니다. 줘 버리면 끝나는데 갖고 오는 바람에 다 내 것이 됐지요.

내가 내 것이라고, 내가 경험한 것이라고 생각한 것도 마음에 들어갑니다. 내가 그동안 억울하게 당했던 사연들도 마음에 들어가요. 그게 업식인데, 나올 때 그대로 나오기도 하지만 왜곡되어 나오는 경우도 많습니다. 똑같은 형태로 나와야 하는데 안 그래요. 안에 들어 있던 비슷한 종자끼리 뭉쳐서 왜곡됩니다. 내가 억울한데 저 사람이 억울한 것처럼 나와요. 감정으로 나올 때는 눈물로도 나오고 스토리로도 나오고 영상으로도 나옵니다. 알 수 없는 압박감, 긴장감이 나와요. 내 거라고 갖고 올 때 끌어당기니까, 관찰하면 잡아당김, 긴장 이런 것들이 같이 나옵니다.

사람들은 경쟁하면 이기려고 합니다. 이기려고 권모술수를 써요. 뒤통수도 탁 치고 앞통수도 탁 치고 폭력도 쓰고 억울한 말도 많이 했으니 후환이 두렵지요. 당한 사람이 가만히 있겠습니까? 따지고 폭로하고 비난할 거 아닙니까? 그러니 두려움이 많을 수밖에 없어요. 이런 감정들이 마음 안에 엄청나게 많습니다. 이번 생만이 아니라 백 장 천 장 첩첩이 쌓였거든요. 그러니 이 마음을 어쩌지 못합니다. 아무리 긍정적으로 생각하려 해도 안 됩니다. 쌓인 게 우르르 나와야 좀 여유가 생겨요.

　내 목적이 생기니까 생각을 많이 하지요. 그렇지 않으면 생각을 많이 할 필요가 없습니다. 사실은 단순한데 복잡하게 살고 있어요. 그래서 수행해서 마음을 건드렸을 때 우르르 우르르 나옵니다. 물질로도 나오고 감정으로도 나오고 생각으로도 나오고 행위로도 나오고 인식과 판단과 분별로도 나오지요. 그걸 5온五蘊이라고 합니다. 제일 많이 저장되는 게 행위입니다. 행위는 반드시 저장돼요. 힘도 저장됩니다. 탁 때렸어요. 그게 힘이거든요. 그럼 저장됩니다. 탁 때리면 저 사람한테도 저장되지만 행위로서 자기한테 저장되는 게 더 많아요. 행위로 저장되면 행위는 에너지이기 때문에 빨리빨리 굴러갑니다. 쉬지를 못해요. 그래서 행위를 보면서 관찰하는 게 중요합니다.

　수행할 때 행위로 나오는 사람들이 많아요. 몇백 생이 한꺼번에 나오기도 합니다. 한 장 한 장이 압축돼서 나올 때 행위로 팍 튀어나와요. 강력한 것은 행위로 많이 나옵니다. 가스 분출되듯이 쫘악 나와요. 세게 나오면 업이 현실처럼 느껴집니다. 안의 것이 나오면서 미치는 사람도 있어요. 업이 세면 그런 현상들이 많이 일어납니다. 그래서 센 사람들은 절수행이라든가 봉사라든가 보조적인 수련을 해서 어느 정도 힘을 뺀 다음에 수행해야 합니다. 센 것들이 막 나오면 관찰도 안 되고 잘못하면 사람도 치거든요.

　성적인 업도 잘 관찰해야 합니다. 욕구나 센 관념들이 더 나올 수도 있고, 고집을 더 부릴 수도 있어요. 수행하면 고집이 세지는 사람들도 있습니다. 사실은 눌러 놨던 게 나오는 것이지요. 그렇다 해도 배출되는 것이 낫습니다. 배출되면서 해방되거든요. 마음에 칼이 있으면 배출

될 때 칼이 나오는데, 그게 다 나와서 끝나면 무無가 됩니다. 신기해요. 마음에 갇혀 있을 때는 유有인데 다 나오면 무無가 됩니다. 흔적 없이 사라져요. 그래서 갖다 넣지 말아야 합니다. 어떤 것도 저장하지 말아야 합니다.

저장한 것이 많으면 그만큼 무겁습니다. 그러니 비우고 살아라 비우고 살아라 하지요. 원수도 비우고 관념도 비우고. 그런데 쉽게 비워지겠습니까? 그래도 비우는 방법을 배워서 비우는 수밖에 없습니다. 비워서 겹겹이 생사윤회했던 모습이 아닌, 본래의 내 모습을 봐야지요. 봤는데도 못 봤다고 생각할 수도 있어요. 수행하다 보면 처음에 많이 보는데, 본 걸 인식하지 못합니다. 업으로 말하고 업으로 행위하고 업으로 생각해서 그렇지요. 나중에 업이 많이 떨어지고 나면 알게 됩니다. '아, 그게 그거였구나. 이미 나는 알았구나.' 여러분도 사실은 그런 상태입니다.

○

마음을 관찰하는 방법

5관을 통한 탐진치 관찰

눈, 귀, 코, 입, 몸 5관을 관찰하면 거기 담긴 마음들을 많이 볼 수 있습니다. 거칠게 작동했던 마음들, 자기중심적으로 하고 싶어 하는 마음들, 과다한 의욕들이 5관을 통해서 작동하거든요. 그런 마음들을 잘 관찰하는 게 마음관찰입니다. 5관의 느낌들을 마음이라 생각하고 그 마음을 알아차리면서 생각이 어디서 나오는지 관찰하세요. 먼저 눈을 계속 관찰하면서 생각이 눈에서 나오는지, 다른 데서 나오는지 잘 보세요. 눈, 귀, 코, 입, 몸 5관 중에서 눈에 어떤 마음이 있는지 관찰하겠습니다. 시간을 길게는 안 할 테니까 여러분들이 어떤 상태인지 딱 알아차려 보세요.

일단 눈을 관찰하면 조금 아까 했던 것들이 한순간에 작동해서 분류가 딱 됩니다. 눈도 객관화됩니다. 어떤 사람이 눈관찰을 하더니 "눈에 마음이 없습니다." 그래요. 눈에 작용하는 게 없으니까 마음이 없다는 얘기거든요. 그렇지 않습니다. 그 내면에 층층층층층 있어요. 그러니 눈을 관찰하면서 탐진치 3독심을 관찰해 보세요.

첫째, 눈으로 보면서 욕심이 생기는 것을 관찰하고, 과거의 기억 속에서 눈으로 보면서 욕심 부린 것을 관찰합니다. 둘째, 눈에서 분노를 일으키고 감정을 일으키는 것을 관찰하고, 눈으로 보면서 화냈던 과거의 기억들을 관찰합니다. 셋째, 눈으로 보면서 무시하고 외면하고 폄하하는 것을 관찰하고, 무시하고 외면했던 과거의 기억들을 관찰합니다. 귀, 코, 입, 몸도 이 순서대로 관찰합니다.

관찰하면서 심리적인 불안요소를 잘 보세요. 내가 어디에 걸려 있는가? 그 마음들이 5관을 타고 있습니다. 5관을 잘 보면, 붙어 있는 마음들, 난리 치는 마음들은 대부분 떨어져 나갑니다. 난리 치면 앉아 있지를 못해요. 눈으로 봤던 거 지금 해결하러 갑니다. 싫은 소리를 들었으면 지금 당장 싸움하러 갑니다. 그 물건이 돈이 된다는 소리를 들으면 지금 당장 그거 사재기하러 갑니다. 행위로 나와요. 가도 되고 안 가도 되는데 가만있지를 못합니다. 5관 관찰을 하면 이렇게 난리 치는 마음이 떨어져요. 더 나아가서 난리 칠 수 있는, 아직 현재화되지 않은 마음들도 발견하게 되지요. 5관을 타고 다니는 마음들이 있거든요. 그게 의식입니다.

의식의 마음은 5관을 더 깊숙이 들어가면 발견됩니다. 어떤 사람이 계속 눈관찰하다가 밝혀냈어요. "선생님, 눈하고 귀하고 신경계가 마주치는 지점이 있어요? 계속 관찰하니까 코하고 머리 안쪽이 연결되어 매듭처럼 있는데, 그게 뭐예요?" 그것이 의식의 마음입니다. 의식의 마음은 생각을 만들어 내는 마음과 많이 관련되어 있어요. 깊숙하게 들어 있기 때문에 홀연하다고 느끼지요. 표면에서 반응하면 내가 반응한다고 느끼는데, 갑자기 훅 일어나면 그렇게 느껴요. 더 깊은 것은 나랑 더 분리되어 있거든요. 그래서 생각을 보면 의식을 많이 알 수가 있습니다.

자, 다시 한 번 눈관찰을 하겠습니다. 눈관찰하면서 두 가지를 집중해서 살펴보세요. 첫째, 눈관찰을 하면서 생각이 있는지 없는지를 봅니다. 둘째, 눈관찰하는데 생각이 나오면 생각이 눈에서 나오는지 딴 데서 나오는지 봅니다. 집중을 잘했을 때 생각이 줄어드는지, 집중 못했을 때 생각이 뜨는지도 알 수 있습니다.

묻고
답하기

마음관찰은 5관의 기억관찰을 통해서 하는 것이네요?

/

마음관찰은 5관이 있는 몸관찰을 통해서 할 수도 있고, 헐떡이는 거친 생각들을 통해서도 할 수 있습니다. 마음으로 들어가는 문은 크게 두 가지입니다. 하나는 몸이나 5관을 통하여 들어가고, 또 하나는 생각을 통하여 들어갑니다. 이 마음관찰 중 하나는 인생에 있었던 기억을 통하여 들어가는 방법이 있어요. 그런데 몸이나 5관을 통하여 들어가도 기억을 만나고, 기억을 통해 들어가도 몸을 만나게 됩니다. 둘이 연결되어 있어서 그렇습니다.

생각이 어디서 오는지 잘 모르겠어요.

/

그러니까 생각만 잘 봐야 합니다. 마음관찰할 때는 눈에 의식을 두고 있더라도 마음속에 떠오르는 생각만 봐야 관찰이 잘 됩니다. 무슨 얘긴지 알아요? 힌트입니다. 마음관찰은 몸관찰하지 말고 생각만 봐야 합니다. 한 번에 두 개는 못해요. 대충은 하는데 확실하게는 못합니다.

마음관찰했는데, 집중하지 않으면 방금 전에 했던 얘기 같은 걸 생각해요.

/

거기에서 알 수 있는 게 있습니다. 방금 전에 했던 것을 저장한다는 것이지요. 그러니 가까운 것부터 생각이 뜨지요. 먼 것부터 뜨는 사람도 있습니다. 사소한 것까지 저장하는 사람이 있고 사소한 건 저장 안 하는 사람이 있습니다. 마음관찰하면 자기 유형을 알 수 있어요.

한참 생각 안 하다가 뜬금없이 여인 한 명이 나타났어요. 영화 〈천녀유혼〉에서 귀신이 지나가듯이요.

/

집중했을 때 영상으로 보는 것도 생각이라 해 둡시다. 사실 영상은 생각과 약간 달라요. 그냥 이미지거든요. 생각해서 나오는 게 아닙니다. 마음관찰하다 뜬금없이 나왔지요. 개연성이 하나도 없지만, 그것도 생각의 범주에 넣어 봅시다. 그냥 이미지만 떠오르는 생각도 있어요. '이따 뭘 해야지.' 이런 게 생각이거든요. '재가 왜 저랬을까?' 속말하는 것 같은 그게 진짜 생각입니다. 그것을 구분할 줄 알아야지요.

저는 눈이 어둡다고 느끼면서 아픈 곳이 계속 관찰됩니다. 위가 관찰되고요.

/

눈관찰하면서 위가 관찰됐군요. 일단 눈에 집중하세요. 몸에 집중하면 마음관찰하기가 어려워요. 생각만 바라보세요.

눈에 집중하니까 먹거리 생각이 큽니다. 부엌에서 칼질하고 김 굽는 영상도 뜨고 그래요. 눈 위쪽이라고 생각되는 부분에서 맛 같은 것이 한 장씩 올라와서 천정이라고 느껴지는 부분 아래에 와서 딱 붙고 딱 붙고. '이 생각은 도대체 어디에서 올라오는 걸까? 머리에서 오는 걸까?' 하다가 끝났어요.

/

그럴 때는 생각 자체가 일어나는 걸 보려고 노력하면 됩니다. '어디에서 일어나는가?' 그것은 내가 지레짐작한 거니까 그런 거 하면 안 되고, 그냥 생각 자체를 보려고 노력하세요.

눈에서 과열된 열기 같은 거, 힘든 거가 나왔어요. 집중할 때는 생각이 안 떠오르는데, 놓치는 순간 호로록 생각들이 떠올라요. 그러다가 눈에서 보이는 색깔이 점점 무거운 거에서 가벼운 걸로 바뀌어요.

/

열기는 눈을 많이 써서 생깁니다. 하여간 눈관찰할 때는 눈의 마음을 봐야지요. 눈관찰할 때 나오는 현상을 마음이라고 생각하세요. 찌르면 찌르는 마음이라고 생각하고, 그 현상을 그대로 본 다음에 생각을 잘 보세요.

몸을 관찰해도 몸이 아니라 몸의 마음을 관찰하는 것이네요? 마음관찰할 때만 그렇게 생각하는 건가요?

/

몸도 마음의 일부입니다. 그래서 몸관찰하다 보면 몸속에 있는 마음들을 보게 되지요. 그러나 몸에 붙어 있는 마음들은 마음 중에서도 고정되어 있고 유연하지 못한 마음들입니다. 그래서 마음 아닌 것이 없다고 하는 것입니다. 이것이 몸이다 이것이 마음이다 하는 경계는 없습니다. 어느 순간 몸으로 느껴지기도 하고 마음으로 느껴지기도 하거든요. 분리하지 말고 일어난 현상에만 분별없이 집중하세요.

종소리가 들리면 종 이미지가, 풀벌레 소리가 들리면 풀벌레 이미지가 흐릿하게 대충 떠올라요.

/

그게 이미지인데, 사실은 그것도 안 떠올라야 합니다. 그냥 수용되면 이미지는 안 떠올라요. 마음의 실체에 다가가기 위해서 우리가 이런 걸 연습하는 것입니다. 진짜 내가 알아서 가는 거하고, 제가 설명한 대로 되는 거하고는 달라요. 저는 여러분한테 포인트를 잡아 줄 뿐입니다. 이미지와 생각이 같아요, 달라요? 생각이 있을 때마다 이미지화를 했다면 그게 같이 떠오를 수도 있습니다. 말을 하면서 그 이미지를 같이 만들지요. 파리라고 말하면서 파리 이미지를 같이 떠올리는 것입니다.

나의 존재감과 자존감 관찰

이렇게 살든 저렇게 살든 살면서 쌓았던 마음이 나이테처럼 있습니다. 생을 마감할 때 '아, 나는 이런 사람으로 이렇게 살았어.' 하고 정리하면서 나의 한 생이 싸악 없어져요. 그런데 마음에는 그 살았던 한 생이 딱 있습니다. 그 한 생을 간직한 채 또 한 생을 살면, 그 한 생이 또 쌓여요. 그 경험의 나이테가 많아질수록 존재감이 커집니다. 그것이 '아성我性'이지요. 아성이 많아지면 무거워져서 나중에는 견디기 힘듭니다. 아성이 곧 나인데, 내가 무너지면 좋은데 안 무너지거든요. 그게 생생히 있어야만 내가 살아 있다고 느끼니까.

나 자체만 관찰해도 오염된 마음을 관찰할 수 있습니다. 나의 존재감과 자존감을 관찰하면 탐진치 3독심을 볼 수 있어요. 첫째, 주장과 입장과 가치관과 관념, 지식으로 표현되는 나의 말과 행동과 속말과 생각을 관찰합니다. 둘째, 나를 높이고 잘난 척하고 남을 낮춤으로써 나를 내세우는 나의 말과 행동과 속말과 생각을 관찰합니다. 셋째, 나의 고집과 나에 대한 사랑과 집착을 나의 말과 행동과 속말과 생각 속에서 관찰합니다. 넷째, 타인과 환경과 사회를 무시하고 나만을 생각하는 나의 말과 행동과 속말과 생각을 관찰합니다.

늘 나라고 느끼는 그것이 다음 삶을 만드는 원동력입니다. 5관은 그냥 작동하고 끝나거든요. 그런데 나는 안 끝납니다. 다음 생에도 안 끝나요. 그게 열 장, 백 장, 천 장 만들어지고 그 장이 압축되어 다음 생을 결정합니다. 그러니 쉽지는 않아요. 그것을 용어로는 '말라식'이라고 하는데, 결국은 아성我性입니다. 나라는 존재감이지요. 그 총체적인 아를 마음이란 그릇에 저장해 놓습니다. 생生도 딱딱 저장하지만 하늘도 저장하고 구름도 저장하고 공기도 저장하고 알 수 없는 미지의 세계도 다 저장할 거 아닙니까? 나도 모르게 내 마음에 들어왔다 나갔다 하고, 영혼도 막 들어왔다 나갔다 하거든요. 그걸 총체적으로 마음이라고 보는데, 사실은 가짜 마음이지요.

그러면 진짜 마음은 뭘까요? 저장한 것을 다 풀면 비어 있으니까 '공空'이라고 하는데, 그렇다는 것을 알고 있는 마음들이 있습니다. 들어왔다 나가기도 하고 허물어지기도 하고, 어느 생에는 반이 허물어지고, 공업共業을 만나면 다 허물어지는데, 이 모든 것을 분별하지 않으면서 그냥 바라보는 마음이 있습니다. 그것이 지혜입니다. 지혜가 마음 중에서 으뜸인데 가려져 있어요. 5관의 작용 때문에 가려지고, 생각 때문에 가려지고, 살아온 존재감 때문에 가려지고, 3아승지겁 동안 살고 죽었던 것 때문에 가려져 있습니다. 진짜 마음은 본 적이 없습니다.

'마음을 누가 봤다는데 그게 뭘까?' 궁금해서 끊임없이 연구한 사람들이 있어요. 나는 개미가 돼도 막 구르는데, 어떤 개미는 '저 개미들이 왜 저렇게 떼를 지어서 갈까?' 궁금해서 다른 길로도 가보거든요. 다 줄서서 가는데, 줄에서 나와서 질문을 던집니다. "왜 너는 그 마음을 계속 유지하려고 하지? 해도 되고 안 해도 되는데?" 우리는 항상 해야 한다고 생각하거든요. 일방적으로 안 해야 한다고 생각하는 사람도 있지요. "하지 마. 할 필요 없어." 시종일관 그렇게 살아요. 합리적으로 안 되어 있기 때문에 인간은 심리적으로 불안할 수밖에 없습니다.

그래도 인간계는 6도 윤회에서, 3악도 윤회에서 선취善趣에 들어가요. 취는 나아갈 취趣입니다. 삶으로 나아가는 취. 관념이 세지면 지옥으로 갑니다. 관념관념관념 하니까 딱딱한 관념 덩어리가 되고 무거워져서 툭 내려가는 게 지옥입니다. 지옥에서는 스스로 나오지 못하니까 대상이 와서 깨 줍니다. 감정이나 욕구가 너무 강하면 욕구 덩어리, 아귀가 됩니다. 감정이 불처럼 일어나서 "아이 러브 유I love you. 사랑 줘. 사랑 줘." 하면서 달라붙어요.

인간계는 혼자서는 살 수 없는 구조입니다. 내가 세상에 영향을 주고 세상이 나에게 영향을 주고, 내가 세상에 도움을 주고 세상이 나에게 도움을 줍니다. 그런데 의식은 나 혼자 잘살겠다고 하니 불협화음이 생기지요. 내가 100퍼센트 외부에 의해서 만들어졌는데 내 의지로 될까요? 안 됩니다. 그런데 의식은 그렇게 되어 있어요. 내가 해야 하고 내가 만들어야 하고. 마음을 들여다보면 자기가 살아온 방식이 다 들어 있습니다. 내가 심리적으로 고립되는 것은 자기 삶의 방식이 그런 식으로 되어 있기 때문입니다. 내 마음을 관찰해 보면 그래요. 죽어도 마음의 그 방식은 사라지지 않기 때문에 다음 삶도 그 방식대로 살아갑니다.

고립되어 있는 그 의식을 마음에다가 만들어 놓고, 그 방식을 다음에

들어왔다 나가기도 하고
허물어지기도 하는데,
이 모든 것을 분별하지 않으면서
그냥 바라보는 마음이 있습니다.

도 적용하고 그 다음에도 적용하고 세세생생 적용합니다. 미래의 삶도 그걸로 결정되지요. 그런데 고립되어 있는 나를 봐주고, 고립되어 불안하게 떨고 있는 나를 도와주는 대상이 있어요. 그리고 자연이 있습니다. 햇빛은 녹여 주고 바람은 식혀 주고 별은 초롱초롱 나를 비춰 줍니다. 그것들이 나와 상관없다고 여기면 도움을 받거나 영향을 받지 않아요. 늘 있는데도 내가 외면합니다. "도와줄게. 손 내밀어." 해도 손을 안 내밀어요. 일방적인 건 없습니다. 손을 내밀어야 잡아 줄 수 있어요.

이 세상에 일방적인 건 아무것도 없다는 것이 연기법緣起法입니다. 일방적으로 내가 똑똑한가요? 나를 똑똑하게 해 주는 조건들이 있어서입니다. 그럼 네가 똑똑한가요? 내가 너한테 도움을 줬기 때문입니다. 실체를 보면 나도 아니고 너도 아니기 때문에 자성이 없지요. 본질적으로는 없습니다. 조건이 만들어졌기 때문에 있지요. 엄청나게 기록을 갖다 넣어서 마음 덩어리가 굴러갑니다. 더 하고 싶고, 더 먹고 싶고, 더 가져오고 싶은 욕구가 활약해요. 명상은 그 덩어리가 에너지원이 되어 활약하는 것을 보는 것입니다. 그 덩어리가 나를 개인적인 업에 갇히게 하는 기제임을 보는 것이지요.

사는 것도 다 내 마음이 결정합니다. 저 사람이 내 마음을 끄는 요소를 다닥다닥 붙이고 있으니 그 순간에는 저 사람이 좋아요. 사실은 엄청나게 못되고 나를 괴롭힐 건데 그것도 모르고 그냥 좋아서 결혼하고 싶어요. 내 마음이 시켰다는 걸 모르고 결혼해서는 나중에 "내가 너 만나서 이렇게 됐어." 하면서 원망합니다. "나라가 왜 이따위야. 나라가 나에게 뭘 해 줬어?" 원망해요. 좋은 나라도 많은데 내가 이 나라로 왔거든요. 내가 구더기니까 똥을 좋아해서 똥 속에 있거든요.

내 마음 상태에 따라 결정돼요. 어차피 이렇게 결정되었으니, 속에 엄청나게 많은 마음 보따리를 한번 풀어 봐야지요. 그게 궁금해서 세세생생 마음 보따리를 풀어 보는 사람들이 있어요. 수행을 좋아한다든가 도 닦기를 좋아한다든가 철학적으로 생각한다든가. 외부가 내 마음이기 때문에 외부에 대해 심도 있게 사유하는 사람들도 마음의 구조를 알아요. 외부가 내부가 되고 내부가 외부가 되니까. 그게 이치로는 이해가 되는데 '아, 그렇구나.' 하고 실행하긴 어렵습니다. 마음 보따리에 쌓인 게 너무 많기 때문에.

나와 관련된 생각과 기억 관찰

마음관찰은 마음 보따리에서 나오는 것을 관찰합니다. 1차적인 마음 보따리가 5관에 있기 때문에 처음에 나올 때도 5관을 통해 나와요. 마음은 바깥의 것을 5관을 통해 안으로 끌어당겨 저장하는 기능을 많이 합니다. 마음이 꽉 차 있으면 넓고 풍부하게 연결되어 있는 것을 끌어당기는 게 아니라 상황상황을 하나씩 분리해서 끌어당겨요. 그래서 오류가 많습니다.

마음 좁은 사람들이 업장이 두터울수록 그 사람이 보고 듣고 아는 것이 사실 아닌 게 많습니다. 관계 속에서 들어오지 않고 그 자체만 들어오기 때문이지요. 그래서 물질적인 한계에서 벗어나지 못합니다. 물질은 껍데기층이기 때문에 열렸다 닫혔다 하는 거지 사실이 아니거든요. 어리석은 사람들은 돈으로 다 해결하려고 합니다. 그 정도 되면 의식의 세계는 많이 피폐해졌다고 볼 수 있지요.

이번에는 나와 관련된 생각과 기억들을 관찰해 봅시다. 첫째, 나의 생각을 관찰합니다. 둘째, 내가 하는 생각이 어떤 속성을 띠는지 관찰합니다. 셋째, 생각을 한번 끊어봅니다. 넷째, 생각이 올라오는 자리를 관찰합니다. 다섯째, 과거의 괴롭고 즐거운 상황을 기억 속에서 찾아보고 끊어봅니다.

5관을 관찰하면 1차적인 마음들이 많이 관찰돼요. 내 마음을 잘 모른다면 눈을 관찰해서 눈의 마음들을 보세요. 귀는 관찰이 잘 안 됩니다. 귀는 관찰을 오래 해야 '아, 귀가 막혀 있구나. 외부대상의 소리를 듣기 싫은 마음들이 귀에 많구나.' 하는 걸 알거든요. 코도 마찬가지입니다. 그런데 눈은 알기가 좋습니다. 눈을 관찰하면 여러 가지 마음들이 관찰됩니다. '내가 어떤 것을 못 보고 있구나. 어떤 것은 밀어내고 있구나.' 눈을 관찰하면 이런 것들이 많이 보입니다. 그랬던 과거의 기억들이 눈의 마음에 저장되어 있기 때문에 잘 보입니다.

입도 관찰이 잘됩니다. 눈관찰이 잘 안 되면 입을 관찰해 보세요. 입은 기능이 많습니다. 감정도 많이 나오고 개념도 많아요. 청산유수로 말하는 사람치고 진실하긴 어려워요. 말이라는 건 어떤 물질에 개념을 붙여서 조합되어 가지고 나오거든요. 말을 어눌하게 하는 사람들이 속 깊은 경우가 많습니다. 입에는 마음들이 많아요. 욕구도 굉장히 많거든요. 먹고 싶으면 입이 쭉 나오는 사람도 있어요. 동물들 입을 보세요. 오리들은 왜 입이 딱딱하고 튀어나와 있을까요? 새들은 왜 입이 뾰족하게 생겼을까요? 그것도 마음의 표현입니다. 이가 없는 대신 먹는 마음들이 거기에 몰려 있어요. 마음이 모여서 형상을 만들거든요. 외부에 관심을 갖는 것도 내 마음에 대한 관심입니다. 정답은 여러분들이 관찰해야만 알 수 있어요. 여러분 스스로 자기 마음을 들여다보고 남의 마음을 들여다보면, 어떤 마음이 어떤 형태를 만드는지, 어떤 마음이 사라지는지, 어떤 마음이 교류하는지를 알 수 있습니다.

관찰이 특히 잘되는 데는 몸입니다. 눈으로 보지만 행동하는 건 몸이거든요. 눈은 행동하게끔 1차적인 작용을 하지요. 눈으로 봐서 마음이 좋으면 몸이 가거든요. 가서 갖고 오든지 몸으로 표현하든지 합니다. 그러니 몸을 관찰해도 마음을 많이 알 수 있어요. 이것이 5관의 마음입니다. 5관이 그렇게 되어 있기 때문에 내가 또 그러는 것이 억울해요. 그 마음에 의해서 지금도 노예짓을 하는 것이 진짜 억울하지요. 그걸 하고 또 하거든요. 이제 끝날 때도 됐는데 그걸 내려놓지 못하는 게 싫어요. 그걸 저 사람이 잘못했다고 할 필요가 없습니다. 이미 그런 구조를 갖고 있는데 어떡하겠어요? 회광반조는 나를 보는 것입니다. 왜 내가 그러고 있는지 봐야지요. 쌓아 놓은 게 있고 경험이 있고 받아들인 기억이 있고 그런 감정이 있고 그런 욕구가 있어요. 그 욕구가 끊임없이 일어나서 괴로운 건데, 그걸 괴로움이라고 생각 안 합니다. 욕구가 끊임없이 일어나는데 어떻게 안 괴롭습니까? 그 실체를 보는 것이 괴로움의 실체를 보는 것입니다.

생각이 떠오르면 그 생각이 어디서 나왔는지 사실은 오리무중인 게 많습니다. 의식의 범위라서 그렇지요. 의식의 범위에 자료화된 게 많이 들어와 있거든요. 사람이 80살까지 살다가 죽으면서 마음에 자료 한 장을 남깁니다. 그 한 장의 내용에 따라 다음 생이 결정되지요. 다음 생을 마칠 때도 마음에 한 장을 남깁니다. 그 한 장 한 장이 내가 되지요. 자의식 강한 사람들은 마음에 담긴 게 많습니다. 그렇게 윤회하다가 어떨 때는 자기를 돌아봐요. 돌아봐서 100장이면 50장으로 줄입니다. 돌아보지 않고 계속 굴리는 경우에는 장 수가 많아져요. 그러니 똑똑하지요. 사실은 안 똑똑합니다. 걸리는 게 너무 많고 분별이 많아요. 많이 알고 똑똑하다고 그 사람이 지혜롭게 사는 것은 아닙니다. 쌓인 것이 자기를 막아서 그렇습니다.

그래서 "부정관해서 다 내려놔라. 나를 부정하는 게 부정관이니까 이번에 부정해 봐라." 강조하는 것입니다. 어쨌든 나를 내려놓고 부수적으로 조건 지워진 여러 가지 마음들을 관찰하는 게 명상이거든요. 명상 기법을 프로그램으로 만들려면 수천수만 가지도 만들 수 있습니다. 눈관찰만 해도 할 게 너무 많아요. 눈으로 보고 판단하고 생각하기 때문에 눈에 개념들이 많거든요. 물질이 눈하고 관련되어 있어서 눈관찰하면 물욕이 많이 떨어져요. 물질이 떨어지면 가난해지느냐? 아닙니다. 소통이 잘되니까 물질이 더 풍부해져요.

옛날에 부처님은 다 출가시켰어요. 그러면 세상일을 좀 잊거든요. 전원을 내리니까 전깃불이 꺼져서 바깥이 안 보이거든요. 그렇다고 바깥이 나를 만드는데 나만 볼 수는 없지요. 수행 잘하는 사람은 나중에 전원을 다시 켭니다. 그때는 업을 계속 돌리는 구조로는 안 살지요. 그런 기제를 명상이 만들어 줍니다.

명상도 쉬면서 해야 합니다. 여유를 갖고 나를 봐야지요. 덕지덕지 붙은 '나'가 하루아침에 휘익 떨어지진 않거든요. 너무 '나'가 센 사람이 화두를 들고 "넌 뭐야." 하면, '나'가 "너 죽을래?" 해서 혈압이 올라갑니다. 힘이 세니까 잠도 안 자고 수행합니다. 업력이 센데 하루아침에 털어지겠습니까?

수행은 그렇게 하는 게 아닙니다. 여유를 갖고 포기할 줄도 알아야지요. 뭔가를 얻으려고 해도 안 됩니다. 얻으려고 하면 더 잃어요. 수행해서 얻는 게 딱히 없습니다. 세속적인 결과물이라는 게 돈이나 명예, 뭐 그런 것이잖아요. 수행은 그런 거 없습니다. 생명이 길어지거나 아프던 게 싹 낫거나 그런 것도 없습니다. 받을 건 받아야지요. 병들면 아파야지요. 욕하면 욕먹어야지요. 피하지 않는 그것이 성과라고 할 수는 있겠지요. 마음 비우기가 결과물입니다. 인식의 범위가 확대되고 끌탕하는 게 없어지니 마음에 여유는 생깁니다. '나'가 줄어드니까, '나'가 떨어져 나가니까 관찰하면 벗어나는 것이 느껴져요. 마음속에 들어차 있는 수많은 것들이 떨어져 나가면 알거든요. 그 수많은 것들이 떨어져나갈 때는 알거든요. 영상도 보이고 사물들이 많이 보이잖아요. 그런데 전반적으로 떨어져 나갈 때는 모릅니다. 알 필요도 없습니다. 관찰해서 마음이 그 모든 걸 만들었다는 것만 알면 됩니다.

수행할 때 생각으로 잘 가는 사람은 몸을 관찰하고, 몸관찰을 잘하는 사람은 생각을 관찰하세요. 그래야 짝이 맞습니다. 생각에는 미세한 생각, 광활한 생각들이 많아요. 그래서 생각을 많이 하면 망상으로 빠져 오리무중이 되기도 하지요. 생각도 업이기 때문에 생각을 따라가다가 미궁으로 빠지기도 합니다. 생각이 생각을 먹고 생각이 나를 덮어 버리면 나도 모르게 나를 놓치게 되니까 정신을 잃지요. 생각이 많으면 위험하지만, 좋은 면도 있습니다. 보통 사람이 생각 못하는 넓은 세계를 열어 줄 때가 있거든요.

몸관찰을 하거나 5관 관찰을 하면서, 자아의식이나 자존심을 관찰하면 뭔지 알 수 없는 마음들이 보입니다. 무거운 마음, 닫힌 마음이지요.

어둠속에 있는 마음들입니다. 변화하는 마음도 발견됩니다. 여러분들이 5관 관찰을 하면서 이런 근본적인 마음들을 알아차려 보세요. 욕심나는 마음, 끊임없이 나를 위하는 마음, 남을 무시하고 싶어 하는 마음들이 늘 작동하고 있다는 걸 알아차려야지요. 내가 뭐하는지도 모르고 주워 담고 밀어내고 미워하고 분리하고 내가 최고라고 내세우는 이 마음을 끝없이 굴리거든요. 마음관찰이라는 게 뭔지 잘 모르겠으면, 나를 내세울 때 내 마음을 보면 되고 분노할 때 분노하는 마음을 보면 됩니다.

관찰을 잘하면 분노하는 마음이 분출할 때 눈으로, 입으로 불이 나오는 게 느껴집니다. 분노가 너무 세서 이글이글 몸도 타 버립니다. 분노할 때는 다 튀어나오거든요. 그럴 때 마음을 관찰해 보세요. 관찰하면서도 튀어나와요. 그 마음이 나올 때는 세기 때문에 어쩌지 못합니다. 관찰하다 보면 그것이 꺼질 거라는 것을 느낍니다. 나오긴 나오는데 계속 나오지 않는다는 걸 알아요. 시간이 지나면 줄어듭니다. 더 관찰하면서 안을 들여다보고 바깥의 현상을 보면서 마음을 관찰하면 나오면서 끊어집니다. 그러고 나면 큰 분노는 안 나오지요. 외부대상이 나를 심하게 치기 전에는 안 나와요. 마음이 객관화되면 객관화된 마음 자체는 분리가 되기 때문에 내 마음 때문에 내가 괴롭지는 않습니다. 그 정도가 돼야 진정한 위빠사나지요.

센 마음이 딱 붙어 있으면 객관화가 안 됩니다. 나도 객관화 안 되고 남도 객관화 안 돼요. 오리무중입니다. 그런 마음이 좀 떨어져 나가면서 객관화가 되고, 비워지면서 객관화가 되고, 알아차리면서 객관화가 됩니다. 의식이 맑아지면서 좀 살 만해져요. 우리는 보통 어떤 틀을 만들려고 하거든요. 갖춰서 살려고 하거든요. 그런데 갖춰서 사는 건 다 무너집니다. 저기까지 가야 살 만하다고 믿었는데, 저기 가면 만족이 됩니까? 안 됩니다. 저기 가면 다른 것이 또 설정됩니다. 나를 그렇게 힘들게 하는 것이 업식이지요. 그것을 아는 데는 시간이 걸립니다. 그리고 내 마음을 아는 데도 시간이 걸립니다. 하루아침에 이루어지는 건 없어요. 마음은 보면 볼수록 새록새록 나옵니다. 그러니 마음이 나올 때마다 '아하, 내가 욕심이 많구나.' 알아차리면서 그러려니 하면 됩니다.

묻고
답하기

나와 객관화된 마음이 분리되는 걸 어떻게 알 수 있나요?

마음이 몸과 분리되지 않으면 객관화된 마음들이 드러나지 않습니다. 집중 포인트에 놓여 있던 몸이나 마음이 어느 정도 떨어져 나가야 가능해요. 그러면 그때 그 상황도 객관적으로 보이고 나도 객관적으로 느껴지고 생각도 나와 분리되어 느껴집니다. 나의 공성이 조금이라도 드러날 때 객관화가 이루어져요. 마음이 꽉 차 있으면 위빠사나가 객관화라고 할지라도, 지금 위빠사나를 하고 있더라도 틈이 없어서 마음을 객관화해서 보기 힘듭니다.

○

일상에서 대상을 얼마나
수용하는가

바깥의 일이나 바깥의 사람은 객관화가 잘됩니다. 그 사람과 내가 결합해서 그 사람 괴로움이 내 괴로움으로 될 때도 있지만, 대부분 객관화가 빨리 되거든요. 내 업도 객관화가 빨리 되는 것이 좋습니다. 괴로움이 오래 지속되는 건 객관화가 안 되어서입니다. 바깥에서 보고 듣는 것이 툭툭툭툭 달라붙어서 그 마음작용이 눈을 통해서 나옵니다. 듣는 것도 마찬가지입니다. 들으면서 생각이 올라오고 온갖 감정이 올라오는 것도 객관화가 안 돼서 그래요. 객관화가 되면 일단 마음에 빈 공간이 생기기 때문에 소리가 그대로 들어와요. 좋은 소리든 나쁜 소리든 다 수용됩니다.

공성을 체득하면 소리가 들어올 때 좋은 소리 나쁜 소리 분별하지 않습니다. 허공은 분별하지 않거든요. 허공에다 물을 끼얹든 오물을 버리든 짐을 가득 놓든 그냥 수용하거든요. 꽉 차 있던 마음이 어느 정도 비워지면 대상이 잘 들어와요. '아, 저런 모습은 진짜 보기 싫어. 저런 건 너무너무 싫어.' 이런 게 많이 줄어들어요.

이번 마음관찰의 중심주제가 평소 내가 대상을 얼마나 수용하는지 보는 것입니다. 어떤 소리를 수용하는지 안 하는지, 어떤 감촉을 수용하는지 안 하는지 관찰해 보세요. 냄새도, 맛도 마찬가지입니다. 보통 사람들은 5관으로 했던 의식, 생각, 아성, 저장된 것들이 너무 많아서 그것을 대상한테 밀거든요. 그런데 수용하면 대상과 내가 평평하게 됐다가 안으로 쑥 들어갑니다. 그러면 객관화가 되지요. 비어 있으면 상대방의 아성我性이 들어와도 수용되고 인정됩니다. 마음이 꽉 차 있으면 감당이 안 되지요. 나도 감당이 안 되는데 대상이 감당될 리 있겠어요.

어떤 때는 수용하는데 어떤 때는 내치거든요. 객관화가 부분부분 되어 있기 때문입니다. 사람마다 어떤 부분은 되고 어떤 부분은 안 되는 게 있습니다. 꽉 차서 여유가 없으면 다 쳐내요. 보는 것도 탁, 듣는 것도 탁. 내가 더 중요해요. 내가 먼저 가야 하니까 "저리 비켜." 그러거든요. 꽉 차 있던 인식의 범위가 약간 열리면 수용을 잘합니다. 여유가 생기지요. 아성我性이 많아지면 마음을 촘촘히 분별로 채우고 관념으로 채웁니다. 시간도 촘촘히 다 써요. 10분, 5분, 1분도 다 씁니다. 흐릿하고 허술한 게 없고 치밀해요. 그러면 마음이 인색해지고, 실제로 물질도 인색해져요. 어떤 목적에 의해서, 어떤 명분에 의해서, 자기 관념에 의해서는 쓰지만 허투루 쓰지는 않아요. 제 얘기는 허투루 쓰라는 것입니다. 어떤 건 허술하고 어떤 건 치밀하고 해야지요.

내가 왜 빡빡한지 보세요. 치밀한 관념과 치밀한 시간과 치밀한 생각과 치밀한 그것을 하나도 안 내려놨어요. 하나도 버리는 게 없습니다. 시간도 안 버려, 돈도 안 버려, 마음도 안 버려, 업장도 안 버려, 가족도 안 버려, 다 안 버립니다. 쓰레기 봉투도 헐렁하게 채워서 버리는 게 용납이 안 됩니다. 남자들은 그런 거 잘해요. 3분의 1도 안 채워졌는데 냄새 나면 훅 버려요. 여자들은 그거 아끼느라고 삐져나오도록 채우거든요. 허술한 데가 없습니다. 어떤 사람은 맨날 먹어서 버린다고 해요. 음식 아깝다고 몸을 통과해서 버리면 좋을 거 하나도 없습니다. 소화도 시켜야 하고 흡수도 해야 되고 배출도 해야 되거든요. 많이 먹어서 그 기능이 발휘 안 되면 몸에 불균형이 와요. 그냥 버리나 먹어서 버리나 버리는 건 똑같습니다.

관찰을 통해서 대상이 들어오지 못하는, 여유로움이 없는 그 마음이 뭔지를 보세요. 1차적으로 마음이 들어오는 통로가 5관이기 때문에 5관의 마음을 봐야지요. 대상을 밀어낼 때는 반드시 관념이 있습니다. 나중에는 산같이 커다란 관념 덩어리를 보게 됩니다. 5관의 마음을 떨어뜨리는 것도 중요하지만, 나중에 산같이 커다란 관념 덩어리, 그 무지를 보는 것도 중요해요. 현장에서 경험하지 않으면 사라지기 어렵습니다. 아직 안 온 미래가 관찰 대상이니까요. 그러니 관찰을 많이 해서 쌓아 놓은 것을 좀 털어내고 마음의 통로, 여유를 확보해야지요. 특히 그동안 내가 옳다고 판단해서 해왔던 패턴을 많이 보세요. 마음의 법칙은 잘못된 게 더 많습니다. 어떨 때 양보해야 한다는 게 관념이거든요. 그 패턴이 사실은 무지에 의해서 만들어진 구조물입니다. 자, 다시 한 번 눈관찰하겠습니다. 제가 '눈관찰'이라고 하면 눈관찰만 하세요. 그 담에 '생각관찰'이라고 하면 생각관찰만 하세요. 눈에 집중하면 생각이 뜨는지 안 뜨는지도 보세요. 같이 하는 게 아니라 하나씩 하는 것입니다.

묻고
답하기

생각이 경계와 부딪힐 때 거기서 탁탁 오르기도 하는데, 내면에 맺혀 있는 것이 녹을 때 관찰하면 햇빛에 녹아서 뽀르르 연기가 나오듯이 생각이 그렇게 올라오기도 해요.

/

생각이 진짜 그렇게 올라올까요? 여러분, 생각이 어디서 나옵니까?

저는 그렇게 올라오기도 하고, 그냥 오기도 해요. 예를 들어 눈을 관찰하면 눈 주변에 생각이 모여요. 집중하면 사라졌다 다시 모이고 어느 순간 다른 데서 나오고. 왔다가 사라지기도 하고 다시 머물기도 하고.

/

그 생각을 잘 보세요. 아무것도 안 보이는데 생각은 하지요? '아무것도 안 보이네.' 이러고. 생각이 어떤 건지는 알겠어요? 누구는 생각과 생각 이미지라 그랬어요. 그래서 제가 이미지와 생각은 다르다고 했거든요. 이미지가 안 떠올라야 생각이 뭔지 알 수 있습니다. 이미지와 생각은 다르거든요. 같이 떠오를 수는 있습니다.

의도한 것에만 생각이 있다고 봤는데, 의도하지 않은 것에도 다 있는 거 같아요.

/

의도하지 않은 것에도 생각이 있지요. 떠도는 생각. 없다가 있다가 하는 그 생각을 잘 보세요. 두 가지 다 마음입니다. 비어 있음도 마음이고 아예 없음도 마음이고 지혜도 마음입니다. 내 생각이 어떻게 흘러가고, 어떤 생각을 주로 하고, 어떤 생각을 할 때 느낌이 동반하는지, 이미지가 동반하는지, 생각하면서 동작을 같이 하는지, 생각하면서 그 모든 것이 동반하는지 그걸 알아야 합니다. 내 생각의 패턴을 아는 것이 이번 관찰의 핵심입니다. 도대체 나는 어떤 생각을 하고 있고 그 생각이 뭔지, 관찰할 때 생각이 없어지는지, 관찰 속에서 생각이 나오는지.

아무것도 안 오니까 힘들어요. 뭔가 소득이 있어야 하는데 소득이 없는 거 같아서.
/

관찰해서 생각이 없으면 좋아요. 명상해서 없는 것이기 때문에. 뭔가 있는 것보다 없는 게 훨씬 좋습니다.

머리 속에서 뭔가 "치이이." 하고 끓어서 집중을 못하겠어요. 집중해야겠다는 생각도 못했습니다.
/

정신 차리고 집중하세요. 눈이라든가 귀라든가 느낌이라든가 여러 가지 현상들을 바라보고 있지요? 나는 바라보는 주관, 생각은 바라보는 대상입니다. 몸을 바라보고 있다 합시다. 내 의식이 바라보고 있을 때 몸에서 뭐가 일어나요, 지금? 느낌이 일어나지요. 그 느낌이 마음이라고 생각하면서 마음을 보세요. 느낌을 보고 있는 동안에 생각이 일어나요, 안 일어나요? 그 순간에는 안 일어나요. 그런데 바라보는 걸 놓치면 생각이 들어옵니다. 집중을 정확하게 하세요.
아까 어떤 사람은 머리에서 또 생각이 나온다 그랬어요. 진짜 생각이 거기서 나옵니까? 여기서 영상은 나올 수 있습니다. 그런데 영상이 나오자마자 자기가 생각을 붙였는지, 진짜 여기서 생각이 나오는 건지 그것은 긴가민가해요. 그래서 제가 여러분한테 숙제를 줬어요. '어디서 생각이 나오는가?' 우리가 수식관할 때 숫자를 세잖아요. 느낌을 보면서 숫자를 붙이는 것도 생각입니다. 눈 감아 보세요. 몸에 느낌이 있지요? 느낌을 바라보고 있지요? 바라보면서 속으로 '하나.' 해보세요. 그러면 그 하나라는 생각은 그 느낌에서 나옵니까, 바라보는 데서 나옵니까?

하나라는 생각을 갖다 붙였기 때문에 어디서 나오지 않고 갖다 붙인 것입니다.

/

우리가 '하나' 하는 거와 생각이 비슷하지요? 느낌에다 붙이는 건데 속으로 '하나.' 하고 명칭을 붙이거든요. 느낌을 관찰하면서 내가 이 느낌에 명칭을 붙이고 싶어요. 몰리는 거 같은 느낌이면 속으로 '몰리네.' 하고, 찌르는 거 같은 느낌이면 '찌르네.' 하거든요. 그런 게 생각입니다. 그 생각은 머리에서 나오는 게 아닙니다. 그럼 그 생각은 어디서 나올까요? 그게 화두입니다. 여기서 나오는 생각이 있습니다. 그렇지만 '하나, 몰리네, 찌르네.' 이런 생각은 어디서 나오는지 궁금하지 않아요?

쌓인 게, 저장된 게 나오는 거 아닐까요?

/

그것은 본인 얘기입니다. 관찰해 가지고 증명된 거, 확실한 걸 얘기해 보세요. 그냥 그럴 것이라고 하는 게 아니라 실지로 보고 관찰하고 얘기하세요.

개념화하던 그 습習에서 나오나요?

/

그러니 보라는 것입니다. 그 습習이 실체가 있습니까? 생각이 나오는 것에 실체가 있습니까? 마치 실체가 있는 듯한 데서 느낌이 나오거든요.

거기서 직접 나오지는 않고, 눈을 보면서 하면 눈 주변에서 나와요. 아플 때는 밑에 어디선가 오고요.

/

밑으로부터 어디선가 온다는 건 생각이거든요. 생각이 지금 말로 나오거든요. 느낌이 올라오는 거지 생각이 올라오는 건 아닙니다.

느낌인지 생각인지 헷갈릴 때가 있습니다.

/

정확하게 보세요. 몸에 느낌이 있죠? 그 느낌을 계속 보면서 거기서 생각이 나오는지, 딴 데서 나오는지를 보는 게 지금 주제입니다.

9문

걷 기 명 상

걸으면서 일어나는 마음 관찰하기

○

수행으로 들어가는 여덟 가지
방법

    수행으로 들어가는 방법에는 행주좌와어묵동정行住座臥語默動靜 여덟 가지가 있습니다. 그중 행선行禪은 행위를 하면서 관찰하는 것인데, 걸으면서 걸음에 집중하는 걷기명상이 행선에 들어가지요. 주선住禪은 걷다가 멈추거나 서면서 동작이 멈춘 상태에 집중하는 명상법입니다. 말을 하다 멈추는 행동을 관찰하는 것이 주선이지요. 버스 정류장에서 버스를 기다릴 때 버스를 한 대 보내 보세요. 버스를 보내고 머물면서 주선을 하면 좋아요. 목적을 향해 가다가 멈추고 그 자리에 있어 보세요. 목적이 뚜렷한 사람일수록 멈추고 관찰하는 게 중요합니다. 그런 사람은 매일 정해진 일을 해야 한다고 생각하거든요. 사실은 해도 되고 안 해도 됩니다.

수행은 해도 되고 안 해도 된다는 것을 알려 줍니다. 가는 건 되는데 안 가는 게 안 되는 사람이 있습니다. 약속을 지키는 것은 잘 되는데 약속을 어기면 불편한 사람도 있지요. 약속을 지켜도 되고 약속을 깨도 됩니다. 움직이고 멈추고, 긴장하고 이완하는 행선과 주선이 상대적인 관계를 갖고 있기 때문에 둘의 균형이 맞아야지요. 행선과 주선을 결합해서 행위하고 멈추는 행위를 50 대 50으로 하는 게 중요합니다. 3시간 걸었으면 멈추면서 관찰하는 것도 3시간 해야 제대로 하는 것입니다. 우리는 가는 것에 많은 시간을 쓰고 멈추거나 쉬는 것은 잘 안 하는데, 밸런스를 맞추는 게 좋아요. 사람들은 자기가 일하는 데 성실한지 노는 데 성실한지, 자기 패턴을 잘 모릅니다. 어떤 경우든 균형이 맞으면 괜찮아요. 물 흐르듯이 하면 아무 문제가 없습니다. 마음도 흐르면 문제가 없어요. 막혀 있거나 눌려 있거나 정체되어 있는 것이 문제지요.

좌선할 때도 장좌불와長坐不臥가 좋다고들 하는데 실제로는 좋지 않습니다. 앉아서 수행만 하고 눕지 않으면 몸이 굳어요. 사람들은 수행이 특별하다고 생각해서 장좌불와를 칭송합니다. 앉아서 관찰하고 서서도 관찰해야 하는데, 대개 앉는 것만 오래 하고 서 있는 것은 오래 하지 않습니다. 일하는 것만 오래 하고 쉬는 것은 그만큼 안 해요. 이것이 모순입니다. 합리적으로 해야 합니다. 거의 누워서 생활하는 사람들이 있는데, 오래 누워 있으면 기력이 없어지고 몸이 무거워져요. 피로할 때 누워서 자면 피로가 풀리지만, 그것도 적당히 해야 합니다. 8시간 자면될 것을 12시간 자면 바로 무거워져요. 좌左와 우右가 균형이 맞아야 합니다.

좌선은 앉아서 집중하는 명상법입니다. 좌선 수행이 전부라고 생각하면 안 됩니다. 좌선이 중요한 것은 삼각형 자세를 하기 때문에 집중하기가 좋아서입니다. 마음에 집중하는 포인트를 잡기에 좌선이 좋은 방법이지요. 좌선을 통해서 행선까지 가야 올바른 수행법입니다. 기본적인 것은 좌선을 통해서 배우는 게 좋아요. 마음이 흔들리지 않고 고요하게 가라앉아야 마음을 관찰할 거 아닙니까? 마음이 들떠 있으면 관찰 못해요. 물이 가라앉아야 물속에 뭐가 있는지 보이듯이 떠 있는 마음을 가라앉히는 데는 좌선이 좋습니다. 피라미드가 삼각형으로 되어 있는 것도 그것 때문이지요. 다 삼각형 원리에서 온 것입니다.

좌선을 하면 고여 있는 딱딱한 것이 많이 관찰됩니다. 좌선이 지성地性 관찰에 탁월한 효과가 있어요. 하루 이틀 사흘 시간이 갈수록 관찰되는 것이 달라집니다. 풀어지기도 하지만 내면에서 지성이 계속 나오기도 해요. 단단한 것이 내면에 그만큼 많다는 얘기지요. 강인함, 단단함이 풀어지기까지는 시간이 한참 걸려요. 그냥 놔두지 못하고 의지력으로 풀려고 했던 것들은 쉽게 풀리지가 않습니다. 좌선하면 그런 것들이 많이 관찰되지요.

와선臥禪은 누워서 몸과 마음의 반응에 집중하는 명상법입니다. 잠잘 때 의식이 어떻게 활약하는지 관찰합니다. 와선이 좌선보다 탁월한 점이 있습니다. 좌선하면서 지성을 관찰하다가 눕거든요. 누운 상태에서 나를 관찰하다가 자면 관찰이 지속됩니다. 꿈속에서 관찰이 돼서 꿈꾸는 나를 봅니다. 잠에서 깨어 일어날 때도 바로 일어나지 말고 그때의 상태를 관찰하면 좋아요. 누워 있는 상태에서 깨어나는 과정을 관찰하는 게 일반적으로 할 수 있는 와선입니다. 왜 이런 꿈을 꾸는지 알아차리기도 하고 꿈을 중간에 끊기도 해요. 좌선은 의도적인 수련인데, 와선은 의도적인 수련이 아닙니다. 자연스레 마음 안에 있는 것을 건드려 주지요. 좌선에서 건드리지 못하는 것을 와선에서 건드려 주거든요. 눈도 귀도 닫은 상태에서 안에서 활동하는 걸 볼 수 있으니까요. 불안이 쌓여 있을 때 무섭거나 도망가는 꿈을 꾸는 경우가 많아요.

성철 스님이 수행에서 몽중일여夢中一如가 되는가를 물었어요. 성철 스님은 일상에서 활동하거나 가만히 있거나 관찰을 유지하는 동정일여動靜一如, 꿈속에서 깨달음의 의식을 유지하는 몽중일여, 깊은 잠 속에서 깨달음의 의식을 유지하는 숙면일여熟眠一如가 되어야 한다고 강조했습니다. 꿈속에 빠져서 꿈이 나인지 뭔지 모르는 게 아니라, 꿈을 바라보고 있으면 몽중일여가 되는 것이지요. 마음이 꿈으로 나올 것이 없어서 고요한 상태가 되면 더더욱 좋습니다.

걷기명상을 해서 사마타가 잘 되면 와선하면서 잘 때 또 다른 현상이 일어나기도 합니다. 많이 걸으면서 사마타를 한 날 잠잘 때 의식 활동을 보면 평소와 다른 것을 경험할 수 있어요. 긴장이 많거나 피로가 많이 쌓이면 잠이 안 옵니다. 약간 풀어져야 잠이 와요. 의식이 단단하거나 긴장이 많은 사람들이 불면증이 많습니다. 이완을 시켜야지요. 좌선은 긴장, 와선은 이완. 좌선과 와선은 이렇게 상대적인 관계를 관찰하는 명상기법입니다.

어선語禪은 두 가지입니다. 말을 할 때도 관찰하고, 말을 안 할 때도 관찰합니다. 말하면서 말 속에 들어 있는 물질, 감정, 생각, 의도를 관찰해요. 말할 때 관찰하는 게 중요한데 무척 어렵지요. 거의 못합니다. 말할 때 관찰하면 말실수를 덜하게 되지요. 어떤 사람은 단정적이고 확실하고 물질적인 말만 합니다. 명령형, 지시형 말밖에 못하는 사람도 있어요. 그럴 때 말은 무기가 되지요. 욕을 잘하는 것은 분노가 많아서 그렇습니다. 화가 많이 났을 때 자신을 관찰해 보면 알아요. 평소 욕을 안 하는 사람도 화가 나면 욕을 합니다. 화가 나도 욕을 못하는 사람이 있습니다. '욕하면 안 돼. 욕하면 바른 사람이 아니야. 욕은 상스러운 거야.'라는 관념으로 눌러요. 그게 엉뚱한 곳에서 엉뚱한 행동으로 나올 수 있습니다. 말을 안 할 때 관찰하는 것도 중요해요. 말수가 적으면 다 얌전하고 괜찮은 사람이라고 하는데, 사실은 속으로 말할 수도 있어요. 머릿속으로, 마음속으로 생각해요. 표현만 안 할 뿐입니다.

묵선黙禪은 속으로 하는 말이나 생각, 의도, 판단, 시비 같은 것을 관찰하는 명상법입니다. 묵묵히 상대의 말을 들으면서 하는 듣기명상이지요. 상대방의 말을 통해 그 사람의 의도나 생각이나 감정을 알 수 있기 때문에 수용하면서 들어주면 탁월한 명상이 됩니다. 상담할 때도 그냥 그 사람 말을 들으면 됩니다. 수용이 최고의 상담기법이지요. 상담자가 제대로 듣는지 안 듣는지 내담자는 알아요. 어린아이들일수록 더 잘 알거든요. 보육원에 맡겨진 돌 이전의 갓난아기들도 자신을 안아 줄 사람인지 아닌지를 본능적으로 압니다. 그런 사람이 가까이 오면 안아 달라고 더 울어요. 자신을 수용해 줄 사람에게 소리로 표현하지요. 슬플 때 모습은 감출 수 있지만, 소리는 숨기기가 어려워요. 소리를 수용하면 감정을 수용할 수 있습니다. 그래서 듣기 명상이 중요해요. 어선과 묵선을 짝으로 관찰해야 합니다. 긴장과 이완, 작용과 쉼, 드러남과 감춤의 상대적인 마음을 어디서나 관찰할 수 있어요.

동선動禪은 움직이거나 일하거나 춤추거나 먹거나 행동할 때 그 행동에 집중하는 명상법입니다. 동선을 잘하려면 동선부터 하면 안 돼요. 좌선으로 훈련하고 동선으로 이어져야 합니다. 일단 좌선을 하고 나서 나머지 관찰법을 해야지요. 좌선을 충분히 익힌 상태에서 관찰하는 것이 쉽거든요. 컴퓨터 작업 많이 하는 사람이 손을 움직이면서 그 행동이 어떻게 마음을 건드리는지 관찰하면 컴퓨터 동선이지요. 수행이라는 것은 특별한 게 없습니다. 관찰하면 다 수행이지요. 습관적으로 머리카락을 잡아당긴다든지 다리를 떤다든지 손톱을 물어뜯는 행동들을 관찰하는 것이 마음관찰입니다. 동선은 할 수 있는 게 많아요. 일은 똑같은 동작을 반복할 때가 많거든요. 풀 매는 것도 똑같은 동작이지요. 그걸 선수행으로 하면 동선이 됩니다. 근육이 반복해서 움직이는 것을 관찰하지요. 미용사가 파마를 할 때 근육이 어떻게 움직이고 마음이 어떻게 움직이는지 관찰하면 동선이면서 일 명상입니다. 어쨌거나 자기가 자주 하는 것을 잘 관찰하면 그것이 곧 마음관찰이지요. 관찰은 따로 특별한 게 없이 다 특별합니다.

옛날에 제 제자가 수행을 겸해서 인도의 유명한 요가센터에 갔다 왔습니다. 3개월 있다 왔는데 배운 게 하나도 없고 일만 하고 왔답니다. 그 센터가 일하면서 자기 마음을 들여다보는 일 명상을 가르쳤지요. 내내 일만 시키니까 학생은 배운 게 없다고 생각하지만, 그게 아닙니다. 선가에 이런 이야기가 많아요. 사실은 일 명상, 동선을 가르친 것이지요. 같은 일을 반복하는 걸 명상하고 결합하면 훌륭한 명상관법이 됩니다.

좌선해서 마음관찰하는 기본이 안 되면, 동선할 때 관찰이 안 됩니다. 움직임은 다 업이 되거든요. 일을 너무 많이 하면 일 업이 생깁니다. 일 업이 안 생기려면 일하는 것과 쉬는 것을 같이 해야지요. 일하면 소득이 생기지만 일하지 않으면 소득이 없음을 관찰하면 아무 문제가 없습니다. 그런데 얻는 것만 계속하려고 일을 그만두지 못해요. 쉬는 것을 못합니다. 그 일 그만두라고 하면 놀라는 사람들이 많아요. 그 일 그만둬도 일 업이 있는 사람은 바로 다른 일이 생기거든요. 그 사람의 일 업이 끊어져야 진짜 일이 끊어집니다. 일 업이 끊어지면 다른 걸로 살 수 있어요. 사람들은 일을 그만두면 큰일 나는 줄 알아요. 그러니 개미처럼 일만 하지요. 쉬다 보면 다음에 다른 일이 생기기 마련입니다.

옛날에 어른들이 "자기 먹을 것은 다 갖고 태어난다."고들 했습니다. 그 말이 맞아요. 일정한 기간에 자기 복이 있으면 그 복을 털어 먹을 일이 생깁니다. 그걸 모르니까 노심초사하면서 살아가지요. 그래서 무지가 문제입니다. 균형이 안 맞았을 때 무지가 강해지거든요. 행行·주住가 균형이 안 맞을 때, 좌座·와臥가 균형이 안 맞을 때, 어語·묵默이 균형이 안 맞을 때, 일하고 쉬는 동動·정靜이 균형이 안 맞을 때 무지가 강해집니다. 쉬러 가서 일하기도 해요. 여행 가면서도 할 일을 챙겨 가요. 그러면 여행 가서도 쉬지 못합니다. 집안 걱정, 일 걱정, 다음에 할 일 걱정이 가득해서 쉴 수가 없어요.

균형이 맞으면 쉴 때 쉬고, 포기해야 할 때 포기할 줄 알아요. 손해를 봤어도 이미 지나간 일이니까 포기합니다. 어리석은 사람들은 흘러간 것을 부여잡고 되새김질해요. 열심히 일하고 나면 쉬고 싶거든요. 그런데 일 잘한다고 그 일 끝나기 무섭게 다른 일을 시켜 봐요. 질려 버립니다. 공부도 할 때 하고 쉬어야 하는데 쉬지 않고 계속하면 공부하는 기계가 되어 버려요. 쉴 만큼 쉬면 다시 일도 하고 공부도 하기 마련입니다. 마음의 기능이 그렇게 되어 있어요. 충분히 휴식하면 뭔가 건설적인 걸 하고 싶어집니다. 누구나 그래요. 그냥 놔두는 것이 가장 좋은 방법입니다.

정선靜禪은 움직임을 멈추고 행동을 고요히 하고 생각을 고요히 하면서 고요함에 집중하는 명상법입니다. 고요할 때 관찰합니다. 아무 생각이 없고 편안한 상태가 유지되면 사람들은 명상이 아니라고 생각하는데, 그것이 정선입니다. 감정이 파도치고 업장이 일어날 때만 명상하는 사람들이 있어요. 센 것이 올라와서 힘드니까 하지요. 살다 보면 바람이 불 때도 있고 잦아들 때도 있습니다. 흐릴 때도 있고 맑을 때도 있어요. 그런데 흐릴 때만 명상하고 맑을 때는 안 합니다. 몸 아플 때는 명상하고 몸이 나으면 명상을 안 해요. 그건 반쪽짜리입니다. 어느 경우든 하는 것이 바람직한 명상법입니다.

수행할 때는 앉을 때 앉고, 걸을 때 걷고, 먹을 때 먹고, 멈출 때 멈추고, 말할 때 말하세요. 할 말이 없어서 안 하면 괜찮은데, 할 말이 있는데도 안 하면 안에서 뭉칩니다. 꽉 차서 나중에 터져 나오기 마련입니다. 말하고 듣는 것도 균형을 맞추는 것이 중요해요. 내가 한마디 했다면 상대가 말할 때까지 기다려야지요. 그래야 소통이 됩니다. 상대가 말을 안 하면 말하라고 하세요. 기회를 주세요. 상대의 말을 충분히 들어야 상대의 감정을 제대로 알 수 있습니다. 상냥하게 "밥 먹어." 하는 거와 윽박지르며 "밥 먹어." 하는 거는 다릅니다. 밥을 먹으라는 관념과 감정이 같이 들어 있거든요. 그래서 소리를 들어 보면 그 사람의 감정이 상기되어 있는지, 안정적인지, 힘이 실려 있는지, 의지가 강력한지, 불만이 가득한지 알 수 있습니다. 상대의 소리를 듣는 게 중요해요. 일단 내가 비어 있어야 상대의 소리가 수용됩니다. 행·주, 좌·와, 어·묵에

목적이 뚜렷한 사람은
매일 정해진 일을 해야 한다고
생각하지요.

사실은 해도 되고 안 해도 됩니다.
수행은 그걸 알려 줍니다.

서 균형을 맞추는 것이 중요한 포인트입니다.

긴장과 이완, 이완과 긴장이 상대적으로 관계하고 있으니 한 쌍으로 묶어서 관찰하는 게 좋아요. 예를 들어 먹을 때 관찰하고 소화할 때 관찰하고, 먹기 전에 관찰하고 먹고 나서 관찰하고, 배고플 때 관찰하고 잔뜩 먹었을 때 관찰하고, 걸을 때 관찰하고 쉴 때 관찰하고. 이렇게 쌍으로 결합해서 관찰해야 바람직한 명상법입니다. 하나만 관찰하는 건 사실은 절름발이 관찰이지요.

대표적인 인간 업이 한 쪽에 치우치는 것입니다. 우리 편, 남의 편을 가르지요. 우리나라가 그런 게 심합니다. 분별이 센 나라거든요. 화합하지 못하는 이유가 한쪽으로 기울어져 있어서 그래요. 내 편 네 편, 옳고 그름, 높고 낮음, 오른쪽 왼쪽을 가르니까요. 수행할 때는 겸수兼修가 좋습니다.

○

움 직 이 면 서 도
마 음 을 안 정 시 키 는 명 상 법

불교 전통에서는 걷기를 경행經行이라고 합니다. 경행은 좌선과 함께 초기 불교의 전통적인 수행법이지요. 좌선을 중시하는 명상법들은 단단하고 무거운 지성의 마음들을 먼저 관찰합니다. 좌선으로 몸의 근육과 장기의 긴장을 먼저 관찰하고 단단함과 굳은 마음을 관찰하지요. 좌선하면 장기들은 다 관찰됩니다. 굳은 마음이 장기 속에 들어가거든요. 감정이 굳어져도 장기 속에 다 들어갑니다. 굳어짐을 관찰하는데 좌선만큼 탁월한 것은 없어요. 그래서 기본적인 것은 좌선으로 관찰하는 게 중요합니다. 그러고 나서 행선이나 동선을 통해 그 굳어짐이 어떻게 나타나는지 관찰해야지요. 생활 속에서는 행동을 해야 많이 드러납니다. 경행은 지성의 마음들을 극복하기 위해서 마련된 수행법입니다. 좌선이 움직이지 않고 하는 명상법이라면, 행선인 걷기명상은 움직이면서 몸, 느낌, 마음, 개념들을 관찰하는 명상법입니다.

좌선은 등을 기대거나 다리 한두 번 풀거나 팔 조금 움직이는 걸 제외하고는 거의 움직이지 않습니다. 걷기명상은 몸을 움직일 수밖에 없어요. 험한 산을 오를 때는 네 발로 기기도 합니다. 걷기명상을 하면 다양한 움직임이 나타나요. 손은 정신적인 걸 더 많이 집지하고, 발은 물질적인 걸 집지하는 경우가 많습니다. 고마움을 표현할 때 손을 모아서 하거든요. 발이 정신적인 것을 집지하기는 어렵습니다. 다리가 물질을 집지하기 때문에 다리 관찰할 때 5관 중 눈을 함께 관찰하는 게 좋아요. 물질을 집지하는 게 눈이거든요.

몸의 움직임을 보면 세 가지입니다. 상체와 팔이 움직이고, 몸이 움직이고, 다리가 움직입니다. 걷기명상은 주로 다리가 움직이는 것을 관찰하지요. 하단전 배꼽 밑에 물질업이 많고 다리에도 그런 마음들이 많습니다. 천골(엉치뼈)이 풀어져야 다리가 풀어집니다. 천골이 뻐근하고 골반이 아픈 것은 하단전의 마음들이 나와서 그렇습니다. 거기가 관찰되어야 실제로 몸에서 관장하는 물질업에서 해탈하고 하단전이 풀어집니다. 천골과 골반에 마음이 아주 많거든요. 그 영향을 받아서 심장, 폐, 위장, 비장, 뇌에 그 마음이 오르내리는 것입니다. 그것을 관찰할 줄 알아야 몸관찰이 됩니다. 그것이 관찰되면 실제 물질을 운영할 때도 내 마음대로 운영할 수 있습니다. 그렇지 않으면 내 마음이 물질에 휘둘려요. 내 마음대로 물질을 휘두르는 게 아니라 물질이 내 마음을 휘두릅니다. 그러니 물질 때문에 영혼을 팔기도 하지요. 내 마음대로 물질을 바라보느냐, 물질 마음대로 나를 바라보느냐를 알아차리는 것이 핵심입니다. 그 차이가 엄청나요.

지금 우리가 하는 것이 주로 좌선입니다. 좌선하다가 목을 비틀거나 손을 까딱거리면 행선이고, 그 움직임이 고정되면 주선이 되지요. 그게 이 좌선 안에 다 있습니다. 좌선하다가 푹 자면 와선입니다. 좌선하면서 속으로 판단하고 분별하고 이야기를 했다면 어선입니다. 일어나는 현상에 대해서 내레이션을 하거나 속으로 주절거리는 사람이 있거든요. 그걸 관찰하는 게 어선입니다. 그러다가 '내가 왜 이러고 있지.' 하면서 딱 끊으면 묵선이 되지요. 좌선하면서 몸을 움직이면 동선입니다. 움직이다가 딱 멈춰요. 그럼 정선이지요. 좌선 속에 '행주좌와어묵동정'이 다 있을 수 있습니다.

부처님 당시에는 좌선하고 행선하고, 좌선하고 행선하고를 계속 반복했습니다. 좌선하면 고요해지는 대신 몸이 굳어지거든요. 흔들어 주는 것도 필요해요. 흔들릴 때 마음도 관찰할 줄 알아야지요. 눈 뜨고도 관찰하고 눈 감고도 관찰할 줄 알아야지요. 고요할 때도 관찰하지만 경계 속에서도 관찰할 줄 알아야 합니다. 반쪽만 하면 균형이 안 맞아요. 앞은 보는데 뒤를 안 보는 사람이 있습니다. 생각이 늘 과거 속에 있는 사람이 있습니다. 과거 생각도 하고 미래 생각도 하고 균형이 맞으면 원만한 사람입니다. 어떤 사람은 오른쪽은 보는데 왼쪽은 안 봅니다. 자기는 보는데 남은 안 봐요. 균형이 안 맞습니다. 남은 잘 돌보는데 자신은 안 돌보는 사람이 있습니다. 이타적인 사람이지요. 사실은 그것도 균형이 안 맞아요. 일은 잘 하는데 노는 걸 못하는 것도 균형이 안 맞거든요. 보통은 다 균형이 안 맞습니다. 저금은 잘하는데 쓰는 걸 못하는 사람이 있고, 쓰는 건 잘하는데 저금은 못하는 사람이 있지요. 그것도 균형이 안 맞습니다.

좌우 균형이 맞고 아래위 균형이 맞으면 수행이 잘 된 것입니다. 마음속을 들여다보면 균형이 안 맞는 게 다 보이고, 그것이 몸을 통과해서 나옵니다. 몸에 일어나는 반응이 그것 때문이지요. 화났다가 축 처졌다가 감정의 기복이 심한 것도 균형이 안 맞기 때문입니다.

균형을 맞추는 것이 명상입니다. 걷기명상은 흔들어 주면서 균형을 맞추지요. 반복해서 흔들어 주니까 사마타가 됩니다. 한참 동안 걸으면 마음이 편안해지면서 관찰이 잘돼요. 좌선을 하면 고인 것만 관찰되는데 흔들어 주면 균열이 일어나거든요. 나중에는 좌선할 때보다 일반적인 경계에서 마음관찰이 더 잘됩니다. 현실에서 관찰이 잘되는 것이 진짜 수행입니다.

옛날에는 앉아 있게 계율로 묶어 놨습니다. 업장이 세면 앉아 있는 것을 못합니다. 뛰쳐나가고 싶어요. 업이 막 나가고 싶어 해서 앉는 그 자체를 못합니다. 말하자면 좌선으로 꽉 묶어 놓는 것이지요. 그래서 계율이 필요합니다. 수행은 계율을 지키면서 해야 합니다. 업이 튀어나가지 못하게 묶어 놔야 합니다. 업이 튀어나가 또 업을 지으니까 업을 굴리지 못하게 막아야지요. 기본적인 좌선을 해서 내 꼴을 봐야지요. 내 꼴을 보고 나서 다른 걸 보는 것이 수행법의 핵심입니다.

좌선하고 나서 행선으로, 걷기명상으로 나갑니다. 가파른 산도 오르고 자연 속에서 걸으면서 외연(外緣)을 키워야지요. 흔들어 주면 바깥이 더 잘 들어오거든요. 에너지가 센 사람들은 흔들어 주면 에너지가 빠지니까 바깥이 더 잘 들어옵니다. 꽉 찬 사람들은 흔들어 주지도 않고 걷지도 않고 쓰지도 않아요. 기계를 안 써서 나중에 녹스는 것과 똑같아요. 그런 사람들은 나가서 일이라도 하는 게 낫습니다. 에너지를 쓰면 순환이 되거든요. 그럴 때 신기하게도 내 마음이 잘 보입니다. 순환하게끔 하는 것이 경행이면서 걷기명상이지요.

○
걷 기 명 상 의
방 법

걷기명상은 움직이면서 하는 것이니 행선입니다. 수행은 좌선만 많이 하면 고(苦)입니다. 면벽하고 좌선만 하면 마음을 볼 수는 있지만 몸은 굳지요. 굳은 몸이 다시 마음이 됩니다. 그래서 행선이 필요하지요. 좋은 차를 사서 아깝다고 모셔 두면 어떻게 됩니까? 고장 납니다. 몸도 마찬가지거든요. 몸이 소중해서 안 쓰면 어떻게 돼요? 몸이 굳어집니다. 모든 것이 그렇습니다. 적당히 써 줘야 운용이 잘됩니다. 몸은 물질입니다. 몸에 마음이 들어 있으니까 살아서 움직이는 거지, 마음이 딱 떠나면 물질과 똑같습니다. 저 바위, 나무껍데기나 같아요. 어리석은 사람은 몸을 중요하게 여겨서 안 쓰고 잘 모셔 둡니다. 그러면 몸이 딱딱해져요. 딱딱해진 몸을 풀어 주는 게 행선이지요.

기계를 너무 많이 쓰면 닳고 망가지지만, 적당히 써 주면 어떻게 됩니까? 오래 갑니다. 물질은 안 쓰면 딱딱하게 굳어 버려요. 어떤 사람은 몸을 위하느라고 몸 쓰는 일을 안 합니다. 부분만 쓰는 사람도 있어요. 머리만 쓰든가, 눈으로 보는 것만 하든가, 입으로 떠드는 것만 하지요. 손으로 하는 것만 하고 발로 하는 건 안 하는 사람도 있습니다. 쌓이면 문제가 되지요. 행선은 부분부분 적당히 움직여 주다가 고요해지는 것을 아는 수행법입니다. 움직이고 멈추고를 골고루 하거나 눈이건 귀건 코건 입이건 5관을 골고루 쓰면 원만한 사람들입니다. 몸을 적당히 굴리면 원만한 인간형이 되면서 정신적인 영역이 넓어져요. 적당히 움직이면서 관찰하는 것이 걷기명상, 행선입니다. 움직이면서도 마음을 안정시킬 수 있는 명상기법이지요.

걷기명상을 하는 데는 원칙이 있습니다. 천천히 걸을 수도 있고 빨리 걸을 수도 있고 뛸 수도 있는데, 뛰거나 걷거나 똑같은 폭으로 합니다. 그것이 사마타 기법입니다. 걸을 때 다리를 높게 들었다 낮게 들었다 하지 않습니다. 뛸 때도 똑같은 폭으로 똑같은 속도를 내면서 뜁니다. 똑같이 반복하는 그 자체가 사마타거든요. 일정한 속도로 걸으면서 힘들 때는 힘든 그 자리에 집중합니다. 힘을 빼고 걷는 것이 중요하지요. 그렇지 않으면 걸으면서 힘이 빠지는 게 아니라 더 사나워집니다. 그렇기 때문에 관찰이 들어가야 합니다. 관찰 안 하고 걸으면 업장이 제거되는 게 아니라 힘만 세집니다. 걷는 방법, 행법도 여러 가지가 있습니다.

첫째, 매우 천천히 걷기입니다. 처음에 똑바로 서서 주선을 하면서 마음을 모읍니다. 마음이 모이면 발뒤꿈치부터 천천히 떼면서 발을 올리고 다음 발이 나가는 것을 주시하면서 관찰합니다. 한 걸음 한 걸음 발을 뗄 때마다 그 순간에 일어나는 발의 느낌과 행위에 집중합니다. 발의 느낌과 행위에 어느 정도 의식이 집중되면 발바닥이 땅에 닿을 때의 느낌에 집중합니다. 그렇게 같은 속도로 걸으면서 느낌이 온몸으로 퍼지는 과정을 관찰하세요.

둘째, 천천히 걷기입니다. 천천히 걸으면서 발바닥의 느낌에 의식을 집중합니다. 이때 생각이 올라오면 발바닥으로 눌러 없애고 곧바로 발바닥 느낌에 집중합니다.

셋째, 보통 걸음으로 걸으면서 느낌에 집중합니다. 계속 같은 속도로 걸으면서 몸에서 강한 느낌이 일어나는 부분에 의식을 집중합니다.

넷째, 빠른 걸음으로 걸으면서 발바닥 느낌에 집중합니다. 이때 올라오는 생각을 바로바로 알아차리면서 몸의 반응에 집중합니다. 땅이 견고하기 때문에 발바닥을 통해서 몸의 느낌을 관찰하면 강한 지성地性이 관찰되거든요. 이때 지성을 계속 관찰해서 마음의 강함과 굳어진 개념을 없앱니다. 발바닥을 통해 땅 기운을 받기 때문에 에너지가 강하고 욕심 많은 사람은 욕심이 강한 지성에 부딪혀서 없어집니다. 거친 에너지가 순화되지요.

다섯째, 뛰거나 산에 오르면서 발바닥 느낌에 집중합니다. 계속 같은 속도를 유지하면서 숨이 차오르는 것을 알아차려 보세요. 숨이 차는 현상이 어떻게 일어나는지 알아차리면서 계속 뛰거나 산에 올라갑니다. 그런 다음 쉬면서 몸의 현상을 알아차려 봅니다. 에너지가 많은 사람들은 걷기명상을 하면서 힘을 빼고, 고도가 좀 높고 힘든 데를 올라가야 합니다. 힘이 빠졌을 때 앉아서 좌선하면 관찰이 잘됩니다.

○
걷기 명상이란 경계 속에서
걷는 것

걷기명상은 별거 없습니다. 그냥 터덜터덜 걸을 뿐입니다. 얼마만큼 걸어서 기운 빼고 그런 것도 없습니다. 몇 시간 그런 것도 없습니다. 뭔가를 설정하면 그것은 명상이 아닙니다. 목적지향적인 것을 버려야 깊은 세계로 들어가거든요. 목적지향적으로 가면 그것밖에 못 봅니다. 이렇게 올라가도 되고 이렇게 내려가도 되고 이쪽으로 가도 되고 저쪽으로 가도 되거든요. 그런데 우리는 반드시 목적을 설정합니다. 목적이 공간을 제한하고 시간을 제한합니다. 자연 속에서 명상할 때는 시간을 설정하지 마세요. 어차피 시간에 묶여 사는데 자연에 와서까지 세 시간을 걷겠다 이런 거 하지 마세요.

걸으면서 관찰하면 내가 어디는 쏜살같이 가려고 하고 어디는 가기 싫어하는지 마음들이 보이기 시작합니다. 걷기명상이란 게 경계 속에서 걷는 것이거든요. 높은 데도 걷고 힘든 길도 걷고 평탄한 길도 걷고 아름다운 길도 걷고 돌에 부딪혀서 발이 삐끗거리는 길도 걸어요. 그러면서 경계를 만납니다. 그때 관찰하면 경계 속에서 내 마음이 많이 보입니다. 내 속에는 움직이지 않는 단단한 마음이 있어서 돌 같은 걸 잘못 밟으면 발을 삐어요. 발을 삘 때 딱 보면 그 순간의 마음을 알게 됩니다.

저는 악담할 때 발을 삡니다. 절 가는 길에 돌을 깔았더라고요. 그래서 속으로 '절에 가면 보시 안 해야지.' 생각했는데, 그 순간 제가 돌을 밟고 삐끗했습니다. 그 찰나의 마음을 알아차리는 게 중요해요. 왜 돌을 밟고 왜 삐끗하겠습니까? 다 마음입니다. 돌을 만나는 것도 마음이고, 삐끗하는 것도 마음이고, 어떤 생각에 마주쳐서 그런 현상이 일어나는 것도 마음입니다. 걷기명상을 하면서 생각도 보고, 걷기명상을 하면서 경계도 보고, 걷기명상을 하면서 힘듦도 보고, 걷기명상을 하면서 또 뭘 봅니까? 몸에서 반응하는 걸 봅니다.

와선도 좋습니다. 그런데 누우면 몸의 지성하고 땅하고 닿는 부분이 많아서 딱딱해지기 때문에 관찰이 잘 안 됩니다. 몸이 굳은 사람이 계속 누워서 잠만 자는 건 죽음으로 가는 길입니다. 걸으면 살아나는 이유가 걸으면 땅의 성품이 발바닥으로 들어오기 때문입니다. 닿았다 뗐다 닿았다 뗐다 하면서 일정 기간 계속 걸으면 관찰이 잘됩니다. 흔들리는 곳에서 관찰이 잘되는 사람은 수행이 잘된 사람입니다. 고요한 상태에서만 수행이 잘되는 사람은 기본만 하는 것이지요.

사람에 따라 소리가 아예 안 들리는 것보다 약간 들려야 관찰이 잘되는 사람, 눈 감고 있는 것보다 뭘 약간 봐야만 관찰이 잘되는 사람, 빨래나 청소같이 몸으로 뭔가 행위를 해야 관찰이 잘되는 사람이 있습니다. 말을 해야 관찰이 잘되기도 해요. 서로 말을 주고받을 때 관찰해 보세요. 말하고 나서 상대방이 말할 때까지 기다려야 합니다. 나만 말하면 관찰이 잘 안 됩니다. 듣는 것까지 완벽하게 해야 제대로 된 관찰법이지요. 내가 말하는 것만 관찰하면 자기만 쏟아내고 자기가 쏟아낸 것만 관찰하는 것입니다.

이야기하다가 상대방이 "왜 그런 말을 하세요?" 그러면 얼른 멈추잖아요. 그럴 때 자기를 관찰합니다. "저 사람 보기 싫어." 하면서 탁 칠 때 관찰하는 것입니다. 어선은 주고받을 때 관찰해야 제대로 된 방법입니다. 말하고 듣는 것이 한 쌍이기 때문이지요. 일방적으로 듣기만 하는 사람이 있는데, 일방적인 것이 좋을 리 없습니다. 우리는 가만히 있는 사람을 점잖다고 하는데, 그런 사람이 더 무서울 수 있습니다. 표현을 안 해서 속으로 어떻게 말하고 있는지 모르거든요. 안에서 자기 식으로 표현하고 배출을 안 하는 것일지도 모릅니다. 말하고 들으면서 내가 어떤 마음을 일으키고 어떤 방법으로 내 마음을 내려놓는가를 관찰하는 게 어선법인데, 앞으로 명상법으로 개발할 요소가 많습니다.

　말 한마디로 천 냥 빚을 갚기도 하고 말 한마디로 공든 탑을 와르르 무너뜨리기도 합니다. 말과 관련된 것을 장기로 말하면 폐입니다. 언어화된 것은 폐와 관련이 있거든요. '엄마'란 말을 할 때 엄마라는 문자는 폐와 관련이 있고, 엄마란 말 속에 들어 있는 감정은 심장과 관련이 있습니다. 또 엄마라는 말을 하면서 힘을 쓰는 건 위장과 관련이 있어요. 흔히 밥심으로 산다고 말하는데, 말하는 것도 장기와 긴밀하게 결합되어 있습니다. 환자들을 보면 폐질환, 간질환, 심장질환에 따라 공통적인 성향이 있어요. 성격분석, 심리분석 같은 것도 그 성향에 따라 체크할 필요가 있습니다. 내가 병에 걸렸을 때 같은 병 앓는 사람을 유심히 보면 내 안의 어떤 성향 때문에 병이 생겼는지를 알 수 있어요. 다른 사람을 보면 내가 잘 보이지만 내 것만 보면 잘 안 보입니다. 다른 사람과 교류하다 보면 내가 어떤 성격을 가졌는지 보이고, 저 사람은 저런 면이 있는데 나는 없구나 하는 것도 보입니다.

　걷기를 하면 관찰하기가 좋습니다. 걷고 난 뒤에 관찰하면 훨씬 잘됩니다. 기본적으로 앉는 것이 잘 안 되는 사람은 무조건 앉아야 하고, 어느 정도 관찰이 되면 걷거나 일하면서 관찰해 보세요. 똑같은 일을 해도 거기에 저장되어 있는 마음이 다릅니다. 이렇게 해서 관찰할 수 있는 게 있고, 저렇게 해서 관찰할 수 있는 게 있어요. 마음은 다양하기 때문에 일할 때마다 관찰할 수 있는 마음의 포인트가 다릅니다.

묻고
답하기

왜 걷고 난 후에 관찰하면 더 잘되는 건가요?

/

좌선을 위주로 하는 사람이 걸으면 움직임을 통해 굳어진 몸과 마음들이 풀리기 때문입니다. 그리고 한곳에 모여 응축된 마음들이 움직임으로 이완되기 때문입니다. 망상이 심하거나 화가 심하게 나 있을 경우에는 좌선으로 가라앉히기가 쉽지 않아요. 충분히 걸어서 응축된 에너지가 빠져 나가면 오히려 관찰력이 살아납니다.

걷는 게 힘들어서 관찰하기가 어렵습니다.

/

평소에 잘 안 걸으면 걷는 게 힘들지요. 우선 안정적으로 걷는 연습부터 하세요. 일정한 속도를 유지하면 좀 쉽게 걸을 수 있습니다. 빨리 걸었다 천천히 걸었다 하면 더 힘들어요. 멀리 보는 것보다 눈앞 내 주변에 집중하며 걸으면 조금 수월합니다. 제자리에 있는 것 같아 심리적으로 안정감을 주거든요. 걸을 때 힘을 빼고 걸으세요. 사람들은 평소에 자기도 모르게 힘을 빡 주고 사는 경우가 있습니다. 의식적으로 몸에 힘을 빼고 걷는 연습을 해보세요.

그냥 타박타박 걸으면 되나요?

/

네. 그냥 타박타박 걸으면 됩니다. 의식은 발바닥에 두고 눈은 정면보다 조금 아래를 보며 팔은 편안하게 늘어뜨리고 그냥 걸으세요. 어깨를 펴고 허리를 세우려고 노력하세요. 천천히 일정한 간격으로 힘을 빼고 걷는 것이 중요합니다.

일정한 보폭이 왜 중요한가요?

/

만트라를 할 때 같은 소리를 계속 반복합니다. 소리를 계속 내잖아요. 이 계속이 사마타의 힘인데, 일정한 것을 반복하는 것과 유사해요. 걸을 때는 일정한 보폭의 움직임이 사마타 역할을 합니다. 걷기를 계속 하다 보면 일정한 보폭을 뛰어넘어서 어떤 걸음걸이를 해도 관찰이 됩니다. 그러나 처음 할 때는 일정한 보폭으로 걷는 것이 마음을 안정시킵니다.

오르락 내리락 하는 길과 평탄한 길 중에 어떤 길이 걷기명상에 좋아요?

/

걷기명상에 입문할 때는 일정한 보폭으로, 일정한 행동으로 마음을 안정시키는 것이 좋습니다. 평탄한 길을 걷고, 아는 길을 계속 걸으면 시선과 마음이 외연으로 흘러가지 않거든요. 그러나 어느 정도 발에 집중이 되고 발의 느낌을 알고 몸의 느낌을 감지하게 되면, 여러 가지 길을 가면서 관찰해야 여러 가지 마음을 알 수 있습니다. 난이도를 점차 높이면서 보폭도 달리 하고 속도를 자유롭게 해도 경계에 따라서 마음을 관찰할 수 있어요.

10문

자 연 명 상

자연과 합일하여 마음 관찰하기

○

마음과 자연의
관계

마음은 쉽게 알 수 없습니다. 엄청나게 많은 양을 담고 있기 때문에 다 알 수는 없지요. 마음이 뭔가를 담아 놓는 저장고라서 그렇습니다. 저장한다 해서 '아뢰야식'이라는 용어를 쓰지요. 뭘 보면 마음에 다 담습니다. 사람을 보면 이미지로 저장하고 이름으로도 저장합니다. 느낌으로, 사연으로 저장하고 여러 가지를 조합해서도 저장합니다. '나쁜 사람'이라고 낙인찍어 저장하기도 해요. 눈으로 봤던 것, 귀로 들었던 것들이 엄청나게 많습니다. 입으로 맛본 것도 많고 말한 것도 많습니다. 입으로 했던 것 집어넣고, 몸으로 행동하고 느꼈던 것도 집어넣지요. 성적으로 느꼈던 것을 집어넣으면 잘 안 빠집니다. 접촉해서 들어간 것은 강렬하거든요. 그런 기억들은 오래갑니다. 성욕이 잘 안 빠지기 때문에 성욕을 제도하는 수행법들을 많이 만들어서 집중적으로 수행했지요.

오늘 그랬던 것, 어제 그랬던 것, 과거에 그랬던 것, 전생에 그랬던 것들이 들어가고 들어가서 마음이 뭉칠 거 아닙니까? 거기에 비바람이 불어요. 그것도 마음에 저장됩니다. 하늘에 구름이 잔뜩 꼈어요. 그것도 마음에 들어갑니다. 산하대지에 있는 것은 다 마음에 들어가요. 집 안에 있어도 하늘은 나한테 들어옵니다. 오대산에 단풍 든 것도 지금 우리 마음에 들어와요. 자연은 넓기 때문에 멀리 있어도 들어옵니다. 저 우주의 공간성도, 별똥별 같은 것도 들어와요. 수많은 환경들이 마음에 그대로 들어오지요.

유식唯識에서는 낱개로 하나씩 하나씩 있는 것을 종자種子라고 합니다. 어떤 식이든 들어온 그 낱개 하나를 종자라고 해요. 그 종자가 발아를 예고하지요. 예를 들면 내가 누군가를 때렸어요. 나도 맞았어요. 이런 것들이 기억으로 들어오고 들어오고 들어오고 해서 같은 것끼리 덩어리처럼 뭉쳐요. 욕하고 욕먹은 기억들이 뭉치고 뭉쳐서 더 세게 욕합니다. 사기 치고 사기 당하고 사기 치고 사기 당하다가 더 크게 사기 쳐요. 바늘도둑이 소도둑 되는 것입니다. 종자끼리 만나면 없어지기도 해요. 습관이 없어지기도 하거든요. 반대로 습관이 쌓여서 더 심하게 나타나는 경우도 있어요. 이렇게 뭉쳐 있는 것을 마음이라 하고, 그 낱낱을 종자라고도 합니다.

거기에 새로운 환경이 들어와 섞입니다. 어떤 환경을 봤는데 새롭고 좋아서 크게 받아들이면 우리 마음에 엄청나게 영향을 줘요. 자연명상을 가면 별을 많이 보라고 얘기하는 이유가 그래서입니다. 하늘에 살아 있는 별들이 반짝반짝 빛나는 걸 보고 있으면 그 기운들이 들어와서 마음이 크게 달라지거든요. 자연환경이라는 것이 중요합니다. 미세먼지 하나 없는 맑은 하늘을 보면 마음이 시원해져요. 바람이 사악 불어와서 나를 어루만지고 이 답답한 벽 같은 마음을 싣고 가 봐요. 얼마나 좋습니까. 그렇게 새로운 환경이 들어와 서로 섞이는 게 이숙異熟입니다. 어떻게 변할지 모르는 상태, 새로운 것들이 들어와서 막 섞이는 상태가 이숙입니다. 마음을 종자라 하고, 이게 다른 것과 섞이면 이숙이라 하고, 그 저장고를 아뢰야식阿賴耶識이라고 합니다. 세 가지 용어로 마음을 표현했지요.

마음을 관찰해서 들어가면 뜬금없이 내가 봤던 사람, 내가 봤던 물건, 내가 봤던 색깔 같은 게 나옵니다. 내 안에 저장되어 있는 건 다 외부에서 들어와요. 나는 또 저 사람 마음으로 들어가서 내부가 되지요. 내가 저 사람이 되고 저 사람이 내가 되어서 막 섞입니다. 아무리 나, 내 것이라는 가치관이 있어도 스스로 만든 건 없습니다. 다 외부에서 만들어졌어요. 그래서 "넌 필요 없어." 그럴 수가 없습니다. 마음의 구조가 그렇거든요. 내 것이라는 의식이 강해지면 이걸 싸고 있는 의식이 나와서 영향을 줍니다. 불안해서 어디 가기 싫을 때는 마음 안의 어떤 기록들이 내 의식에 영향을 주고 있는 것입니다. 마음 안에 단단하고 탁하고 끔찍한 게 꽉 차 있으면 무거울 거 아닙니까? 그러면 의식이 무거운 내부를 향하겠습니까, 바깥을 향하겠습니까? 내부만 봅니다. 무거운 내부를 감당하느라 의식이 바깥으로 열리지를 못해요. 내 마음이 힘들면 바깥의 소리가 안 들립니다. 그냥 자기 세계 속에 들어가 있어요.

의식이 나만 바라보니까 바깥을 봐도 조금만 보고, 뭘 먹어도 나만 먹습니다. 내부가 무거우면 그런 나를 먹여 살려야 하니까 강렬한 음식이 당겨요. 마음에 저장된 걸 관찰해서 욕심이 스르르 쏟아지고 관념이 스르르 쏟아지고 나라는 존재감이 스르르 쏟아지면 가벼워집니다. 그 무겁고 감당하기 힘들었던 현실이 가벼워지면, 저절로 남의 사정도 봐주고 대상도 인정되고 대상의 소리도 들립니다. 바깥을 향해서 마음이 열려야 자연이 그대로 수용됩니다. 자연은 누구에게나 똑같이 들어오는데 내가 안 받아들이거든요. 내 안에 쌓인 게 너무 많아서 자연이 둘러싸고 있어도 보지 못하거든요. 사실은 자연을 그대로 수용하는 것이 자연명상입니다.

○

몸 관 찰 로 나 를 먼 저 비 우 자

세상에는 명상 프로그램들이 셀 수 없이 많습니다. 자기연민 프로그램 같은 것들도 있어요. 자기를 사랑해야 대상도 사랑하거든요. 서양에는 자기를 중심으로 한 심리 프로그램이 발달되어 있습니다. 자기식의 감정이 많으면 자기연민을 해요. 사실은 자기를 불쌍히 여기는 사람이 그 조건에 있는 대상도 불쌍히 여깁니다. 불쌍이고 뭐고 없다면 내가 꽉 차서 보이지도 않는 것입니다. 자기 감정과 관념이 마음에 붙어서 뭉텅이로 있으면 연민이고 뭐고 없습니다. 자기 스스로도 자기를 불

쌓히 여기지 않아요. 약간 느슨해져서 하나씩 보여야 그 사건의 팩트가 보이고 그 팩트 속에서 나의 시달림이 보입니다. 그러다가 감정이 순화되어 사랑이 넘치면 자기연민 안 합니다.

저는 20대에 화두를 깼습니다. 그런데 업식은 그대로 있더군요. 사람들은 깨달으면 번뇌에서 완전 해탈하고 인격체로 거듭나는 줄 아는데 전혀 아닙니다. 일부를 깨달을 뿐이지요. 관통해서 완벽하게 깨닫는 것은 없습니다. 심연이 워낙 넓고 깊기 때문에 그럴 수는 없어요. 세세생생 쌓아 놓은 엄청난 마음이 그리 쉽게 떨어지겠습니까. 사람들은 늘 언제까지 수행해야 하냐고 물어요. 사는 게 수행입니다. 다행히 빨리 할 수 있는 방법이 있어요. 바로 자연명상입니다. 내가 누굴 미워했다거나 슬픈 일이 있었다면 마음속에 다 저장되는데, 의식이 넓게 확장되어 있으면 저장이 안 됩니다. 티격태격 부대낀 것들을 집어넣어도 마음 안으로 깊게 안 들어갑니다. 똑같은 일이 반복되면 밀려들어가기는 하지요.

자연에 있는 것들은 아주 깊숙하게 들어갑니다. 하늘, 구름, 별, 이런 것들은 저절로 스며들어요. 아무 작용도 하지 않는 것들이 깊숙하게 내 면의식을 만들어 냅니다. 이거라도 없으면 어떡할 뻔했습니까. 마음이 정말 오류 덩어리가 되었을 것입니다. 내가 옳다고 우쭐대는 마음, 잘못된 정보들이 잔뜩 들어가 있어요. 먹는 거 욕심내서 꾸역꾸역 먹어서 꽉 차 있어요. 수행할 때는 다 버리세요. 다 오류거든요. 삶도 오류고 내 몸도 오류고 오류 천지입니다. 자연에는 이런 오류를 바꿔 주는 요소가 많습니다. 자연은 관찰이 아니라 수용이거든요.

자연을 수용하려면 1차적으로 몸관찰을 해서 어느 정도 비워야 합니다. 몸관찰해서 비워진 곳으로 자연이 깊게 들어가면 바깥에 있는 거친 것들을 떨어뜨립니다. 일전에 제주도로 자연명상하러 갔을 때 위장 안 좋은 사람들이 막 토하고 그랬어요. 기본적으로 사마타, 위빠사나가 되는 상태니까 걸을 때 자연이 들어와서 마음을 건드리거든요. 마음이 몸에 들어 있으니 몸에서 반응이 나타납니다. 햇볕이 들어오면 머리도 아프고 눈물도 나고 콧물도 나고 그래요. 몸에서 냉기가 빠질 때 콧물로 나오거든요.

자연이 우리를 사마타해 줍니다. 소리도 한 가지가 아닙니다. 물소리, 새소리, 바람소리, 벌레소리, 나뭇잎 흔들리는 소리들이 들려요. 처음엔 하나씩 분리되어 들리다가 나중에는 소리 자체가 한꺼번에 집지됩니다. 외연이 넓어지면서 집지하지요. 바깥이 넓게 퍼져서 들어오니까요. 위빠사나를 많이 해서 좀 털어낸 사람은 시야각이 넓어집니다. 부모님이나 친구들, 형제들, 자식들하고만 복닥복닥하면 거기서 벗어나지를 못해요. 그 복닥거리는 것을 길게 보고 넓게 보면 복닥거릴 일이 없거든요. 짧게 보니까 복닥거리지요. 지나고 보면 별거 아닙니다. 왜 그랬는지도 몰라요.

자연과 소통하면 자연이 그런 현상들을 밀어냅니다. 별거 아닌 것처럼 느껴져요. 넓은 외연이 들어오기 때문에 좁은 세계를 털어내거든요. 자연에서 의식이 확장되는 것이 엄청납니다. 자연을 통해서 배우고 소통할 수 있는 것들이 많아요. 그런 차원에서 백화도량이 자연을 마음과 결합시켜서 하는 자연명상을 본격적으로 시작했는데, 실행횟수로 말하면 국내에서는 유일할 것입니다. 외국에도 이런 프로그램은 흔치 않다고 봐요. 자연에 가서 명상하는 건 있지만, 자연을 적극적으로 이용해서 사마타하고 위빠사나하는 것은 쉽지 않거든요. 얼핏 생각하면 자연이 마음을 사마타하고 마음을 위빠사나한다고 하거나, 자연이 나를 사마타하고 나를 위빠사나해 준다는 게 말이 안 되거든요. 옛날에는 이런 얘기를 하면 전혀 안 먹혔는데, 지금은 사람들이 관심을 가집니다. 자연명상을 할 때가 됐다 싶어요.

우리는 주로 인간과 교류를 하는데, 자연에 있는 무수한 동물, 식물, 환경 같은 것들과 교류하면 의식의 차원이 달라집니다. 식물은 식물 나름대로, 동물은 동물 나름대로 자기 마음에 기억을 집어넣습니다. 그들의 마음을 내가 읽고 내 마음도 전달하면 서로 소통할 수 있지요. 어떤 면에서는 인간이 그런 존재보다 영성이 높아요. 풀 한 포기보다 영성은 높지만 그 높은 영성을 좋은 데만 쓰지 않거든요. 그게 인간의 무서운 업입니다. 가만히 내 마음 쓰는 걸 보세요. 인간은 머리가 좋고 교활해서 속이기도 하고 뒤통수도 쳐요. 동물이나 식물은 우리보다 영적으로는 떨어지지만 뒤통수치거나 오해하거나 조작하지 않습니다. 늘 그 자체로 있으니까, 자연에 있으면 마음이 편할 수밖에 없지요.

사람은 사랑하는 사람이 죽어도 살 수 있어요. 그렇지만 자연의 요소들은 하나라도 빠지면 안 됩니다. 공기가 없이 살 수 있어요? 산이 없으면 살 수 있어요? 바다가 없다, 바람이 없다, 햇빛이 없다면 살 수 있어요? 자연은 우리와 엄청나게 밀접한 관계거든요. 우리는 진짜 소중한 건 잊고 살아갑니다. 쓸데없는데 무겁게 들고 있는 것들이 많고, 꼭 갖고 있어야 하는데 잊고 사는 것들이 굉장히 많아요. 자연의 마음하고 소통했을 때 인간의 영성이 열려서 오류투성이 정보들을 떼어낼 수 있습니다.

한 찰나에 마음이 일어납니다. 멀쩡하다가 어떤 경계를 만나서 마음이 일어나요. 그 마음이 일어나서 나를 덮치면 어떻게 해결을 못합니다. 금방 가라앉지도 않아요. 마음에는 워낙 알 수 없는 기록들이 많거든요. 그런데 그 순간 또 집어넣습니다. 대상을 보면서 판단도 집어넣고 옳고 그름도 집어넣고 선악도 집어넣고, 그렇게 끊임없이 마음에 저장합니다. 자연에 가면 자연의 기운들, 소리들, 하늘, 비, 공기, 바람 이런 엄청난 것들이 들어와 내 마음하고 섞이면서 편안해져요. 자연은 침투력이 강합니다. 사랑하는 님을 보는 게 침투력이 강할 것 같은데, 자연이 훨씬 더 깊게 들어갑니다. 내가 괴롭고 슬프고 화가 나서 부글부글해도 다행히 그것은 겉 마음에 들어오지 속으로 깊게는 안 들어가요. 마음의 표면층에 자리하고 있어요. 나를 막 조이고 괴롭히던 표면층의 마음들이 자연에 가면 쪼그마하게 느껴집니다. 자연이 안으로 깊숙이 들어가서 그것들을 밀어내거든요.

똑같은 패턴으로 똑같은 길을 계속 걷는 것이 사마타입니다. 똑같은 소리를 계속 내는 것도 사마타고, 의식으로 한 곳을 계속 주시하는 것도 사마타입니다. 그것을 요즘은 사띠sati 기법이라고 하는데, 사띠가 되어야 대상에 머물러요. 사띠가 되면 의식이 한곳에 머무를 뿐 아니라 깊숙이 들어갑니다. 그것이 의식의 확장이지요. 의식을 파고 들어가 확장되면서 심층 내면의 저장고에 쌓여 있던 기록들이 허물어집니다. 허물어지면 허물어질수록 좋아요. 저장고에 잘못된 정보들이 굉장히 많이 들어와 있거든요. 오류 아닌 것이 없습니다. 그 오류들을 '나'라고 생각해요. '나'라고 생각해서 들어오는 것은 다 오류입니다. 내 존재 자체가 오류입니다. 존재 자체가 오류라면 살 이유가 없어요. 그런데 왜 살까요? 오류를 뚫고 안으로 들어가면 무한한 세계가 펼쳐지거든요. 내가 알 수 없는 세계가 있습니다. 진짜 마음은 엄청나거든요. 그런데 조무래기 같은 마음들이 겉을 싸고 있어서 그 마음들 때문에 힘들어요.

묻고
답하기

자연이 들어오는 걸 느끼지 못하고 그냥 자연에서 노는 게 좋기만 해요. 그래도 명상효과가 있나요?

물론입니다. 자연은 일하는 것보다는 노는 것을 더 좋아합니다. 그냥 자연과 놀면 자연의 마음들이 더욱 나를 잘 놀도록 도와줘요. 아무 생각 없이 놀다 와도 자연은 빛도 주고 공기도 주고 피톤치드도 누구에게나 충분히 다 줍니다.

○

자 연 의 수 용 성 을
배 우 자

전에 우리 도반 하나가 명상할 때마다 물었어요. "얼마만큼 해야 돼요? 백일기도는 몇 번이나 해야 돼요? 복식호흡 몇 번 해야 돼요?" 자연명상하고 나서 그런 생각이 딱 떨어져버렸습니다. 여기서 명상하면서 관찰할 때는 내 마음이 몇백 년 되는 나무와 같습니다. 주변에서 건물들이 일어났다 허물어졌다, 사람들이 갔다 왔다 해도 나무는 그냥 있어요. 성주괴공成住壞空을 반복하는 거기에 그대로 있어요. 시간은 지속성을 갖고 있는데, 그 안에서 펄떡거리고 사는 사람들은 시간에 엄청나게 묶여서 살아갑니다. 그러면 세계관이 좁아져요. 우리가 업을 털어내면 인식의 범위가 넓어지지만, 시간에 막혀 있을 때는 좁아집니다. 시간을 길게 보고 공간을 넓게 보는 것이 안 됩니다. 표면층의 마음이 떨어져 나가야 시간도 길게 보고 공간도 넓게 보고 인식의 범위도 넓어집니다. 우리가 복닥복닥하며 사는데, 사실은 전혀 그럴 필요가 없어요.

설정의 틀 속에서 사는 것은 자기가 만든 감옥 속에서 사는 것과 똑같아요. 인식의 범위가 좁으면 다람쥐가 쳇바퀴 돌듯이 늘 그 자리입니다. 그래서 자연에 가면 설정하지 말아야 합니다. 자연에 가면 내 마음대로 할 수 있는 게 하나도 없어요. 자연을 이기려고 하면 안 됩니다. 그냥 받아들이세요. 수용성이 많은 사람들은 자연에 가서 그냥 수용하니까 마음이 넓어집니다. 자연은 수용하는 대로 마냥 들어가거든요. 그게 별거 아닌 건데, 사실은 별거지요. 우리는 늘 함께 있기 때문에 그 대단한 것을 모릅니다. 우리 인간이 얕은 꾀로 자연을 너무 변질시켰어요. 인간이 진짜 죄업이 많습니다. 자연은 자기를 그냥 내어줍니다. 물이 폭포처럼 흐르면 땅은 그냥 계곡으로 내어줍니다. 기다려 주고 비워 주고 때를 만나면 화합하고 새로운 모습을 보여 주고, 그렇게 얽히고설켜서 살아갑니다. 자연에 가면 그냥 그대로 보고 듣고 느끼고 냄새 맡고, 바람이 불면 바람을 맞고 파도가 치면 파도를 맞으세요. 이기려 하지 말고 무조건 수용하세요. 자연명상하면서 가장 많이 배우는 게 수용하는 마음입니다. 자연명상이 주는 엄청난 혜택이지요.

옛날에는 일주일에 한 번씩 산행을 했습니다. 북한산 칼바위 능선을 올라가서 보면 상계동 아파트가 다 보여요. 그 아파트를 보고 "아, 저 수많은 아파트 중에 내 것은 왜 없을까?" 이러는 사람이 있고, "아, 내가 왜 저런 구멍 속에 못 들어가서 안달했을까?" 이러는 사람이 있습니다. 높은 데 올라갔을 때, 산에 올라갔을 때 삶의 현장이 통으로 보이거든요. 차가 개미같이 다니는 것을 보면서 나라는 존재가 저렇게 작다는 것도 느낍니다. 자연이라는 넓은 세계를 보면 아상我相이 작아져요. 저 넓은 세계 속에 내가 들어가 있다는 걸 느끼니까 아만업이 사라져요. 자연이 겸손한 마음을 만들어 줍니다.

수행에 깊이 들어가면 들어갈수록 마음의 표면층에 있는 상相들, 나라는 존재감들이 떨어져 나가면서 자연의 위대함을 느낍니다. 나를 설정하지 말고 그냥 마음을 내어주고 대상이 들어오는 것을 받아들이세요. 대상을 변형시키려고 하지만 않으면 배울 수 있는 게 상당히 많습니다. 어떤 분은 오늘 6개월치를 걸었다고 합니다. 6개월치 숙제를 하루에 다했지요. 여러분들이 걸으면서 많이 받아들이고 멀리 보고 그러면 자연의 고마움, 이 세계의 고마움, 함께함의 의미 이런 것들이 많이 느껴집니다.

저는 깨달음이 그렇게 중요하지 않다고 생각합니다. 깨달으면 유리한 게 있긴 하지요. 옳고 그름이 둘이 아니란 걸 아니까 깃발을 꽂아서 행동으로 조직하고 내 삶이 되게 하는 것들은 안 합니다. 눈으로 보는 것에 얼마만큼 여여해지느냐 분별이 없느냐 그 차이입니다. 저 사람이 꼴 보기 싫어요. 그게 느껴지거나 외면하거나 하면 이미 마음에 저장됩니다. 저절로 저장돼요. 내가 저 사람 좋다고 딸려가는 것도 저장됩니다. 좋아서 하는 것도 저장되지만, 좋아서 하는 건 만족이 있어요. 싫어서 하는 저장력하고는 다릅니다. 좋아서 하면 만족감이 있어서 넓게 퍼져요.

마음은 허공처럼 넓습니다. 그 넓은 마음이 이 몸 안에 들어가 있어요. 이 넓은 우주공간 어딘가에서 살았던 것, 했던 것을 털어내지 않은 상태라 마음 안에 있는 이 모든 것이 나라고 여깁니다. 내가 경험했던 것을 압축해서 마음속에다 집어넣었어요. 유식불교에서는 집착해서 받아들인 것을 '집수執受'라고 합니다. 집수해서 나오는 결과물, 다시 말해 근이 있는 감각기관을 가진 몸이라 해서 유근신有根身이라 하지요. 이 몸은 내 거라고 딱 잡고 있으니 이 몸은 죽고 싶어도 안 죽습니다. 몸을 엄청나게 위하니까 몸이 피곤하면 신경질 납니다. 몸을 신주단지처럼 고이고이 모시지요. 내가 봤던 것, 내가 알았던 것, 내가 문자로 읽었던 것, 개념으로 만들었던 것을 고이고이 모시는 사람도 있습니다. 모시는 게 아니라 집착하는 거라서 떨어져 나갈 때는 엄청난 고통이 따릅니다. 들어왔던 게 나갈 때는 감정이 일어나요.

어제 둘레길 걸을 때 반대쪽에서 걸어오던 사람들 얘기를 들었어요. 남편하고 소통이 안 돼서 쌓인 게 많답니다. "말을 하려고 하면 말은 안 되고 눈물부터 흘러." 그러는데, 저는 그 말이 이해되더라고요. 우리가 소통할 때 모양으로도 하지만 말로, 소리로도 소통하거든요. 그게 막히면 마음이 쌓이고 쌓여서 에너지 덩어리인 물이 돼요. 그래서 말을 하려고 하면 눈물부터 나옵니다. 감정으로 쌓였던 것들이 눈물로 많이 나오거든요. 그 다음 내용은 못 들었는데, 아마도 그 마음을 풀려고 둘레길을 걷겠지요. 자연에서 방법을 찾으면 좋아요.

자연은 수용성입니다. 불교 용어로는 수용한다고 해서 수용식受用識이라고 해요. 자연에 가면 자연이 나를 안아 줍니다. 내가 센 사람은 자연이 나를 안는다는 생각을 안 하고, 내가 자연을 이긴다고 생각해요. 그러면 자연에 가도 자연이 내 업식을 키우는 대상이 됩니다. 튼튼해져서 바위처럼 단단해져요. 우리가 하는 것은 그런 게 아닙니다. 자연이 안아 주는 역할을 하니 자연에 가면 내가 그냥 작아져야지요. 자연이 품어 주니까 그냥 의지하고 받아들여야지요. 감정이 쌓이니까 말이 안 되고 눈물이 나오더라는 그 사람이 그래서 자연을 찾았겠지요.

수행을 하다 보면 스스로 알아요. '아, 수행이 안 됐구나. 내 깜냥이 이 정도구나.' 눈으로 보는데 여여하게 안 봅니다. 자꾸 싫은 것 좋은 것 분별하고, 싫은 건 안 해버려요. 마음이 드넓고 모든 것을 저장하고 있는데 어떻게 한번에 되겠습니까. 그건 욕심입니다. 이 찰나 전의 것을 마음이 다 가져다가 몸의 마음에 집어넣어서 좁혀 놓았어요. 마음이 넓어져서 저편까지 가고, 저 사람까지 가서 인식이 넓어지면 너와 나가 구분되지 않습니다. 저 사람과 얘기할 때 저 사람과 내가 분리된 대상으로 안 느껴져요. 수행이 되면 그렇습니다. 보는 것도 분리가 안 되어서 보입니다. 분리되는 순간 명칭이 붙거든요. 분리되어 있는 게 많으니 명칭이 많지요. 물건 많아지는 게 안 좋아요. 물건마다 명칭이나 상표 같은 게 붙고, 우리 의식 자체가 굉장히 많은 분리의식을 갖게 됩니다.

분리의식이 낱개로 들어와서 저장되어 있다가 세지면 탁 튀어 나가거든요. 마음이 더 이상 담을 수 없게 되면 보따리 터지듯이 팍 터져 나와서 성질을 부리기도 합니다. 정신질환 있는 사람은 이게 나가니까 막

헛것이 보이고, 이게 나를 쫓아온다고 믿어요. 무거운 기운들이 꽉꽉 쌓였다가 튀어 나가면 멀쩡한 바위가 나를 덮쳐서 죽을 것 같거든요. 집에 안 있고 자꾸 집을 나갑니다. 너무너무 답답하니까 자유롭고 싶은 마음들이 막 튀어나와서 그래요. 정신질환 환자들이 그런 현상을 겪는 것은 다 마음 때문입니다. 마음에 저장되어 있던 것들이 일으켜요.

눈으로 봤던 것들이 일단 저장되면 자기화되어 자기 존재감이 돼 버리거든요. 그렇게 집어넣은 게 엄청나게 많습니다. 먹는 것도 그냥 먹고 끝나면 되는데, 이것도 먹고 싶고 저것도 먹고 싶고 예전 기억까지 떠올려서 먹고 싶어요. 그러니 식당에 가면 본능적으로 잘 먹을 수 있는 자리에 앉습니다. 젓가락 가기 딱 좋은 자리에 앉아요.

수행을 시작했으니 이제는 보는 것에서 좀 벗어나야 합니다. 화장실 갔는데 안 좋은 게 보이면 안 들어가고 참잖아요. 보이는 것에 걸려서 그런 사람도 있고, 냄새에 걸려서 그런 사람도 있어요. 소리에 걸리는 사람도 있지요. 안 보고 안 듣고 안 가면서 외면했던 것들이 자기화되어서 자기 안에 저장됩니다.

내 안에 잘못된 정보가 없으면 바깥의 정보와 마주쳐서 싫을 수가 없습니다. 싫은 그 대상이 자기 꼴이지요. 대상을 보지 말고 회광반조해서 나를 봐야 하는 이유입니다. 아예 보지 않는 게 아니라, 그 싫은 것을 통해 나를 보면 잘 보이니까 사띠를 해야지요. 사띠하다 보면 마주칩니다. 표면에 대고 있으면 마주칠 기회가 많거든요. 느낌이 드러나면 드러난 자리에 마음이 있는 거니까 거기에 사띠를 하면, 햇볕을 쏘인 얼음처럼 녹아서 풀어집니다. 그게 사띠의 대단한 기능이지요. 사띠를 하면 잘못된 정보로 된 업식이 사라지면서 비워지니까 똑같은 꼴인데도 볼 수 있고 수용이 됩니다.

　수용하는 것은 그 사람이 내 품에 들어오는 것입니다. 까칠한 사람끼리는 만나면 알아요. 나하고 각도가 비슷하기 때문에 싫거든요. 서로 피곤해서 피하지요. 그럴 때 나를 사띠하면 마음이 보입니다. 내가 찾아서 들어가기는 힘든데, 현실에서는 보이는 것도 많고 걸리는 것도 많아요. 그러면 사띠해서 보고, 보면 사라져서 엷어지니까 여유가 생겨서 대상을 마주하게 되지요. 대상이 딱 들어올 때는 내 마음이 넓어진 상태니까 저장되는 게 아니라 넓게 퍼져서 들어옵니다. 대상이 나한테 그 업장을 던졌는데 내가 딱 받은 것이지요. 받을 때는 힘들지만 받은 만큼 나는 수용하면서 마음이 넓어져요. 의식이 확장돼서 더한 꼴도 봅니다. 그러면 상대는 까칠한 모습을 보여 줄 때 부담감이 없지요. 우리는 누군가한테 잘 보이려고 내 성질을 다 보여 주지 않거든요. 그런데 내가 받아 주니까 대상도 좋아지고 나는 확장되지요. 이것이 명상하는 기쁨입니다.

○

자 연 명 상 의
방 법

　오후에 북한산 너럭바위에 갑니다. 땅 명상, 물 명상, 불 명상, 바람 명상, 허공 명상 중에 어떤 명상을 할지는 지금 결정할 수 없어요. 바람의 기운이 셀지, 햇빛의 기운이 셀지, 바위의 기운이 셀지 그때 가

봐야 알거든요. 햇빛 명상하러 갔는데 햇빛이 안 나옵니다. 바람 명상 해야지 했는데 바람이 안 불어요. 허공을 보며 하늘 명상을 하려고 하는 데 구름이 잔뜩 껴 가지고 하늘이 안 보여요. 내 마음대로 안 됩니다. 내 마음대로 되는 게 원래 없어요. 구름이 끼면 끼는 대로, 바람이 불면 부 는 대로 그냥 교류하고 수용하면 마음이 그것들을 밀어냈다 교류했다 하면서 넓어지지요. 외연이 많이 들어오기 때문이죠.

사막이 수행하기에는 딱 좋은 조건입니다. 기본적인 것만 있거든요. 사막 같은 데 가서 몇날 며칠 우유나 조금 마시고 포대 쓰고 자 봐요. 안 먹어도 자연의 기운들이 들어와서 살립니다. 음식을 안 먹어도 그런 조 건을 마주하면 살 수 있어요. 우리가 살 수 있는 조건이 땅, 물, 햇빛, 공기, 다시 말해 지수화풍이거든요. 자연에 가면 지수화풍地水火風의 기 운들을 받아들여서 우리 몸과 마음의 지수화풍 기운들과 결합하여 녹이 거나 풀어낼 수 있습니다.

명상의 조건으로 만나는 자연은 가깝게는 목木, 화火, 수水, 금金, 토土 입니다. 넓게는 지地, 수水, 화火, 풍風, 공空으로 나눌 수 있지요. 지地가 딱딱함을 의미하므로, 걸으면서 땅과 흙, 바위, 나무, 쇠, 보석 같은 여 러 가지 땅기운을 느끼거나 땅의 색깔과 모습을 눈으로 관상하면서 몸 과 마음을 관찰하는 것이 땅 명상입니다. 땅의 지성을 받아들여서 내 안 의 딱딱한 것을 없앨 수 있어요. 지성은 단단하게 굳어 있는 마음들을 많이 관찰시키거든요. 내 몸이 딱딱해서 못 살겠으면 바깥의 지성을 통 해 내 몸의 지성을 봐서 밀어낼 수도 있습니다. 내가 너무너무 단단하면 지성이 들어와서 또 지성을 만들기도 해요. 그럴 땐 수성水性이 필요합 니다. 물이 지성을 녹이거든요. 그래서 물을 마시기도 하고 물속에 몸을 담그기도 합니다. 목욕하면 몸이 풀어지는 게 그래서입니다.

수水는 축축함과 물기를 의미하므로 자연의 여러 가지 물 기운을 이용해서 하는 것이 물 명상입니다. 바다, 파도, 강, 계곡, 비, 폭포 등을 보고 느끼고 접촉하고 관상하면서 몸과 마음을 관찰하지요. 우리가 물과 공기에 의존하기 때문에 물과 공기를 통해 마음을 관찰할 수 있습니다. 서로 의존하기 때문에 연기적인 관계거든요. 물을 마시거나 만지면 그 물이 어떠한 성품을 가지고 있는지 느껴집니다. 물소리를 들어도 알수 있고, 물과 결합된 여러 가지 요소들을 봐도 알 수 있어요. 그것이 물 명상이지요. 물을 이용해서 마음과 결합하는 방법들은 아주 많아요.

수성水性은 굉장히 탁월합니다. 물은 씻을 수도 있고 볼 수도 있고 소리도 나고 먹을 수도 있거든요. 생명과 관계가 깊습니다. 우리 몸의 70 퍼센트가 물이니 물을 잘 컨트롤하면 몸을 컨트롤하는 데 아주 좋아요. 명상할 때 물과 소통해서 할 수 있는 게 많습니다. 점차적으로 딱딱한 걸 풀어 주거든요. 물 기운이 많은 사람과 땅 기운이 많은 사람은 성격도 다릅니다. 물 기운이 많은 사람은 잘 뿜어내요. 감정이 풍부하지요. 감정이 아주 차가울 때도 있습니다. 물이 어떨 때는 얼음물이 되는 것과 같아요. 대상하고 분리의식이 많아서 외로우면 몸에 차가움이 많이 저장됩니다. 외로워서 차가워졌을 때는 태양을 받은 부드러운 흙 기운이 좋아요. 흙집이 그래서 좋습니다.

화火는 따뜻함과 열기를 의미하므로, 자연에서 만나는 여러 가지 따뜻한 기운들을 이용하여 관찰하는 것이 불 명상입니다. 태양, 달, 별 등을 보고 받아들이고 접촉하고 관상하면서 몸과 마음을 관찰하지요. 불 명상은 몸의 차가움과 몸의 굳음을 풀어내는 데 좋습니다. 화성火性도 이용할 수 있는 게 많습니다. 촛불을 보면서 해도 좋고, 모닥불 피워 놓고 그 기운을 받아들여도 좋지요. 그럼 마음이 풀어져요. 내가 훈훈해 지면서 옆 사람도 훈훈해집니다.

풍風은 움직임과 흔들림을 의미하므로, 미풍, 대풍, 열풍, 태풍, 냉풍, 폭풍 같은 여러 가지 바람을 몸으로 느끼고 바람의 소리를 듣는 것이 바람 명상입니다. 바람의 작용을 몸으로, 마음으로 그대로 인정하면서 받아들여 보세요. 바람과 잘 소통하면 물질에 얽매인 마음과 몸으로부터 자유로워집니다.

공空은 허공과 비어 있음과 공간을 의미하므로, 하늘과 공간과 허공, 공기들을 보고 느끼면서 그 기운들을 그대로 인정하고 알아차리는 것이 허공 명상입니다. 산이나 높은 바위, 건물 옥상 등에 올라가서 하지요. 허공이 모든 것을 품어 안는 특성이 있기 때문에 그대로 바라보기만 해도 우리 마음 안에서 드넓은 허공의 마음들이 드러납니다.

자연명상을 할 때는 여럿이 같이 하는 게 좋습니다. 자연이 워낙 넓고 커서 혼자 가면 압도되거든요. 여럿이 같이 하면 같이 하는 마음이 그걸 막아 줍니다. 자연이 그렇게 크고 넓은데 혼자 감당이 되겠습니까? 산에 갈 때도 혼자 가는 것보다 같이 가는 게 좋습니다. 자연에는 신적인 요소, 신기 같은 게 많거든요.

자연명상할 때도 혼자 바위 같은 데 앉아 있지 마세요. 자연에는 여러 기운들이 많거든요. 선한 마음을 갖고 선정에 들어가면 도와주고 싶어 하기 때문에 자연명상의 효과가 크지만 섣불리 하면 안 됩니다. 자연 명상을 하다 보면 오백 년, 천 년 된 나무가 살아 있는 것이 그대로 느껴집니다. 몇천 년, 몇만 년 된 바위의 생명이 느껴지니까 자연을 소중히

받을 때는 힘들지만
받은 만큼 나는 수용하면서
마음이 넓어져요.

여기게 되지요. 그러니 자연명상하면서 자연을 관찰하면 마음이 확장됩니다.

얼마 전에 남미를 갔다 왔습니다. 거기는 동그랗게 원형으로 농사를 지어요. 여기는 귀리를 심고 저기는 감자를 심는 방식입니다. 멀리서 보고 경기장인 줄 알았어요. 원이라는 것은 함께 한다는 의미입니다. 우리나라는 각진 논이잖아요. 우리나라가 분별이 많아서 그래요. 집은 산속에 따로 있습니다. 고산지대라 녹지가 없어서 집인지 산인지 자세히 봐야 보이지 멀리서 보면 구별이 안 갑니다. 자연에 녹아들어서 살아가요. 같이 경작하고 같이 먹고 같이 살아갑니다. 그런 의식으로 살아가는데 무기 들고 들어오는 스페인을 이길 수 있겠습니까? 그 당시 스페인 군대는 가서 빼앗아 오는 의식이거든요. 저항할 줄 모르니까 한꺼번에 망했지요. 싸움했던 흔적도 안 느껴져요. 전쟁터에 가면 그런 기운들이 느껴지는데, 희한하게 그런 기운들이 안 느껴집니다.

산속에 동글동글하게 밭을 만들어 놓으니 보기에 지루하지가 않더군요. 공동의 마음이 담겨 있어서 하루 종일 있어도 안 지루했어요. 마음이 굉장히 편안해집니다. 별거 아닌데 별거지요. 내 것이 있어서 지키려고 하면 아주 힘들어요. 내가 다 해야 하거든요. 그러니 놓지 못하고 쉼이 없습니다. 공유하고 함께하면 그렇지 않아요. 내 일을 저 사람이 할 수도 있고, 내가 아프면 저 사람이 도와줄 수도 있습니다. 자본주의가 발달하면 그런 게 안 됩니다. 우리가 자본주의 구조 속에서 살더라도 그 구조는 전반적으로 볼 수 있어야지요. 물에 들어갔는데 물이 소용돌이치면 거기 빨려 들어가요. 현대의 삶이 그렇습니다. 뭔가에 빠져서 허우적거리고 괴로움에 시달리면서 살아갑니다. 물질이 많아지면 정신이 쪼그라들거든요. 쪼그라들면 아무것도 안 보입니다. 먹는 생각밖에 안 하면 밥 먹을 때도 코를 박고 먹어요. 물질에서 해탈하면 넓어지니까 그렇게는 안 하게 됩니다. 관조하는 것도 넓게 되지요. 그때 대상을 수용하는 인식이 생기고 자연이 들어오면서 내 마음도 수용식으로 바뀝니다.

자연 속에 사는 사람들은 수용식受用識을 더 많이 배웁니다. 굉장히 유리하지요. 자연에서 살면서 수용하지 않는 사람도 많아요. 그래도 어쨌든 폭넓은 인식을 갖고 있는 것은 확실합니다. 자연에 많이 살아서 공업식共業識이 더 많거든요. 자연이라는 것은 대단합니다. 종류도 많고 일단 크기부터 다릅니다. 우리가 만드는 물질하고는 비교할 수 없을 정도로 커요. 그러니 대심大心을 가지게 되지요. 소인하고 대인은 마음이 다릅니다. 소인은 자기중심적으로 남을 판단하고 자기중심적으로 얘기합니다. 대인은 이미 대상이 들어와서 그룹으로 판단하고 그룹의 이익을 위해서 생각하지요.

길을 갈 때도 대로大路로 가는 것이 좋습니다. 소로도 중요하지만 소로로 가다 보면 어차피 대로가 나와요. 그러니 큰 길로 먼저 가고 조그만 길을 아는 것이 좋습니다. 골목골목 다니는 사람들은 큰 길을 몰라요. 소심小心을 보는 것도 중요하지만, 소심 속에서 살면 자기영성은 개발 안 됩니다. 영성이 확장되는 게 정말 좋아요. 영성으로 보면 좋은 집 이런 거 하나도 안 부럽거든요. 마음의 세계를 넓히다 보면 자연의 수용력이 따라 들어옵니다. 자연의 광활한 공간성, 끊임없는 공간성이 수용력을 키우거든요.

무엇보다 자연은 평등합니다. 저 태양도, 하늘도, 바람도 모두에게 열려 있어요. 제가 남미 갔을 때 보니까 거기는 의식이 옆으로 확장된 것은 느껴지는데 위로 확장된 것은 잘 안 느껴져요. 하늘이 낮은 것처럼 느껴집니다. 그래서 그런지 사람들이 좌우로 평등성은 많이 인식하는 것 같은데, 위아래로 평등성은 느껴지지 않았어요. 위는 귀의의 대상이니, 하늘에 귀의하지요. 기독교 신앙이 들어와서 전폭적으로 받아들여진 게 그래서인 것 같습니다. 불교는 하늘이나 땅이나 똑같은 이치로 보거든요.

마음을 확장시키는 것이 중요합니다. 확장하는 방법을 모르면 내가 가지고 있는 틀을 한번 버려 보세요. 관념의 틀, 원칙의 틀을 버리세요. 모르겠으면 다 버리면 좋아요. 예전에 다 버리라고 했더니 어떻게 다 버리느냐고 어려워하더라고요. 그래서 구체적으로 가르쳐 줘야 한다는 걸 알았지요. 쉽지 않은 여정이지만 우리가 함께하다 보면, 하나씩 하나씩 버리면서 대상을 수용하면서 넓어지겠지요. 이 끝없는 마음을 어떻게 쉽게 비우겠습니까. 소심으로 자글자글 살았던 마음들이 많기 때문에 하루 아침에 영성이 넓어지고 정신적으로 풍부해지기는 어려워요. 살다 보면 자글자글한 심리가 나를 괴롭히거든요. 큰 건 별로 안 걸립니다. 사소한 것이, 조그마한 것이 걸려요. 저도 '왜 이 조그마한 걸 내려놓지 못하나.' 할 때가 많아요. 크게 보면 별것도 아닌데, 손에 작은 가시가 박히면 괴롭듯이 이 쪼그만 것이 나를 흔들어 댑니다. 그런데 작은 것에도 분명히 진리가 있습니다. 의식이 확장되는 그 순간에 몸의 논리는 변화합니다. 마음이 작은 껍데기에 붙어 있으니 마음이 변하면 껍데기인 몸도 변하지요.

관찰하다가 자연스럽게 행위가 나왔어요. 마음에 저장된 게 나오는 건가요?

/

마음이 힘으로 저장되기도 해요. 어떤 물건이 있으면, 그냥 보는 사람이 있고, 명칭화하는 사람이 있고, 갖고 오려는 사람이 있습니다. 그게 무거우면 갖고 올 때 힘을 쓰니까 그것도 저장되고 갖고 오려는 힘도 저장됩니다. 물건은 내가 갖고 오면 그냥 끌려오는데, 안 오려고 하는 사람을 끌고 오려면 엄청나게 힘을 써야지요. 내 편이 아니고, 내 사상에 동조하지 않는 사람을 나와 동질화하려면 힘이 들거든요. 내 마음에 저장될 때 그 사람 이미지도 저장되지만 데려오려고 애쓸 때 쓴 힘도 저장됩니다. 그런 것은 나올 때도 힘으로 나옵니다. 동작으로 나와요.

동작을 별로 안 하고 앉아서 힘을 안 쓰는 사람들은 그런 업이 많지 않아서 그래요. 그런데 욕심세계나 물질세계는 굉장히 힘을 많이 써야 합니다. 동작을 많이 하고 분주하고 가만있지를 못해요. 힘으로 저장돼 있으니 힘을 써야지요. 자기 마음 안에 그런 게 많으면 그 업과 똑같은 직업을 가집니다. 힘으로 저장된 것은 힘으로 나올 수밖에 없거든요.

중요한 것은 관찰입니다. 영상이 나오든 생각이 나오든 마음이 일어날 때, 몸의 현상이 일어날 때, 행위가 일어날 때 관찰을 동반하지 않으면 헛것입니다. 마음이 일어날 때, 분노가 일어날 때, 행위가 일어날 때, '아我'라는 게 작동할 때 관찰하는 것이 핵심이지요. 지혜의 핵심이 관찰하고 붙어 있습니다. 그래서 지혜를 키우는 수련을 해야 합니다. 업을 다 제거했는데 지혜가 안 드러나면 소용없습니다. 공성을 봤는데 지혜가 안 드러나면 소용이 없지요. 업이 있는 것보다 공이 있을 때 훨씬 지혜가 많이 드러납니다. 우리 본성과 더 가까운 존재니까. 그런데 깨끗이 치우고 마음의 공성만 계속 확보하고 있으면, 지혜가 드러나도 모를 수 있어요. 공이 지혜인 줄 아는 사람도 있습니다.

○
자 연 과 교 류 하 여 의 식
확 장 하 기

현실에 살면 1차적으로 대상과 부딪힘이 생깁니다. 자꾸 부딪히니까 나를 보게 되지요. '내가 왜 이렇게 힘들까?' 하면서 내면으로 들어갑니다. 무지한 사람은 부딪히고 그냥 자고, 부딪히고 그냥 먹고, 부딪히고 사유도 안 합니다. 모른 척하고 살아가요. 중생의 마음은 그렇습니다. '왜 부딪힐까? 어제 마음이 일어났으면 끝나야 하는데 왜 오늘 그 마음이 똑같이 일어날까?' 이렇게 알고 싶어 하는 마음이 있어야 발동이 걸리거든요. 그런 본질적인 것에 관심이 없으면 수행이 시작되지 않습니다. 그래서 선각자들이 관심을 가지라고 중생들 옆에서 달랩니다.

어떤 식으로 수행을 하든 수행하면 사람, 사물보다 더 많이 들어오는 것이 자연입니다. 어떤 사람이 우리나라는 산이 70퍼센트나 되는데 왜 산을 개발하지 않느냐고, 규제를 풀어서 사람들이 산에 집을 지을 수 있게 해야 인간이 자유롭게 잘산다고 얘기해요. 인간 중심적인 사고방식이지요. 자연을 훼손하면 자연이 인간에게 주는 수많은 혜택이 끊어집니다. 자연을 이용하는 대상이 아니라, 소통하는 대상으로 만나야지요. 산이 없어지면 인간도 잘 살 수 없습니다. 인간의 마음속에도 자연의 비중이 더 높아요. 자연은 인간의 본질 중 하나거든요. 인간은 자연 속에서 자연이 끊임없이 들어와야 잘 먹고 잘 살 수 있습니다. 공기라도 들어오고 햇빛이라도 있어야 넉넉하게 이 몸을 유지할 수 있어요.

내가 강하면 자연에게 고마운 생각이 하나도 없습니다. 같이 살아야 하는데 산을 파헤치고 나무를 베고 계곡을 메워 버립니다. 계곡물이 강으로 흘러서 우리가 그 물을 마시고 사는데 그런 소중한 것들이 나와 상관없다고 생각해요. 사실은 자연이 엄청나게 우리 마음에 들어와 있는데 그걸 모릅니다. 자연에 가면 마음속에 자연이 더 많이, 깊숙하게 들어옵니다. 햇빛이 비치든 바람이 불든 비가 내리든 그대로 수용하면 내 안에 있는 모든 허상들이 깨져요. 내 안의 바람 기운과 바깥의 바람 기운이 마주치면 외부의 기운이 더 깊숙하게 들어가요.

내 감정, 내 욕구, 내가 먹는 음식 이런 물질계의 것들은 마음속에 깊이 못 들어갑니다. 표면층에 자리하고 있다가 자연이 들어와서 밀려나니까 몸이 아프지요. 자연에 갔다 왔는데 몸이 아무렇지도 않은 사람은 드뭅니다. 하루이틀 몸이 노곤하고 눕고 싶어요. 표면층에 센 기운들이 포진하고 있어서 자연과 부딪혔거든요. 자연에 가면 햇빛만 들어옵니까? 바람도 들어오고 숲도 들어오고 광활한 하늘도 들어옵니다. 막혀 있는 좁은 공간에서 몸을 노출시키는 거하고 광활한 데 가서 노출시키는 것과는 다릅니다.

나는 깨끗하니까 내 마음도 비어 있다고 생각하면 반쪽짜리 수행입니다. 대상과 관계를 맺지 않으면 나 혼자 하다 마는 수행이지요. 구더기가 더럽더라도 그 속에서 관찰하고, 내가 마주한 인연 속에서 관찰해야 살아 있는 수행입니다. 어차피 우리는 한계 있는 인간으로 태어났지만 이것을 알면 행복하지요. 세상에 존재하는 모든 것은 나와 관계되어 있습니다. 모든 사람과도 동등하게 관계되어 있어요. 자연환경도 그렇습니다.

자연환경과 교류하면 의식이 확장됩니다. 인간의 업을 벗을 수 있는, 인간이 다른 세계와 결합할 수 있는 여러 가지 구조를 알게 되지요. 세상 모든 것은 다 마음이 있기 때문에 교류할 수 있습니다. 물질에도 불성佛性이 있어요. 인간만, 6도 윤회하는 존재만 불성이 있다고 믿다가 의식이 확장되니까 모든 존재와 교류하지요. 의식이 확장돼서 갇히지 않았기 때문에 마음에 여유가 있고, 누구든 무엇이든 관계하니까 행복을 많이 느낍니다. 많이 먹는다고 행복한 게 아니거든요. 욕구에 따라서 먹을 때는 행복할지 몰라도 다음 순간 불쾌해집니다. 몸이 무거워지고 나른해지고 기분이 맑지가 않아요.

소통을 잘하려면 나를 외부환경에 노출하면서 외부의 수많은 마음들과 소통해야 합니다. 현실만큼 우리를 소통시키는 것은 없어요. 내가 사마타하는 것보다 현실이 나를 더 사마타해 줍니다. 나는 의식으로 나를 관찰하지만, 자연에 가면 햇빛이 나를 보고 소리가 귀를 뚫고 들어와요. 온갖 소리, 온갖 햇빛, 온갖 바람, 온갖 풀, 온갖 공기들이 밀고 들어와요. 자연이 내 마음을 뚫고 들어올 때 들어올 수 있도록 내 마음을 열어놓는 것은 내 몫입니다. 그렇게 해야만 초목에 담긴 불성들이 나와 결합하는 것을 알 수 있어요. 노력하지 않으면 알 수가 없습니다.

살아가는 데 기본적으로 필요한 것이 자연과 소통하는 방법, 남과 어울리는 방법, 농사짓는 방법, 집 고치는 방법들입니다. 사실은 학교에서 이런 것들을 가르쳐야 합니다. 미래시대가 되면 대학이고 뭐고 필요 없을 수도 있어요. 지금 있는 직업의 70~80퍼센트가 없어진다고 해요. 기계가 그 일을 한다고 하는데, 꼭 필요한 정신적인 영역을 기계가 해 주지는 못하거든요.

미래직업으로 명상이 좋습니다. 누군가 준비는 해 놔야지요. 지금 준비해 놔야 다음에 누구한테 알려 줄 수 있습니다. 필요할 때 아무도 그걸 모르면 안 되니까. 여러분들이 명상 지도자가 되리라는 마음가짐으로 열심히 해서 거듭나면 얼마나 좋겠습니까. 자연과 결합하고 소통하는 걸 가르쳐 주는 사람이 세상에 필요하거든요. 그런 의미에서 하나하나 정신적인 영역을 키워 놓으세요. 그러면 그것이 필요할 때가 올 것입니다.

묻고
답하기

허공이 가장 깊숙한 곳까지 들어오는 건 내 안도 비어 있기 때문인가요?

/

마음에 빈 곳이 많으면 많을수록 가까운 것보다는 먼 것이 보이고 가까운 인연보다는 먼 인연들을 보게 됩니다. 마찬가지로 공간에 뭔가가 놓인 것을 보기보다는 비어 있는 것을 먼저 봅니다. 더 마음이 비워지면 공간에 놓인 것과 비워져 있는 것을 함께 봅니다. 뭐든 조화롭게 보지요.

정신적인, 자연적인 영역을 키우기 위해 일상생활에서 할 수 있는 게 뭐가 있을까요?

/

도심이나 시골이나 자연은 우리 곁에 늘 있습니다. 도심에 사는 사람들은 빌딩과 화려하고 번잡한 물질을 많이 접하기 때문에 수시로 건물 밖에 펼쳐져 있는 환경을 느끼는 것이 중요해요. 달 뜨는 것도 보고, 하늘도 수시로 보고, 구름도 보고, 바람소리도 자꾸 들어 보세요. 새벽별은 도심 속에서도 늘 빛나고, 가을이 되면 가을볕이 늘 우리와 함께 하잖아요. 계절이 오면 그 계절의 맛을 느끼려고 노력해야지요.

자연이 좋아질수록 인간을 멀리하고 싶은 마음이 있어요. 분별인 걸 알기는 하는데…….

/

자연이 들어오면 복잡한 인간의 세계가 다소 싫어지기도 해요. 그러나 내 몸이 인간계에 있는데, 어찌 무시하겠어요. 나의 조건 그대로를 받아들이고 소통하는 것이 명상의 세계이고 지혜의 마음이니, 자연에게 받은 혜택을 주변에 나누어야 고이지 않는 수행을 계속 해나갈 수 있습니다.

11문

수 식 관

숨을 쉬면서 숨에 집중하기

○

지 혜 와 닮 은
마 음 의 여 러 가 지 요 소

　　우리 마음은 과거의 기록들, 전생의 업들, 온갖 번뇌들이 저장
되어 있어서 시커멓고 두텁게 막혀 있습니다. 이런 상태를 보통 자기라
고 알고 있는데, 막혀 있지 않은 마음들이 있어요. 틀 하나 없이, '나'라
는 벽이 전혀 없이, 열려 있는 마음이 있습니다. 인도라는 땅덩어리에
사는 사람들이 이런 것에 관심이 많았어요. 이걸 알고 싶어 궁구하는 수
행 그룹이 있었는데, 유식파唯識派라고도 하고 유가행파瑜伽行派라고도 합
니다. 여기 수행자들이 마음이 어떤 식으로 펼쳐지는지 궁금해서 심층
내부로 들어갔다가 마음에 여러 가지 구성 요소가 있음을 알았어요. 그
게 심소법心所法입니다. 그중에서 특별하게 작용하는 마음도 알게 되었

지요. 특별한 심소여서 별경심소別境心所라고 해요. 별경심소는 다섯 가지 욕欲, 승해勝解, 염念, 정定, 혜慧입니다.

욕欲은 욕구입니다. 마음의 본질이나 선법을 알려고 하는 욕구지요. 예를 들어, 특별한 심소가 뭔가? 특별한 마음이라는 건 뭔가? 바깥과 함께 확장되어 있는 마음, 깨달은 마음은 뭔가? 해탈은 뭔가? 과연 진짜 마음이, 모든 우주를 품고 있는 마음이 있는가? 이런 궁금증이 있어야 수행을 시작할 거 아닙니까? 죽을 때까지 한 번도 궁금해 하지 않고 가는 사람이 대부분입니다. 99퍼센트 이상은 관심도 없어요. 그냥 주어진 대로 살고, 주어진 대로 먹고, 주어진 대로 욕심내고, 주어진 대로 이렇게 저렇게 치이다가 갑니다. 그러나 일부 수행자는 특별한 욕구를 갖지요.

승해를 산스크리트어로 하면 '아디목샤Adhimoksa'라고 합니다. 미리 해탈한다는 뜻이지요. 알고 싶은 게 있으면, 마음이 '이러이러한 거야.' 하고 이미 알아 버려요. 해탈의 경지가 마음 안에 있기 때문에 대충 알거든요. 미리 대충 아는 것이 승해입니다.

염은 사띠sati라고 합니다. 한자로는 관觀인데, 이해심이 확장된 상태이지요. 대상을 지켜보는 것입니다. 숨을 지켜보는 것이고, 그냥 대상에 마음을 두고 있는 것입니다. 그것이 어려워요. 어려운 이유가 뭘까요? 이미 쌓아 놓은 것들, 번뇌나 과거 기록, 업들이 들쑥날쑥 나와서 그렇습니다. 그동안 쌓아 놨던 오류, 인식들이 그냥 있지 않거든요. 바람 불어도 일어나고, 누가 싫은 말을 해도 일어나고, 가만히 있으면 지루해서 일어납니다. 마음이 계속 일어나니 계속 놓치지요. 마음이 몸으로 나타나서 엉덩이가 가렵고 다리가 비틀어지니까 숨을 따라갈 수가 없어요. 그래서 수식관을 배우는 게 쉽지는 않지요. 쉽지는 않지만, 기초를 잘 배워서 숨 마시고 내쉬는 걸 잘 관찰하면 마음이 열립니다. 신기하게도 마음이 열려요. 숨만 잘 관찰하면 마음이 열리게 돼 있습니다.

숨을 내쉬고 관찰하고, 숨을 마시고 관찰하고, 숨을 내쉬고 관찰하면 마음이 안으로 들어갑니다. 막 바깥으로 내닫는 마음을 따라가지 않고 숨을 따라가면, 숨이 몸 안으로 들어가요. 숨이 코끝에 있지 않고 몸 안으로 계속 들어가면 숨 자체가 마음 깊은 데까지 연결시켜 줍니다. 관찰해도 숨이 나오는 건 안 보이죠? 그런데 의식으로는 숨이 나와서 어디까지 가는지 느껴집니다. 마음으로는 느껴져요. 업장으로 생각하고, 판단하고, 느낌이 일어나는 것들이 끊어지면서 몸속 깊이 들어갑니다.

선정(禪定)은 마음속 깊이 들어가는 것입니다. 선정에 들어가서 마음이 뚫리면 그 다음에 뭐가 나옵니까? 공간이 나옵니다. 마음 안에 있는 진짜가 나와요. 계속 뚫고 뚫고 뚫다 보면 마음이 열리면서 진짜 마음이 딱 드러납니다. 그래서 수식관이 중요해요. 숨 속에 굉장히 많은 것이 있어요. 여러분과 같이 하나씩 하나씩 해 나가면서 도달해 보겠습니다.

수식관은 마음의 구조가 어떻게 생겼는지 숨을 쉬면서 관찰하는 수행법입니다. 수식관이 쉽지는 않아요. 우리가 늘 숨을 쉬면서도 어떻게 쉬는지는 모르거든요. 어떻게 숨 쉬는가를 아는 것이 관(觀)입니다. 볼 관 자지만 알 관 자라고 해도 되지요. 내가 어떻게 숨을 쉬는지 알아가니까. 우리는 모르거든요. 내가 어디서 오는지도 모르고, 어디로 가는지도 모르고, 먼 미래도 모르고 먼 과거도 모르고. 그런데 관찰하면 알게 됩니다. 현미경으로 들여다보면 세포 분열하는 게 보이듯이 관찰하면 보입니다.

저 사람을 잘 관찰하면 저 사람의 심리를 아는데 대부분 관찰은 안 해요. 눈으로 봐도 자기 식으로 보지 대상을 그대로 보진 않거든요. 귀로 들어도 자기가 듣고 싶은 것만 듣습니다. 몸이 아파서 병원에 가도 의사가 얘기하는 것을 종합적으로 안 듣고 지금 내가 관심 있는 부분만 들어요. 수업할 때 선생님이 얘기하는 걸 다 들어요? 내가 듣기 싫으면 안 듣고, 관심 없으면 안 듣습니다. 내가 듣고 싶은 말만 들어요. 아예 처음부터 끝까지 안 듣기도 합니다. 그러니 모르지요. 아는 것이 관이요, 보는 것이 관이요, 잘 듣는 것이 관이요, 그대로 듣는 것이 관입니다. 내 마음대로 듣고 내 마음대로 느끼는 게 아니라, 그대로 듣고 그대로 느껴요. 그것이 지혜智慧입니다. 숨을 관찰하다가 지혜가 열리는 수행법이 수식관입니다. 관은 혜慧와 직결되거든요.

○

들 숨 날 숨 을 관 찰 하 는 것 이
수 식 관

수식관은 한자로 하면 셈 수數, 숨 쉴 식息, 관찰할 관觀을 씁니다. 뒤로 갈수록 중요해요. 수보다는 식이, 식보다는 관이 중요하지요. 관찰은 우리 마음을 두루 살펴보는 것이거든요. 숨을 쉴 때 들어오는 숨이 있고 나오는 숨이 있어요. 이 들숨과 날숨을 잘 관찰하는 게 수식관입니다. 숨이 들어오는 것은 산스크리트어로 '아나āna'입니다. 숨이 나가는 것은 '빠나pāna'라고 해요. 합쳐서 '아나빠나'라 하지요. 그냥 숨이 들어왔다 나갔다 하는 것만 계속 관찰하면 끝납니다. 다른 방법이 없어요. 왜 숫자를 붙이냐면, 관찰이 쉽지 않아서입니다. 잘 안 되니까 잘되게 하는 방법이 뭘까 궁리하다가 숨에 숫자를 붙였더니 잘 되었답니다. 들어오는 숨에 하나, 나가는 숨에 둘 이렇게 수를 붙이니까 사람들이 그것을 놓치지 않고 잘 관찰했어요. 그래서 숨의 숫자를 세는 수식관이 발달했지요. 사실 수식관은 숨만 관찰하면 됩니다.

옛날에 부처님이 숨 관찰하는 방법에 대해 설했습니다. 그 내용을 보면 쉬워요. "들어오는 숨을 알고 나가는 숨을 알고, 숨이 들어왔는데 짧으면 짧다는 걸 알고, 길면 길다는 걸 알고, 숨이 돌면 도는 걸 알고, 숨이 막히면 막힘을 아는 것이다." 별거 없습니다. 그러다 보면 지혜가 트이지요. 숨이 들어왔다 나갔다 하는 것을 그대로 지켜보는 게 어렵거든요. 그래서 방법적으로 숨 앞에 수를 붙입니다. 저도 처음 접했을 때는 '왜 수를 붙이지?' 그랬는데, 들숨 날숨을 해보니까 집중이 안 돼요. 희한하게 숨 마시고 내쉬는 거에 5분도 집중을 못합니다. 마음이 막 나와서 관찰을 방해합니다.

보통 숨을 잘 쉬고 있다고 생각하지만, 숨을 잘 쉬고 있지는 않아요. 숨을 마셨다가 내쉴 때는 숨이 모세혈관 끝까지 다 퍼져야 합니다. 몸이 막혀 있으면 숨이 안 퍼져요. 수술한 환자들이 숨 마시고 내쉬면서 관찰하면 어디가 막혀 있는지 알게 됩니다. 수술하면서 연결 고리들을 다 끊어놨기 때문에 막힌 게 느껴져요. 어깨가 막혀 있으면 거기에서 반응이 많이 일어납니다. 그럼 그것만 따라가세요. '숨을 잘 따라가겠다. 내 마음대로 하지 않고 숨 마음대로 하겠다.' 이렇게 결심하세요. 숨을 잘 따라가고, 숨의 숫자를 잘 세고, 그 다음에 어렵더라도 숨을 잘 아는 것까지 해보세요. 여러분들이 숨에 의식을 두는 것까지 잘하면 초심수련 잘 했다고 할 수 있습니다.

숨의 숫자를 잘 세고, 숨을 잘 따라가는 것, 이 두 가지가 핵심입니다. 이것만 잘하면 수식관이 뭔지는 알 수 있어요. 숨 쉬는 방법은 가슴으로 쉬는 흉식호흡, 배로 쉬는 복식호흡이 있습니다. 복식이 태초부터 인간의 호흡법이지요. 뱃속에 있을 때 배로 숨을 쉬라고 엄마가 가르쳐 줍니다. 애기들은 복식호흡을 하는데, 크면 이게 잘 안 됩니다. 안 좋은 음식 먹고 폭식하고 스트레스 많이 받고 자는 시간 불규칙하면 스트레스가 위로 올라와서 흉식호흡을 합니다. 흉부가 막혀서 흉식호흡도 안 되는 사람이 많아요. 입으로 호흡해요. 흉부가 막혀 있으면 코도 막힙니다. 잠잘 때 코로 호흡 안 하고 입으로 하니까 목이 건조해지고 순환기 계통이 안 좋아져요. 이제 복식호흡하는 방법을 익히겠습니다. 복식호흡을 통해서 수식관을 하면 건강이 좋아지면서 마음을 보는 데도 유리해요.

자, 앉는 자세부터 하겠습니다. 여자는 오른쪽 다리 올려놓고, 남자는 왼쪽 다리 올려놓습니다. 발은 다리 사이에 끼우세요. 허리가 똑바로 섰는지 확인하고, 어깨 긴장 풀고 턱을 살짝 당기고 눈을 감습니다. 팔은 편한 자세로 내려뜨리세요. 우리는 생각에 묶여서 살거든요. 어떤 고정된 생각이 있으면 차렷하고 있는 것입니다. 선생님이 언제 풀어 줄까 기다리면서 벌서고 있지요. 마음 안에 뭉쳐 놓은 것들이 많으면 그래요. 가족도 안 바뀌어야 하고, 관념도 안 바뀌어야 하고, 가치관도 안 바뀌어야 하고, '나'라는 존재감도 안 바뀌어야 한다고 생각합니다. 그 뭉쳐 놓은 덩어리가 바로 고(苦)입니다. 업식 덩어리가 고이고, '나'라는 덩어리가 고입니다. 세세생생 살아왔던 것이 고입니다. 고 아닐 수도 있는데 고처럼 만들어 놓은 게 나거든요. 이번 생에만 만든 게 아니라 세세생생 만들었어요.

　모든 것은 다 변화해요. 보따리를 열면 안에 있던 것들이 드러나는 것처럼, 물이 모였다가 흘러가는 것처럼, 구름이 모였다가 흩어지는 것처럼 다 흩어져요. 그 원리가 무상입니다. 시간이 지나면 흩어진 것이 다시 돌아오는 것도 무상이지요. 다 흩어져서 없어지는 것도 무상이지만, 그러고 나서 새로운 것들로 만들어지는 것도 무상입니다. 그러려니 하는 것이 무상입니다. 모든 것이 변화하거든요. 좋았던 사람이 싫어지고, 있었던 게 없어지고, 건강했는데 병드는 것이 다 변화하는 과정입니다. 그것이 유위법有爲法의 세계지요. 작용의 범주에 있는 것들은 다 생로병사를 겪습니다. 성주괴공成住壞空, 만들어서 유지하다가 무너져서 공으로 가지요. 우주가 다 그렇습니다. 공으로 갔다가 또 물질계를 만들고 사람들을 만들어서 복작복작 살고, 이것저것 끌어다가 모으고, 이기겠다고 싸우는 과정 속에 우리가 있습니다. 계속 변화하는 세계 속에 있는 것이지요.

　어리석은 사람들은 변화 자체를 싫어해요. 제일 어리석은 사람이 변화를 인정하지 않는 사람입니다. 유행을 싫어합니다. 옷 모양에서도 나타나요. 365일 단추 꼭 잠그고 지퍼도 꽉 잠급니다. 변화를 따라가야 합니다. 나라는 실체가 변화를 따라가서 고 덩어리로 뭉쳐 있지 않은 상태가 무아無我입니다. 내가 없다는 뜻이지요. 다들 자기 정체성을 세우라고, 네 이익을 챙기라고 하지만 그렇게 하면 오히려 단단해져요. 단단해져서 무언가를 만들어 냅니다. 유연하면 이렇게 해도 되고 저렇게 해도 되거든요. 보통은 그게 안 되지요.

숨 마시고 내쉬는 데 집중하면 금방 알아요. 숨이 들어오면서 바깥의 것들이 들어오거든요. 얼마나 감사한 일입니까? 숨이 들어오지 않으면 살 수가 없어요. 숨을 5분만 안 쉬어도 죽습니다. 들어왔던 것들은 또 다 나가요. 수식관의 경지는 사실 엄청납니다. 현자들은 숨을 몇 번만 쉬어도 금방 알아요. '들어왔던 건 다 나가는구나. 숨만 나가는 게 아니라 인연들도 맺었다가 풀어지는구나. 내 것이라 생각한 건 다 네 것에서 왔구나.'

여러분, 내 것이 있습니까? 내 것이 어디 있어요? 들여다보세요. 수행했는데 여전히 다 내 것이라고 하면 안 됩니다. 내 것이 없어야 내 것으로 됩니다. 부모는 자식이 먹는 것만 봐도 행복해요. 내 것이 네 것이 되니까 그렇거든요. 내 것이 네 것이 되고, 네 것이 내 것이 되는 것이 숨입니다. 내가 아무리 바깥에 있는 바이러스를 차단해 봐요. 공기로 흡입되는 것을 차단할 수 있습니까? 못합니다. 그래서 조류독감을 어렵게 생각해요. 새가 감기 걸려서 바이러스가 공기 중에 날아다니니까요. 사람이 살아야 한다며 다 살처분하는데, 그렇게까지 안 해도 되지요. 우리도 감기 걸렸다 며칠 있으면 낫듯이 새들도 며칠 있으면 낫거든요. 공포스러워서 철저히 차단하려는 마음 때문에 업식이 붙고, 상생을 못합니다. 세상은 지금 다 같이 죽는 쪽으로 가고 있어요. 같이 살 방법을 궁리해야지요.

숨을 쉬면 그냥 다 들어오기 때문에 숨을 쉬면 바이러스도 먹습니다. 그래서 수식관으로 자비관도 할 수 있어요. 병원 같은 데 가서 세균이 드글드글한 더러운 기운들을 마시고 좋은 기운, 사랑의 기운으로 바꿔

서 내뿜어 보세요. 아픈 사람의 괴로움을 의식으로 마시고, 내쉴 때에는 그 사람에게 새로운 기운을 줘 보세요. 수식관을 해서 마음을 열면 할 수 있는 일이 많습니다.

안이 꽉 차 있으면 숨이 안 들어옵니다. 이미 들어가 있던 것이 한 생의 몸을 만들어요. 마음의 표면적인 인식층이 몸을 만들거든요. 몸을 만든 표면적인 인식층을 다 쓰면 마음이 몸을 떠납니다. 그것이 죽음이지요. 80세 정도 돼서 몸을 다 쓰고 가면 별 미련이 없어요. 그 정도가 되면 죽을 마음이 됩니다. 준비가 안 됐는데 죽어 봐요. 젊어서 죽어서 한 생의 마음을 별로 안 쓰고 가 봐요. 그 몸을 너무너무 그리워합니다. 맨날 일만 하고, 남편한테 두들겨 맞고 고생만 한 몸인데도 몸을 다 안 쓰고 가면 그 몸을 그리워해요. 낱낱이 기억하는 게 아니라 습관만 기억하기 때문입니다.

몸을 관찰해 보면 몸을 잡고 있는 마음, 억울한 마음, 지나치게 고생했던 마음들이 들어 있습니다. 그 마음들을 잘 관찰하면 지혜가 떠서 녹아 버려요. 호흡만 잘해도 녹아요. 숨이 들어왔다가 나갈 때 숫자 하나를 세면 숨이 하자는 대로 할 수 있는데, 숨을 놓치면 딴 생각을 해서 업식을 따라갑니다. 업식이 작용하는 대로 따라가요. 업식 속으로 들어가면 업식이 사라지는데, 업식 속으로 안 들어가고 업식이 작용하는 대로 놔두면 본연의 마음이 열릴 수 있는 기회를 다 놓칩니다. 업식의 마음을 키워 놓으면, 그 인식층이 늘 '이렇게 사는 게 맞아.' 하고 시킵니다.

케이크를 먹고 나서 그냥 뒀더니 개미들이 바글바글 몰려들어요. 나중에 보니까 개미가 없어요. 케이크 속에 들어갔다가 거기 박혀서 죽었어요. 우리가 욕망 때문에 그러고 살아갑니다. 욕망에 빠져서 죽을 데를 찾아가요. 욕망을 키우면서 세상 사람들에게 내가 잘하고 있다고 잘 난 척합니다. 무지 덩어리라서 그렇지요. 어차피 욕망 속에서 살아가지 만, 거기 빠져서 죽지는 말아야지요. 조금 먹다가 '빠져 죽을지도 모르 니 그만 먹어야지.' 할 정도는 되어야 합니다. 욕망이 제거되어야 욕망 과 나, 몸과 내가 분리됩니다. 보통은 자석같이 붙어 있어요. 여러분들 이 숨 마시고 내쉬고를 왜 열심히 해야 하는지 아시겠지요?

○
숨의 숫자를 세는 수식관의 방법

호흡에는 흉식, 복식이 있습니다. 도가의 호흡법인 단전호흡도 있어요. 단전은 배꼽에서 한 뼘 아래에 있습니다. 천골과 연결되어 있 으니 천골호흡이기도 하지요. 도가에서는 숨이 에너지이기 때문에 다 내놓으면 안 된다고 주장합니다. 불교 호흡법과는 다른 점이지요. 불교 는 들어온 만큼 다 내놓으라고 하는데, 도가는 들어온 걸 조금 남깁니 다. 숨 마시고 내쉬면서 단전 끝에 숨을 조금 남기는 게 단전호흡입니 다. 단전호흡 잘못하면 몸에 문제가 생기지요. 숨이 나가려고 하는 것 을 끌어들여서 남기면 하수증이 생깁니다. 장기가 처져요. 내쉬면서 끌 어당길 때 힘이 들어가니까 자궁도 하수되고, 위장도 하수되고. 그래서 단전호흡은 잘 배워야 합니다. 어설프게 배워서 단전호흡하면 병 생겨 요. 마신 만큼 다 내놓으면 아무 문제가 없습니다. 조금 남겨서 문제가

숨에 집중하면 금방 알아요.

들어왔던 건 다 나가는구나.
내 것이라 생각한 건
다 네 것에서 왔구나.

되는 경우가 오히려 많아요. 마시고 내쉴 때 다 내놓는 것이 제일 간단하고 깨끗합니다.

지금 하는 수식관은 복식호흡을 익혀서 마음과 통하는 사띠 기법으로 업장을 소멸하는 것입니다. 숨을 따라가면서 관찰하세요. 어렵지 않은 건데, 굉장히 어렵기도 해요. 자꾸 딴생각이 들거든요. 업장이 제멋대로 해서 그렇습니다. 딴 생각이 들 때마다 빨리 알아차리고 다시 숨으로 돌아와야지요. 다시 연습해 보겠습니다. 배가 많이 나오는 것이 기본입니다. 처음에는 의도적으로 배를 많이 부풀리는 게 좋아요. 배의 용량을 키워야 하니까요. 용량이 크면 숨이 많이 들어가거든요. 배가 딱딱하게 굳어 있으면 숨이 안 들어갑니다. 배가 나오게 계속 숨 쉬다 보면 근육이 이완되고 퍼지면서 숨이 많이 들어가요. 계속하면 숨이 들어갔다 나왔다 하면서 딱딱했던 배가 유연해집니다. 계속 연습하세요.

숨에 숫자를 붙이면서 숨 쉬다 보면 집중이 잘됩니다. 숨 마시고 내쉬고 하나, 숨 마시고 내쉬고 둘 이렇게 숫자를 붙입니다. 그게 잘 안 되면 숨을 마시면서 하나, 내쉬면서 둘, 마시면서 셋, 내쉬면서 넷 이렇게 해도 됩니다. 원래 들숨과 날숨을 한 세트로 셉니다. 순산수로 하다가 자꾸 놓치면 다른 방법으로 할 수도 있어요. 산수 수식에는 여러 가지가 있거든요. 역산수 수식관은 들숨과 날숨 끝에 숫자를 거꾸로 붙여요. 숨 마시고 내쉬고 10, 숨 마시고 내쉬고 9 이런 식입니다. 뺄산수도 있습니다. 들숨과 날숨에 10, 8 이렇게 하지요. 들숨과 날숨에 2, 4, 6 이렇게 곱산수할 수도 있습니다. 이게 잘되면 승진산수를 해도 됩니다. 승진산수는 숨 마시고 내쉬고 숨 마시고 내쉬고 두 번에 숫자 하나를 붙입니다. 잘되면 세 번에 숫자를 붙이고 열 번에 숫자를 붙이기도 합니다. 그렇게 만, 십만까지 숫자를 안 놓쳤을 때 숫자를 버립니다. 숨의 숫자를 세는 수식관을 하려면 얼마나 집중해야 하는지 알겠지요? 집중이 안 되면 수행이 안 되거든요. 자, 숫자를 세면서 50까지 해보겠습니다.

공부도, 운전도 처음부터 잘할 수 없듯이 수행도 처음부터 잘할 수는 없습니다. 여러 번 익히고 경험하고 잘못된 것을 수정하고 새로운 것을 들으면서 그럴 수도 있겠다 이해하면서 나아지는 것입니다. 그래서 혼자하면 잘 안 돼요. 수행의 3대 요소가 스승, 도량, 도반입니다. 스승은 이런 방법이 있는데 그게 안 되면 이렇게 할 수도 있다고 방법적인 것들을 자꾸 얘기해 줍니다. 수행하다 보면 뒤로 갈 때가 있어요. 후퇴한다 해서 퇴굴심退屈心이라고 하는데, 수행할 때 퇴굴심 없는 사람은 없습니다. 욕망이 있으니 욕망을 따라 가거든요. 그럴 때 스승이 자꾸 제시합니다. 욕망을 끊고 원리 원칙대로 하라고, 지혜가 있는 데로 가라고, 원래 네 마음은 폭넓고 무한하다고 알려 줍니다. 퇴굴심을 꺾어 진리 가까이 가도록 돕기 때문에 스승이 필요하지요.

도량도 중요합니다. 수행하는 공간에 가면 수행이 잘되거든요. 사람들이 늘 마음을 닦고 닦고 했기 때문에 앉아 있으면 마음이 고요해집니다. 장소에 따라서 기운들이 있어요. 백화도량이 강원도 오대산에 도량을 마련한 이유가 자연환경이 좋은 데 가면 자연명상이 더 잘되기 때문입니다. 공기가 청정하고 하늘이 파란 데서, 활짝 열려 있는 공간에서 새소리 바람소리 들으며 명상하는 거와 그게 안 들리는 공간에서 하는 거는 많이 다릅니다. 열린 마음을 키우려고 자연 속에 도량을 만들었지요.

수행에서 도반이 중요합니다. 수행을 잘 하는 도반이 많으면 많을수록 좋아요. 우리의 선심善心, 선근善根은 좋은 것을 따르게 되어 있습니다. 수행하는 데서 만나면 수행하는 얘기를 많이 하거든요. 수행하는 사람들은 수행한 공덕을 나눕니다. 선근 종자를 키우기 때문에 수행을 잘할 수 있는 방법, 잘 극복할 수 있는 방법들을 나눠요. 정보를 나누는 것과 안 나누는 것은 엄청나게 다릅니다. 수행하면서 도반을 얻으면 그 사람이 최고의 선우善友입니다. 힘들 때 도움을 주고받으며 같이 파도를 넘어갈 수 있어요. 자연에 가서 혼자 명상하면 잘 안 되는데, 여러 사람이 같이 하면 잘됩니다. 배우는 것도 많아서 정신의 수준이 높아져요. 배워서 혼자 해야지 생각하는 사람들이 많은데, 집에서 혼자 하면 잘할 것 같지요? 혼자 하면 어려운 관문을 넘어가기 어렵습니다.

수행하면 욕망부터 떨어져 나갑니다. 특히 탐욕 같은 게 제거되지요. 욕망 중에서 탐욕은 지나친 거니까. 변화가 가장 많이 나타나는 데가 손발입니다. 손발이 실행하는 역할을 하기 때문에 변화가 많이 나타나요. 고관절, 천골, 엉덩이, 허벅지, 종아리에도 변화가 많아요. 마음은 색수상행식으로 구성되어 있거든요. 색은 물질계입니다. 물질계가 배꼽 밑을 관장하기 때문에 욕망을 집지하는 라인이 대부분 밑에 있어서 하단전, 배꼽 밑이 반응해요. 그 다음엔 감정 라인인데, 감정은 대부분 장기와 연결되어 있습니다. 몸통, 배꼽 윗부분에 장기가 있어요. 장기를 관찰하면 장기는 거의 감정이기 때문에 차가움, 열기, 열감이 많이 느껴집니다. 감정이 변화하면 감정이 맞잡고 있는 것이 머리이기 때문에 머리가 반응하기 시작합니다. 머리는 관념을, 장기는 감정을 갖고 있거든요. 풀리면서 맞잡고 있던 것들이 시소처럼 반응하니까 머리가 아프지요. 관념이 많은 사람들은 머리 쪽으로 반응을 많이 합니다. 자연에 가면 자연이 관념을 많이 건드려서 머리가 많이 아파요. 관념이 센 사람들은 자연에 갔다 오면 반응이 엄청나게 나타납니다.

우리가 사는 게 왜 힘든가 생각해 보세요. 관념이 있어서 시달립니다. 내가 선생님인데, 학생은 시간 약속을 지켜야 한다는 관념이 있습니다. 그런데 반 애들이 대부분 지각을 해요. 그 관념 때문에 애들이 올 때마다 화를 내든지 잔소릴 하든지 제재를 합니다. 그 화났던 기운들이 마음에 쌓이면 그게 1차적으로 장기에 영향을 줍니다. 시간은 지키라고 있는 거지만 깰 수도 있거든요. 그런데 우리는 한쪽만 알아요. 내가 안 좋을 때 달려와서 해결해 주는 게 가족이지만, 어떨 때는 가족이 내 발목을 잡습니다. 나를 힘들게 해요. 이 두 가지를 같이 볼 수 있으면 가족에서 해탈합니다. 가족을 내치고 맨날 바깥을 보는 사람이 있어요. 봉사활동만 하고 집에 가면 엉망진창입니다. 바깥일 하느라고 가족한테 할 걸 하나도 안 하면 가족은 심리적으로 불편해요. 가족이니까 뭔가 해 주길 바라거든요. 그 모순관계를 보면서 합리적으로 잘하는 것이 제대로 하는 수행입니다.

감정과 이성이 왔다 갔다 하는 것과 비슷합니다. 가장 골치 아픈 게 두 가지를 다 갖고 있는 사람입니다. 관념도 센데 감정도 세요. 감정으로 불을 뿜으면서 관념도 엄청나게 세요. 관념 때문에 융통성이 없어서 남한텐 강요하면서 자기는 제멋대로 합니다. 자기는 감정대로 휘두르면서 남한테는 잣대를 들이대요. 같이 있으면 제일 힘든 유형입니다. 회광반조回光返照는 남한테 들이미는 그 잣대를 나한테 들이대는 것입니다. 그러면 내가 보이거든요. 관찰해 보면 그런 것들이 내 마음에 구조적으로 다 있습니다. 복식호흡을 계속하면서 관찰하면 그런 것들이 다 나옵니다. 머리가 아프고 심장이 터질 듯하고 온몸에서 열기가 나왔다 냉기가 나왔다 하고 온갖 기억들이 튀어나와요.

쌓아 놨던 마음들이 안에서 막 움직여요. 살아 있는 마음이 움직이면서 무엇으로 나올까요? 잠을 잘 때 이 마음이 밖으로 탁 튀어나옵니다. 의식을 타고 튀어나와요. 그것이 꿈입니다. 마음이 아주 생생하게 나오면 자다가 울기도 하고 깨기도 하고 심하면 몽유병 걸려 돌아다닙니다. 잠자는 상태인데 꿈에서 "일어나, 일어나." 해서 일어나요. 어떤 사람은 실제로 바깥에서 누가 불렀대요. 꿈이 생생하면 바깥에서 나를 부르는 것처럼 들려요. 악몽도 의식 안에 저장되어 있던 것들이 튀어나와서 꾸거든요. 저장된 게 없어서 안 꾸면 좋지만, 저장된 것들이 있어서 악몽을 꾸는 건 좋아요. 5관이 열려 있으면 내가 자유자재로 의식을 펼치지 못합니다. 저 사람 꼴 보기 싫어서 때리고 싶은데, 저 사람에게 맞을 것 같으면 못 때리거든요. 그래서 의식이 눌려 있어요. 꿈을 꾸면 그런 것들이 많이 나옵니다.

꿈을 꿔도 잠에서 깨면 보통은 꿈의 내용을 다 까먹어요. 그런데 생생한 것, 센 것은 남아 있습니다. 마음 표면층에 저장되어 있는 의식은 현재 나와야 할 의식이거든요. 그런 마음들이 일어날 때는 생생해요. 제가 목욕탕에서 들은 얘긴데, 남편이 성질이 급해서 "누구야." 불러서 바로 문을 열어 주지 않으면 화낸대요. 하루는 자면서 남편이 "누구야." 불러서 벌떡 일어나는 꿈을 꿨는데, 너무너무 생생하더래요. 누가 부르면 벌떡 일어났던 강박관념이 쌓여 있다 꿈으로 나왔지요. 그런 의식이 모였다가 나오면 실제 소리보다 더 크게 느껴집니다. 가까운 의식, 경험이 켜켜로 모인 의식이 건드려질 때는 생생해요. 생생하더라도 안에 있는 것보다는 나와서 털어 내는 게 좋습니다. 침샘에서 침이 흐르듯이 의식이 흘러나와야 좋아요.

마음층이 단단하면 안 나옵니다. 꿈도 안 꿔요. 아주 단단하게 집지해서 못 나오게 눌러 놔요. '이런 거 나오면 안 돼. 난 이런 사람이 아니야.' 하고요. 꿈을 안 꾸는 사람들이 두 가지 유형입니다. 하나는 너무너무 단단해서 안 나오고, 또 하나는 아예 비워져서 안 나옵니다. 꿈을 안 꾸면 좋을 수도 있지만, 꿈에서라도 나를 안 보여 주는 것입니다. 내가 꽉 차 있으면, 마음층이 단단하면 자기가 자기를 속입니다. 자기 모습을 보는 것이 싫으니까. 꿈은 자기가 자기 모습을 볼 수 있는 기제입니다. 깊은 의식층이 꿈으로 나오는 경우가 많기 때문에 그 사람의 심리를 파악하는 데는 꿈이 오히려 정확하지요.

우리가 마음이 꽉 차면 꿈에서 의식이 막 돌아다니는 것처럼, 현실에서도 나를 안 알아주는 데 가서 날 인정해 달라고 합니다. 마음이 그렇게 하거든요. 그 마음을 보기 위해 수식관도 하고, 부정관도 하고, 자비관도 합니다. 마음을 안 보고 깨달음을 얻으면 마음은 해탈이 안 됩니다. 이왕이면 마음해탈하면서 자비관을 하면 좋거든요. 해탈하면서 부정관을 하면 좋거든요. 해탈하면서 수식관을 하면 좋거든요. 우리가 마음관찰을 꾸준히 해야 하는 이유가 그것입니다.

○

숨을 따라가는 수식관의
방법

　숨의 숫자를 세는 수식관을 한 다음에는 숨을 따라가는 수식관을 합니다. 원래 숨을 잘 따라가기 위해서 숨의 숫자를 세는 수식관을 하지요. 따를 수자 수식관은 들숨과 날숨으로 하는 입출식관入出息觀입니다. 입출식을 따라가면서 신수심법 4념처에 집중하지요. 몸의 현상을 따라가면서 입출식하는 신념처, 몸의 느낌이나 감각을 관찰하면서 입출식하는 수념처, 마음속에 있는 여러 가지 군상들인 아뢰야식을 알아차리면서 입출식하는 심념처, 대상과 부딪혔을 때 일어나는 강한 생각과 관념에 집중하면서 입출식하는 법념처를 통해 몸과 느낌, 마음, 개념에 호흡을 결합하는 명상법입니다.

　저 사람과 내가 옛날에 애인 사이였으면 사랑하는 마음이 막 올라와요. 그걸 보는 것이 법념처입니다. 우르르 쾅쾅 소리가 들려요. 옛날에 낙뢰 맞아서 쓰러진 기억이 딱 났어요. 그것이 법념처입니다. 현실의 대상하고 부딪혀서 뭔가 옛날 생각이, 개념이 확 일어나는 것이지요. 사실은 법념처가 완성입니다. 우리 마음은 항상 외부와 작용하고 있으니까 그 작용을 그냥 볼 수 있으면 끝나거든요. 그런데 이게 안 되니까, 마음에 뭐가 잔뜩 들어 있어서 법념처가 안 되니까 몸을 보기 전에 마음을 털어내야지요. 수식관을 통한 신념처가 관찰되어야만 껍데기가 벗겨지고, 느낌과 감정이 살아나고, 마음속에 뭐가 들었는지 알 수 있습니다. 알게 되면 비워져서 지혜가 드러나요. 그러면 대상과 접촉하는 것이 가능해집니다.

수식관을 할 때는 단계적으로 합니다. 몸의 현상을 따라가며 하는 신념처는 첫 번째로, 다섯 가지 감각기관인 눈, 귀, 코, 입, 몸에 집중해서 입출식합니다. 숨의 숫자를 세는 수식관은 숨 마시고 내쉬고 숫자를 세다가 몸에 반응이 일어나면 그것을 바라보면서 관찰해요. 그런데 숨을 따라가는 수식관은 눈만 바라보면서 관찰합니다. 눈의 업식이 가장 세니까 먼저 눈을 관찰하면서 숨 마시고 내쉬고를 눈에다 합니다. 5관으로 수식관하면 좋아요. 5관이 모든 마음을 1차적으로 담당하거든요. 눈의 관찰이 안 된 상태에서 마음을 보는 것과, 눈의 관찰이 잘 된 상태에서 마음을 보는 건 하늘과 땅 차이입니다. 우리가 눈으로 보는 것들을 다 마음에 집어넣는데, 눈을 관찰하기 시작하면 적어도 집어넣지는 않지요. 눈에 집어넣었던 기억들이 보이니까 관찰하면서 떨어져 나가거든요.

원래는 눈으로 숨을 내쉬고 마시는 건데, 오늘은 안 하겠습니다. 여러분들이 숫자를 세면서 몸에서 반응이 많이 나타났어요. 어깨가 아픈 사람들은 어깨가 드러났고, 허리가 아픈 사람들은 허리가 많이 드러났어요. 왜 그곳이 아플까요? 딱딱한 게 들어가서 마음이 어깨를 타고 있으니 그 부분이 딱딱하지요. 시멘트를 바르듯이 마음을 막아 가지고 못 나오게 하면 아프지 않아요. 그런데 마음은 엄청나게 불편하거든요. 마음은 흘러나와야 좋습니다.

수식관을 하면 마음의 요소가 다 발견됩니다. 어깨 쪽으로 숨 마시고 내쉬면서 숨으로 부드럽게 하니까 다 드러나지요. 사실 수식관은 몸의 느낌이 일어나는 곳을 관찰하면서 입출식하는 게 중요해요. 5관으로 수식관을 할 때는 눈 쪽으로, 귀 쪽으로, 코 쪽으로, 몸 쪽으로 날숨을 내보냅니다. 잘 안 되면 몸으로 복식호흡을 하고 내쉴 때는 반응이 있는 곳으로 내보냅니다. 원래 느낌이 있었던 곳, 아니면 느낌이 드러나는 곳으로 내쉬는 것이지요. 나중에는 거기를 보면서 마시고 내쉬어도 됩니다. 그것이 수식관의 핵심적인 방법입니다.

두 번째는 장기를 따라서 입출식합니다. 간장, 심장, 위장, 폐장, 신장 순서대로 하든지 반응하는 순서대로 하세요. 눈은 모든 장기와 관련이 있지만, 제일 밀접한 곳은 간입니다. 코는 폐, 귀는 신장, 입은 비장과 위장, 혀는 심장과 직결되어 있어요. 입이 위장과 심장을 맞잡고 있기 때문에 입은 관찰하기가 비교적 쉽습니다. 눈으로 보면서 위장이 더 반응하는 사람도 있어요. 보면서 먹는 것을 먼저 생각하는 사람은 위장이 반응합니다. 그렇지만 일반적으로 눈을 관찰하면 간이 같이 좋아집니다.

집집마다 기본적으로 가족력이 있습니다. 어떤 집은 폐와 대장, 어떤 집은 혈관, 어떤 집은 척추나 허리가 아픈데, 병은 대부분 마음하고 관련돼 있어요. 예를 들면, 폐는 관념하고 많이 연결되지요. 간도 관념하고 많이 연결되어 있어요. 간이 배 밖으로 나온다는 말이 왜 있냐면 간은 오지랖이 넓기 때문이에요. 간은 자기를 추구하는 게 아니라 바깥을 추구하는 관념이라서 밖으로 참견하고 돌아다닙니다. 폐는 자기를 추구하는 관념이라서 오지랖이 넓지 않아요. 관념으로 참견하기 좋아하면 간이고, 자기중심적으로 자기를 유지하기 좋아하면 폐입니다.

말하자면 폐는 관념 때문에 시달립니다. 앞에서 말했듯이 대표적인 관념이 약속을 지키는 것이거든요. 약속을 안 지키는 게 싫으니까 관념 강한 사람들은 약속을 지키는 쪽으로 갑니다. 지켜야 할 게 너무 많아요. 깨끗해야 한다는 관념도 있지요. 사회 정의를 추구하는 사람들은 공정하게 나눠야 한다는 강력한 관념이 있습니다. 나눠야 한다고 생각하니까 안 나누는 사람 보면 화가 나지요. 바깥과 관련해 화가 많이 작용하고 일어나면 간입니다. 자기 식대로 딱딱하고 자기 안에서 복닥거리고 안으로 들어가면 폐입니다. 관념 세고 폐 기능이 강한 사람들은 바깥에 가서 복닥거리는 게 힘드니까 자기 일을 합니다. 강한 관념을 갖고 있으면 사회 생활하면서 자기가 너무 힘들거든요. 열이면 열 관념이 다 다른데, 내 관념이 강하니 힘들지요. 그래서 독자적으로 일하는 걸 좋아해요. 대표적인 것이 학문입니다. 글자는 자기 고유의 영역으로 집지 하니까 남의 간섭을 안 받을 수 있거든요.

폐는 개인적으로 관념을 추구해요. 굵직굵직한 관념이든 자잘자잘한 관념이든 관념을 지키고 싶어 합니다. 사람마다 다 달라요. 종류가 많으면서 자잘한 관념을 가진 사람은 눈으로 보면서 자기 잣대로 얘기합니다. 눈으로 물질만 볼 수 있으니 물질의 형태, 움직임, 색깔만 보고 그 편협한 걸로 계속 잣대질합니다. "이것은 왜 이렇게 놨어. 이렇게 놔. 뚜껑 덮어야지. 종이를 왜 여기다 놨어." 그 대신 규칙적이지요. 시간을 정확하게 재고 틀에 맞춰서 정리해요. 관념 센 사람들은 박스나 칸막이를 이용해서 정리하고, 안에 든 게 뭔지 한눈에 볼 수 있게 써놓습니다. 누가 그걸 흩트리거나 하면 힘드니까 어떻게 합니까? 혼자서 살아요. 혼자서 사니까 외롭지요.

폐가 그런 기능을 하니까 계속 숨 마시고 내쉬면서 폐를 보세요. 폐포가 꽈리처럼 엄청나게 많아요. 그 하나하나를 관찰해 보면, 그 속에 엄청나게 많은 관념 덩어리들이 있습니다. 그 관념들이 떨어져 나가면 자유로워져요. 폐가 열리고 심장이 열리면 수행이 다 된 것입니다. 심장과 폐장을 살리는 게 심폐 소생술이거든요. 위장 소생술이란 말은 없어요. 그만큼 심장과 폐장이 핵심적인 요소입니다. 심장하고 폐를 잘 다루면 위장도 편해져요. 위장이 힘든 이유가 심장 때문이거든요. 심장은 감정입니다. 심장이 "먹고 싶어." 할 때, 폐는 누르는 기능을 하거든요. "오후불식이야. 6시 넘었으니까 먹으면 안 돼." 심장은 "피곤하니까 그냥 사다 먹자." 그러는데, 폐는 "그건 몸에도 안 좋고 돈도 많이 들어." 하면서 관념으로 정보를 줍니다. 과거에 했던 것들을 문자화해서 기록해 놓은 것이 관념이거든요.

감정은 욕구 때문에 나옵니다. 보통은 두 개 다 결합되어 있는데, 어느 쪽으로 더 기울었느냐에 따라서 병이 생겨요. 관찰해서 심장 쪽으로 반응을 많이 하면 감정적인 사람들입니다. 감정이 부글부글 끓어서 해결되지 않고 순환이 안 돼서 그렇지요. 감정이나 관념이 상생을 하면 상관이 없습니다. 감정이 관념화되고 관념이 감정화되는 것이지, 두 개가 딱 분리되어 있는 것은 아니거든요. 둘이 같은 건데 분리되었어요. 심폐도 같은 거였는데 기능이 달라서 분리되었습니다.

마음이 여러 가지를 통과해서 나오는데, 심폐와 관련된 마음이 목에 있는 경추에 많이 쌓여 있습니다. 물질과 관련되어 심장의 감정과 폐의 관념이 충돌하는 것은 천골에 많이 담겨 있어요. 심폐가 그런 기능을 하기 때문에 5관 관찰을 하거나 5장 관찰을 하면서 수식관을 할 수 있습니다. 수식관 하면서 그 마음들을 볼 수 있기 때문에 결합할 수 있는 요소가 많아요. 근육과 살을 따라가면서 수식관 할 수 있고, 뼈와 관절을 따라가면서 수식관 할 수 있고, 손과 발을 따라가면서 수식관 할 수 있습니다. 어디나 다 관찰할 수 있어요. 수식관을 통해서 다 할 수 있지만, 수식관이 안 되는 단계도 있습니다. 숨이 끊어지는 단계가 있어요. 그러면 수식관이 필요 없거든요.

몸의 느낌을 관찰하는 수념처는 몸에서 일어나는 통증과 느낌을 알아차리며 입출식합니다. 들숨보다는 날숨을 느낌이 일어난 쪽으로 길고 깊게 내쉬는 게 좋아요. 어깨가 아프면 어깨를 바라보면서 들숨과 날숨을 하세요. 마음의 현상을 알아차리면서 입출식하는 심념처는 생각이 일어나는 것에 포인트를 잡고, 생각을 날숨으로 지우면서 입출식을 합니다. 법념처는 대상과 부딪혔을 때 일어나는 생각과 관념에 집중하는 것이므로, 5관과 의식이 대상과 결합할 때 일어나는 현상을 알아차리면서 입출식을 합니다. 이것이 따를 수자 수식관의 대표적인 방법입니다.

수식관을 하면 지혜가 열리고 마음이 열리기도 하지만, 일단은 산소 흡입량이 많아집니다. 모세혈관 하나하나에 숨을 전달하기 때문에 몸이 안 좋을 때 수식관을 하면 좋습니다. 비염이 있거나 코가 막혀 있으면 숨이 깊숙하게 안 들어가요. 생각이 너무 많은 사람은 생각을 끊을 수 있습니다. 숨에 오롯이 집중하다 보면 생각이 안 일어나거든요. 수식관은 건강해진다, 생각을 끊을 수 있다는 두 가지 장점이 있습니다. 심신의 안정을 이루면서 경계를 알아차릴 수 있기 때문에 수식관을 생활화하면 현실에서 많은 도움을 얻을 수 있어요. 부지런히 연습해서 수식관을 몸에 익히기 바랍니다.

너무 피곤해서 관찰이 안 되고 잠깐 졸았어요.

/

그럼 피곤 관찰부터 해야지요. 피곤하게 느껴지는 데를 먼저 관찰하세
요. 피곤이 몸의 어디서 느껴지는지 살펴서 피곤한 상태를 관찰하면,
눈이 피곤하다 어깨가 아프다 뭐 그렇게 나옵니다. 그걸 중심으로 관찰
해야 피곤이 잘 풀려요. 피곤은 쌓이는 거거든요. 그러니 쌓인 것을 일
단 껍데기부터 벗겨 내세요. 피곤이 풀려야 집중을 하든 관찰을 하든 할
수 있습니다. 피곤을 잘 관찰하면 보통 한 시간이면 회복될 수 있어요.

저는 2년 전에 담낭 제거 수술을 했거든요. 없어도 산다고 해서요. 떼어서 없는
데도 관찰하니까 반응해요.

/

쓸개가 간에 붙어 있어요. 간에 붙어 있는 기관들은 사회적인 관념과 많
이 관련되어 있습니다. 떼어내도 그 자리에 마음이 있으니까 반응은 다
해요. 떼어 버렸다고 그것을 통과해서 나오는 마음까지 떼어 버린 건 아
닙니다. 마음도 습관적인 거라서 거기에서만 나오는 마음들이 있습니
다. 보통 그 기관이 없어지면 딴 데로 나오면 된다고 생각하는데, 어떤
마음들은 못 나오거든요. 소화와 관련된 마음들이 쓸개를 통해서 나오
는데 없어졌으니 소화가 안 되지요. 그 마음들이 관찰돼서 다 없어지면
괜찮아요. 마음은 통으로 있기 때문에 그 기관으로 나올 수 있는 마음들

을 봐서 소통하거나 제거하면 문제가 없습니다.

숫자를 잃어버리지 않으려고 계속 숫자를 생각하고 있어요.

/

숨의 숫자를 세는 수식관은 우선 숫자를 잊지 않는 것이 중요하지요. 이것이 잘 되면 숨에 집중하여 그 현상을 알아차리는 것이 중요하고, 이것이 잘 되면 관찰이 중요합니다. 초심 수행자는 수식관에서 숨의 현상에 집중하기 어렵기 때문에 숫자를 잊지 않으려고 노력하는 것은 그 과정 속에 있는 것입니다. 숫자에 익숙해지면 숨을 통해 관으로 넘어가니 걱정하지 말고 들숨 날숨에 숫자를 잘 붙이세요.

숫자는 세고 있는데 생각이 계속 들어와서 힘듭니다.

/

생각을 날려버리면서 숫자를 세면 됩니다. 숫자를 들숨에 숫자를 날숨에 동시에 붙여서 그 생각을 날려버리는 것도 좋은 방법 중 하나입니다.

호흡을 따라가면 열이 오르고 머리가 아파요.

/

호흡을 강제로 할 경우에 열이 나고 머리가 아플 수 있어요. 호흡이 되는 대로 하려고 노력하면서 날숨을 길게 내쉬면 이 현상이 사라질 수 있습니다. 그러나 경우에 따라서 두 가지 방법이 있습니다. 하나는 호흡을 따라가지 말고 열이 나고 머리가 아픈 현상만을 지켜보면서 관찰하는 것입니다. 또 하나는 열이 오르고 머리 아픈 곳을 향하여 날숨을 내

보내는 것입니다.

숫자를 자꾸 까먹는데 어떡해요?

/

숫자를 잊어버리는 것은 생각이 외부로 치닫거나 숫자를 외우기 귀찮아
하는 마음이 있어서일 경우가 많습니다. 처음에는 의도를 내어서 숫자
를 잊지 않으려고 노력해야지요. 이 경우는 숫자를 잊지 않겠다는 의도
가 중요합니다.

12문

자 비 관

나를 맑게 하여 남에게 사랑 주기

○

4선 과
4무 량 심

　네 가지 선禪이 있습니다. 선은 산스크리트어로 다나dhyana, 빨
리어로 자나jhana라고 해요. 내 마음을 가라앉혀서 내 마음을 보는 것이
선입니다. 선은 원래 가라앉힌다는 의미를 담고 있어요. 마음을 고요히
가라앉혀서 보는 것이지요. 보통은 마음을 볼 수가 없습니다. 마음이
그냥 있지 않거든요. 파도가 치거든요. 눈으로 대상을 보고 생각이 일
어나면 생각에 시달리고, 어떤 심리가 일어나면 심리에 시달립니다. 마
음이 온갖 작용을 해서 미워하지 않아도 될 사람을 엄청 미워해요. 어느
정도만 미워하면 되는데 끝없이 미워하느라 마음이 시달리고 파도를 칩
니다. 보통은 파도치는 그 마음을 자기 마음이라고 생각해요. 뭔가 막

경쟁할 때, 거품이 일어날 때, 허위의식이 일어날 때는 한 번만 거짓말 하면 되는데 여러 번 합니다. 한 번만 고집부리면 되는데 끝까지 부리고 나를 내세우면서 이기려고 합니다. 그 마음이 너울성 파도처럼 나도 덮고 대상도 덮는데, 지나고 나면 흔적도 안 남아요. 그렇기 때문에 마음 가라앉히는 연습을 해야지요.

세세생생 살았던 내 마음에 의해서 파도치거든요. 어떤 대상을 만났을 때, 어떤 환경에 접했을 때, 어떤 일을 경험했을 때 파도쳐요. 파도가 심하게 칠 때는 마음을 보는 게 불가능합니다. 그 마음의 현상을 구체적으로 보려면 일단 파도를 가라앉혀야지요. 인도 사람들은 가라앉히려면 그냥 하루 종일 우두커니 있으라고 했습니다. 우두커니 있으면서 그냥 내버려둬요. 저절로 평정될 때까지 그냥 가만히 지켜봅니다. 그것이 선입니다.

삼각형 자세로 아무것도 안 하고 한 시간, 두 시간 그냥 있으면 가라앉습니다. 이 자세 자체가 가라앉혀 줍니다. 보통은 그렇게 하면 가라앉아요. 마음이란 놈이 평생 안 가라앉고 가는 사람도 많습니다. 성질 따라서 풍파를 겪고 온갖 난동질을 하다가 갑니다. 마음이 한 번도 안 가라앉으니 그렇게 하지요. 대부분의 사람들이 그렇습니다. 그런데 자기를 한번 객관화시켜 보고 싶은 사람들, 인생이 뭔지 알고 싶어 하는 사람들은 어느 날 그러는 자기를 돌아봅니다. '왜 이럴까? 원인이 뭘까?' 끊임없이 나를 내세우던 사람들이 문득 그래요. '이런 피곤한 짓을 내가 왜 하고 있지?' 그런 사람들이 명상이나 선에 관심을 가집니다. 너울이 계속 치는 사람들은 전혀 이해를 못해요. "귀신 씨나락 까먹는 소리야. 멀쩡한 사람들이 왜 그런 걸 하냐?" 그래요.

이 너울성 파도 안을 들여다보면 엄청난 것들이 있습니다. 지금 일어나는 마음도 있고, 일어나지 않는 마음도 있고, 앞으로 일어날 마음도 있어요. 그 안에 침잠된 고요하고 무한한 마음도 있고, 지혜의 마음도 있고, 공의 마음도 있습니다. 가만히 앉아서 마음을 가라앉히고 진짜 자기 마음을 들여다보면 알아요. 옛날에 이렇게 가라앉히는 걸 선이라 하고, 선을 해서 심연으로 들어가는 네 단계가 있어서 '4선'이라 했지요. 눈관찰해서 4선까지 들어갈 수 있습니다. 눈을 통해서 마음 안쪽까지 깊숙하게 들어갈 수 있어요. 귀로 들어가도 됩니다. 5관이 다 마음으로 들어가는 통로입니다.

제가 왜 몸관찰을 중요시하냐면, 몸을 통과해서 들어가면 거친 업들이 많이 드러나기 때문입니다. 우리가 세세생생 몸을 받아서 생활하고 행동했던 기억들이 많기 때문에 몸을 통과하면 이 층들을 다 볼 수 있어요. 몸을 통과해서 선정에 어느 정도 들어가면 거친 마음들, 너울성 파도를 유발할 수 있는 여러 가지 마음들이 보입니다. 보면 볼수록 현실에서 파도치는 것은 많이 줄어들어요. 진리를 얻고 지혜를 얻고 공을 얻는 거창한 것은 아니더라도 이것만 해도 엄청나지요. 늘 파도치면 자기도 괴롭지만 상대방도 피해를 입어요. 틀린 걸 고집해서 세상 사람들을 괴롭히기도 하고, 잘못된 사실을 계속 얘기해서 세상 사람들을 다 물들이거든요. 조류독감 때문에 살처분하는 생명들이 엄청나요. 그런데 사람들은 '왜 살처분하지?' 이런 생각은 안 하고 당연시합니다. 그 수많은 생명이 죽어 가는데도 먹으면 몸에 나쁘니까 살처분해야 한다고 생각해요. 이런 세상에 우리가 살고 있습니다.

이 너울성 파도가 걷히면, 그 안에 켜켜이 있는 자기 마음을 봅니다.

얼마나 뚫었느냐에 따라 편해지기도 하지만 오류도 줄어듭니다. 우리는 나한테도 오류를 범하지만 대상한테도 엄청난 오류를 범하거든요. 맨날 잘못된 거 알려 주고 그게 맞다고 그래요. 가만히 생각해 보면 안 맞는 것도 많은데, 자기가 그러고 있다는 것도 모릅니다. 그러니 내 마음을 관통하는 것부터 해야지요. 수많은 삶을 살아오면서, 또 현재의 삶을 살면서 내가 어떠한 기조로, 어떠한 마음으로, 어떠한 행동으로 상대한테 너울성 파도를 쳐서 엄청난 피해를 주었는지 봐야지요. 안으로 안으로 들어가면서 원래 고요하고 맑고 투명하고 대상하고 합일하는 마음을 얻는 것이 네 가지 단계, 4선四禪입니다.

중요한 건 안으로 들어가면 다 똑같다는 것이지요. 안으로 어느 정도 들어가서 껍데기층이 벗겨지고 나하고 너라는 분별이 엷어지면 평등하게 마음이 흐릅니다. 나한테만 흐르는 게 아니라 다른 사람한테도 흘러요. 나만 사랑하다가 저 사람도 사랑하고, 나만 예쁜 줄 알다가 "나보다 더 예쁘네." 이렇게 됩니다. 나만 똑똑한 줄 알았는데 "저 사람 얘기도 들을 만하네." "나보다 훨씬 경험이 많네. 저 사람 경험을 알고 싶다." 이렇게 되지요. 상대방을 인정하는 것입니다. 그렇게 차별심이 떨어지는 것이 우리가 말하는 자비입니다. 남을 인정하지 않는 것이 마음의 껍데기층에 있으면 명품백, 좋은 옷, 해박한 지식, 학벌, 우아함 같은 것들을 잡아요. 안으로 들어가면 그런 것이 없으니, 모든 대상에 대해 마음을 열지요. 그것을 한계가 없다고 해서 '4무량심四無量心'이라고 합니다.

4선은 나를 뚫는 것이고, 4무량심은 대상을 향해서 갑니다. 대상이 슬퍼하면 슬픈 마음을 알아주고 대상이 잘 되게 조언해 주고 물질을 주고 사랑을 줘요. 너울성 파도가 칠 때는 맨날 '나를 사랑해 줘. 나를 쳐다봐 줘.' 그러거든요. 4무량심은 대상을 향한 마음이니 저 사람한테 다 줍니다. 마음도 주고 맛있는 것도 주고 좋은 거 있으면 다 줍니다. 그래서 우리가 12월에 자비관을 하지요. 1월부터 초심자 수련을 해서 '나'를 닦다가 12월쯤 되면 대상을 향해 마음이 열릴 거 아닙니까? 대상한테 사랑을 주겠지요. 사랑을 주는 게 어려워요. 마음의 껍데기층을 정말 많이 뚫어야 가능합니다. 사랑을 많이 주고 봉사한 다음에 자비관을 하면 잘 뚫어져요. 상대방을 많이 수용하고 자비관을 하면 잘 뚫어집니다. 내가 너무 단단해서 잘 안 뚫어진다면, 선행부터 하는 게 나아요. 앞뒤가 있는 건 아니지만, 일단은 너울성 파도를 가라앉히는 것이 좋습니다. 그런 다음 자비관을 해야 합니다.

4무량심의 첫 번째는 내 것을 주는 '자慈'입니다. 저 사람한테 "나 봐 줘. 나만 봐줘." 하는 게 아니라 내가 저 사람을 봐줍니다. 나의 소중한 물건도 주고, 맛있는 것도 줍니다. 사랑도 주고 감정도 주고 인정도 해줘요. 우리는 보통 나를 인정해 달라고 인정받을 때까지 그 앞에 가 있거든요. 그게 아니라 나한테 온 사람들을 인정해 줘요. 물질이든 뭐든 나누는 것이 사랑입니다. 대상한테 줄 때는 사랑이든 정성이든 시간이든 모든 걸 줍니다. 사랑을 주고 또 줘요.

사랑을 준 다음에는 어떻게 합니까? 줬으니까 갖고 와야지요. 대상한테서 좋은 걸 갖고 오는 게 아닙니다. 저 사람한테서 지식을 빼 와야지, 시간을 빼 와야지, 권력을 빼 와야지가 아닙니다. 저 사람이 갖고 있는 나쁜 점을 빼옵니다. 고통을 빼옵니다. 권력을 가지고 휘두르니까 권력을 빼요. 저 사람이 너울성 파도 같은 것을 갖고 있어서 사람을 괴롭히고 결국 자기가 곪으니까 그런 걸 다 빼옵니다.

어떤 사람이 병에 걸렸어요. 나쁜 마음을 써서 가슴이 꽉 막혀 있습니다. 과거에 무슨 일이 있어서 괴로운 심정을 갖고 있어요. 누가 다가가서 "사랑해요." 하면 도망갑니다. 자기는 사랑받으면 안 되는 사람이라고 생각해서 사랑을 줘도 못 받아요. 그러면 어떻게 해요? 그 사람한테서 그 인식을 빼와야지요. 심장에 있는 탁기를 빼와야지요. 남의 고통을 빼온다고 해서 발고拔苦입니다. 뽑을 발拔 자에 괴로울 고苦이지요. 괴로움을 빼오는 것이지요. 사랑을 주고 남의 고통을 빼와요. 그것이 4무량심의 두 번째 '비悲'입니다. 자비관은 4무량심 중에서 두 가지에 해당해요. 자비, 사랑을 주고 고통을 빼오는 것이지요.

사랑을 줄 때 여러 가지로 줄 수 있습니다. 마음도 줄 수 있고 하트 모양 만들어서 줄 수도 있어요. 바깥을 향하는 거라서 '방사放射'라고 해요. 제가 지금 여러분에게 5분 동안 뿅뿅뿅 사랑을 줄 수도 있고, 우리 가족한테 줄 수도 있고, 사랑 못 받은 사람한테 줄 수도 있고, 지금 죽어가는 조류독감 걸린 닭들한테 줄 수도 있어요. 대상이 넓어지면서 '여기도 줘야겠네. 저기도 줘야겠네. 이 사람은 힘드니까 더 줘야겠네.' 이렇게 됩니다. 사랑을 주다 보면 그 사람을 자꾸 보고, 자꾸 보면 그 사람의 고통을 알아차려요. 사실은 그 사람의 고통을 빼와야 그 사람이 내 사랑을 봐줄 수 있거든요. 그 사람을 마주보고 그 사람의 고통을 빼오고 사랑을 주면 그 사람이 얼마나 좋아하겠습니까. 이것을 관상법으로 해보세요. 그 사람을 계속 사마타하는 것입니다. 명상으로 먼저 한 다음 현실에서도 그렇게 합니다. 상대방한테 사랑을 주고, 고통이 있으면 빼오고, 고통을 토로하면 들어주고, 괴로운 모습을 하고 있으면 봐주고, 악취를 풍기면 맡으면서 수용하세요. 이런 식으로 자비의 마음을 펼치는 것이 바로 자비관입니다.

묻고
답하기

희심喜心, 사심捨心이 뭔지 잘 모르겠어요. 간단하게 설명해 주세요.

/

자비의 마음을 계속 실행하다 보면 그 자체에 기쁨을 느끼게 되고 자비의 마음이 원만하게 여러 대상에게 열립니다. 이것을 희심이라 하지요. 사촌이 땅을 사면 배가 아픈 것이 아니라 함께 기뻐하는 것이 희심입니다. 남이 잘 되면 수희하고 찬탄하지요. 사고 자체가 긍정적으로 바뀌어서 언제나 긍정 에너지를 남에게 주는 것이라고나 할까요. 사심은 '자비희慈悲喜'가 광대해져서 모든 대상에게 평등하게 행하는 것입니다. 예를 들어 자비희를 가까운 사람에게만 했는데, 유정 무정에게도 같이 하는 것이지요. 모든 대상이 평등하다는 것을 아는 단계라고 할까요. 큰 생명체에게나 작은 생명체에게나 늘 일심一心이 되는 것입니다.

○
자 비 관 의   대 상 과
실 제

　　누구한테 사랑을 주려면 내 안의 단단하고 무거운 속성들부터 내려놔야 합니다. 그래야 대상을 수용해서 자비관할 수 있어요. 먼저 5 관과 몸을 관찰해서 굳어 있고 긴장된 곳을 이완하세요. 그런 다음 과거의 기억 속에 있는 탐진치의 기억들을 찾아내 부정관으로 없앱니다. 그리고 탐진치 3독심과 선악, 옳고 그름 등의 관념으로 만든 나의 죄업을 참회진언(옴 살바 못쟈모지 사다야 사바하)과 자비진언(옴 마니 반메 훔)으로 씻어 냅니다.

　　자비관은 너라는 모든 대상을 향하여 하는 것이지만, 우리는 우선 나를 관찰해서 나를 바라봅니다. 너를 수용해야 하는데 내가 있기 때문에 안 되잖아요. 네가 수용될 때는 그야말로 고민도 사라지고 존재도 사라져서 진리가 뜹니다. 네가 수용되면 하여튼 온갖 것이 다 좋아져요. 그런데 우리는 잘못된 판단, 잘못된 인식 때문에 나를 잡고 있습니다. 그렇게 했던 기억들이 너무 많아요. 나를 관찰하면 그런 기억들이 나오게 돼 있습니다. 제가 늘 "나를 관찰하라. 너를 관찰하기 전에 나를 관찰하라."고 얘기하는 이유가 그것입니다. 관찰해서 그게 뭔지 알 필요가 있어요.

　　'나'가 가득 들어와 있으니, 대상의 마음이 들어올 수가 없지요. 좋은 것들이 많아도 누리지 못합니다. 사실은 그 맛을 모르지요. 대상이 들어오면 진리도 얻고 나의 행복도 구현되고 감정도 풀어지고 편안해지거든요. 자비로 기쁨도 얻고 평등도 얻고 다 얻을 수 있어요. 그런데 내가 너무 단단해서 그렇게 안 됩니다. 대상을 보지 않고 수행만 하면 죽을 때까지 해도 안 되거든요. 수행하고 나를 녹이고 수행하고 너를 수용하고 해야지요.

현실에서 대상을 수용하고 있는 자체가 수용성입니다. 발포 비타민을 물에 탁 넣어서 녹인 다음에 주면 사람들이 좋아해요. 몸이 좋아져서, 시원해서, 나한테 사랑을 줘서, 나한테 관심을 줘서, 잠을 깨워 줘서 좋아해요. 주는 것도 적재적소에 줘야지요. 그래서 나를 보라는 것입니다. 질긴 나가 나를 불행하게 하고, 나 홀로 있게 만들어요. 질긴 고놈이 심리적으로 저 대상하고 나를 분리시켜요. "쟤는 저래서 싫어." 그러거든요. 다양성이 다 수용되면 마음이 넓어집니다. 그런데 모든 다양성이 수용되지는 않거든요. 내가 열 개가 수용 안 되면 열 개의 단단한 집착이 있는 것입니다. 악견惡見, 잘못된 편견이 있거든요. 이 세상은 수용 못할 게 하나도 없습니다. 수용 못하는 건 내 내부의 문제입니다. 그걸 내려놓으면 사랑, 연민, 행복, 평등이 와요. 4무량심을 정확히 얘기하면 사랑, 연민, 행복, 평등입니다.

어쩌면 저렇게 사랑하는 마음이 없을까 싶은 사람이 있잖아요. 내가 너무 꽉 차 있어서 그렇습니다. 대화가 안 되는 사람은 뭔가 꽉 차 있어요. 그것이 에너지가 되어 가지고 그 너울성 파도가 세지면 가만히 있지를 못해요. 그 힘이 사탄을 만들거든요. 세상을 멀리 보고 모든 소리, 모든 모양, 모든 맛, 모든 냄새하고 교류하세요. 나를 녹일 수 있는 절호의 기회입니다. 녹이는 것은 수용이고, "아니야." 하는 것은 거부하면서 문을 처닫으면서 자기 속으로 들어가는 것입니다. 그러니 내가 여유가 없을 때 나를 보세요. 자기 안의 외로움이나 두려움을 알려면 이런 자기를 들여다보는 데서 출발할 수밖에 없습니다. 내가 너무 단단하면 대상을 통해서 어떠한 대상이 내 5관에서 수용되지 못하는가 하고 잘 보는 것입니다. 딱딱한 것을 보고 딱딱한 게 나라고 착각하면 안 돼요. 그걸 나라고 착각하면 진짜 힘들어져요.

수행을 많이 한 사람들은 이미 거친 것들이 나가고 해결된 상태니까 핵심적인 것들이 뭉쳐 있습니다. 단단함이라든가 무거움이라든가 질긴 현상이라든가 잡아당김이라든가 그런 걸로 뭉쳐 있어요. 뭉쳐 있는 내부를 관찰하다가 의식이 파닥 외부로 뛰어나가서 대상을 관찰하는 것입니다. 자비관을 하다 보면 계속 대상의 속성을 관찰해요. 그래서 나를 발견하기가 좋아요. 우리는 나에 대해서는 객관적이지 않거든요. 대상을 정확하게 관찰하고 나를 관찰하면 대상이 나의 객관적인 상황을 콕 찔러 줍니다. 대상을 아버지로 하고 아버지를 계속 관찰하면서 나의 직접적인, 핵심적인 업이 드러나면 나를 관찰하기가 쉬워요. 객관을 정확하게 관찰하지 않고 나를 관찰하면 내가 객관화가 안 됩니다. 내내 여기 갔다 저기 갔다 하지요. 사실 나를 관찰하는 것은 바깥을 알기 위한 준비단계에 불과합니다.

이렇게 해서 몸과 마음이 편안한 상태가 되면 자비관의 대상을 설정합니다. 어떤 대상이든 좋아요. 내가 아는 사람을 설정해도 되고, 동물이나 환경을 설정해도 되고, 사회 구조나 역사를 해도 됩니다. 역사적으로 굉장히 많은 사람들이 고통을 받았으니, 우리나라 역사를 쫘악 펼쳐서 고통을 빼와도 됩니다. 자비관은 첫째로 사랑하는 사람한테 하고, 둘째는 미워하고 싫어하고 부정적인 사람한테 하고, 셋째는 무관심한 사람이나 불특정 다수에게 합니다. 자비관은 보기 싫거나 외면하고 싶은 대상이 있어도 사랑을 주려고 노력하는 것입니다. 불특정 다수나 환경, 자연환경에도 사랑을 줍니다.

이번 초심수련에서는 대상을 사람, 동물, 식물 이렇게 정했습니다. 일단 사람에게 사랑을 주고 고통을 빼오세요. 둘 중에 하나만 하면 됩니다. 고통을 빼와도 되고 사랑을 줘도 됩니다. 그 다음에는 동물입니다. 조류독감 때, 구제역 때 닭이며 돼지들을 엄청나게 죽였습니다. 살아 있는 생명을 그렇게 몽땅 매몰시켜 죽이는 법이 어디 있습니까? 인간 위주의 교육이 사람을 무지하게 만들어서 그렇게 하게끔 몰아간 것입니다. 그거 다 인간이 되돌려 받습니다. 그 깊은 원한을 어떻게 안 받겠습니까.

자비관을 할 때는 대상을 사람으로 하든 동물로 하든 반반씩 분배해서 합니다. 시간을 분배해야지요. 대상이 너무 단단할 때는 대상을 관찰하다가 나를 관찰하세요. 대상을 관찰하다 보면 어쩔 수 없이 나를 관찰하게 돼요. 나하고 대상이 둘이 아니기 때문에 같이 하면 드러납니다. 자비관을 하다가 '나도 사랑 못 받았는데.' 하는 마음이 들 때는 어떻게 합니까? 나한테 사랑을 줍니다. 의식으로 줘도 되고 마음으로 모양을 만들어서 줘도 되고 만트라로 줘도 돼요. 그럴 때 제일 좋은 만트라가 자비진언 '옴 마니 반메 훔'입니다. '옴 마니 반메 훔'을 나한테 계속 들려주면서 사랑을 주면 내 마음이 확장됩니다. 자, 이제 대상을 정하고 대상한테 사랑을 주는 연습을 합시다. 10분만 할게요. 바깥을 향해서 주는 것입니다. 내 몸이 여기저기 무겁더라도 상관하지 말고 바깥을 향해서 사랑을 보냅니다.

저는 딱딱함이 많이 관찰됐습니다. … 전반적으로 퍼진 듯한 느낌입니다.

/

약간 풀어진 딱딱함이죠? 점점 풀어져요. 시간이 많이 걸리는 것같이
느껴져도 내가 살아온 시간으로 따지면 한 찰나도 안 됩니다. 천상의 시
간으로 따지면 우리 한 생은 찰나도 안 되는데, 우린 그걸 길다고 생각
해요. 중요한 것은 내가 딱딱한 사고를 할 때 '내가 딱딱한 사고를 하고
있구나.' 하고 알아차리는 것입니다. 그 생각으로 자꾸 들어가면 안 됩
니다. 갇히면 안 됩니다. 그럴 때는 유연한 사고를 하는 선우, 선지식을
만나 더불어 얘기하고 교류하면 좋아요. 내가 딱딱한 상태로 있을 때는
남의 기운을 받아야 합니다. 혼자 있으면 안 풀어져요. 선우는 의식이
열려 있기 때문에 좋은 영향을 줍니다.

**저는 계속 무거움이 관찰됩니다. 사는 것도 무겁고 누굴 만나는 것도 무겁고 일
하는 것도 무겁고 그래요.**

/

내가 현실에서 뭘 하려고 할 때 무거운 것은 저장력 때문에 그래요. 기
본적으로 저장은 하지 말아야 합니다. 물건을 쓰고 버리는 것과 쓰고 갖
다 놓는 것은 다릅니다. 한동안은 그것을 현실에서 많이 봐야지요. 무
거울 때 무거운 행위라든가 무거운 말이라든가 무거운 마음 같은 것을
저장하면 정말 무거워지거든요. 집도 저장을 많이 하면 무거워져요. 물

질도 굉장히 무겁거든요. 그래서 그런 것에 꽂힌다든가 물질을 아까워 한다든가 그럴 때는 과감하게 나를 보세요. 무거움은 감정으로 바뀔 수도 있고, 얼마든지 바뀔 수 있습니다. 고정되어 있지 않아요.

저는 물질보다는 어떤 사고라든가 습업習業 때문에 힘들어요. 전에는 그걸 펼칠 때 몰랐는데 이제는 알아요. 그래서 그걸 감당해서 치워 버리고 반복하지 않으려고 노력해요.

/

지금 그 얘기입니다. 그 습업習業이 현실에서 똑같이 나타나요. 그렇게 하는 걸 한 가지라도 정확하게 알아차려서 그 습업을 하는 자기 마음을 관통할 필요가 있습니다. 습업이 어떤 사람은 사소한 것에서도 나타나요. 레스토랑 같은 데 가면 뭐라도 들고 나옵니다. 하다못해 휴지라도 들고 나와요. 작은 건데, 그게 사실은 습입니다. 얻어 가지고 나오는 것이 습관이 되면 뭔가 안 들고 나오면 섭섭해요. 뭔가 손해 본다고 생각해요. 우리가 일상에서 그런 걸 봐야지요.

우리 교수는 누굴 초청해서 강의를 들으면 거기서 뭘 얻었는지 정리하라고 강압해요. 지식을 얻어야 한다는 강박이 있는 거 같아요.

/

자기가 그래도 문제인데, 선생이니까 그걸 모든 사람들한테 강요하는군요. 그 시간 동안 하나도 놓치지 않고 취해 오라고 계속해서 몰아가는 그것이 너울성 파도입니다. 완전히 센 기운으로 사람들을 덮쳐 버려요. 자기가 어떤 걸 갖고 있는지 스스로 인식을 못하고, 평생 그렇게 살다

갑니다. 세상 밖에서 자기를 본 적이 없고, 그 마음에서 어떤 게 유발되는지도 모르고 가요.

현실에서 끊임없이 일을 설정해서 투쟁하는 사람들이 있습니다. 시간도 야무지게 쓰지요. 뭐 하나 허술하게 안 쓰는 그런 것들이 다 자기화됩니다. 그게 굳어지면 다음부터는 그것대로 굴러가요. 그 안에 대상이 들어올 수 있는 여유라든가 함께하는 사랑이나 행복, 평화나 평등 같은 것을 진정하게 누리지는 못합니다. 4무량심은 그것들을 진정으로 누려요. 본연의 마음 안에 있는 진정한 기운들이 살아 나와야 그게 됩니다.

인간이 아귀가 되면 싸우고 죽이고 속이고 남의 걸 빼옵니다. 사람들을 무지하게 만들어서 노동력도 빼오고 힘도 빼오고 아이디어도 빼오고 삶도 빼옵니다. 그렇게 하는 게 옳다고 생각해요. 그런 거대한 구조를 보지 못하면 우리는 그렇게 살아갑니다. 너울성 파도에 덮이면 그 속에서 허우적대다 죽어요. 너울성 파도에 빠져서 죽어 가더라도 나의 본질은 그렇지 않다는 걸 아는 사람과 모르는 사람은 다릅니다. 그러니 다 알 수는 없더라도 현실에서 내가 그렇게 되어 간다는 것을 알려고 노력해야지요.

어쨌든 간에 나를 내려놓으면서 대상을 수용하는 것이 살길입니다. 나의 영혼이 넓어지면서 진실성이 드러나는 것이 진리입니다. 그 외에 진리는 없습니다. 관찰하고 겪어 보니까 이제 믿어지지 않습니까? 그걸 실현하고 가는 사람이 깨달은 사람이고 진리의 길을 가는 사람이지요.

요즘 드는 생각이 그것입니다. 사실은 정답이나 진실은 늘 있는데 너무 단순해서 우리가 못 알아차리는 거 같아요.

둘이 합쳐야 완벽하게 하나가 되거든요. 살고 죽고, 말하고 듣고, 자고 깨고. 그게 현실에 다 있습니다. 저 사람이 나한테 억울하다고 얘기해요. 그러면 들으세요. 수용하세요. 그래야 일치감을 느끼지요. 사람들은 특별한 게 뭐가 있다고 생각해서 막 달려가는데, 특별한 거 하나도 없습니다. 바로 여기에 있는데 그걸 안 하고 있잖아요.

수행도 그렇습니다. 특별한 게 없습니다. 특별한 게 있다고 얘기하는 사람이 이상하지요. 수행은 특별한 게 없다는 걸 알게 하고, 현실에 구현되어 있는 이 자체를 인정하게 하는 것입니다. 어쨌든 간에 그 자리에서 나를 구현해 나가는 게 중요해요. 사실은 이 속에 다 있습니다. 참 행복해요, 우리는. 내 속에 그 대상이 들어오면서 내가 완벽하게 구현될 수 있다는 그 자체가 긍정적이지요. 어떤 딱딱함이 있든 무거움이 있든, 어떤 대상에 대한 편견과 무지가 있든 상관없이 완벽하게 맞춰집니다. 이 세상의 모든 존재는 분리되어 있는 게 아니기 때문에 그렇습니다.

○

자비관을 실천하는
방법

대표적으로 보시布施, 애어愛語, 이행利行, 동사同事 네 가지가 있습니다. 4섭사四攝事라고 하지요. 화엄경에 4섭사 얘기가 많이 나옵니다. 선근을 키울 때 제일 많이 거론되는 것이 6바라밀하고 4섭사거든요. 세상을 끌어안고 세상과 함께 할 수 있는 방법이 4섭사입니다. 4섭사의 섭이 포섭할 섭이지요.

첫째로, 보시布施는 뭔가를 주는 것입니다. 줄 때 정성을 담아서 줍니다. 나한테 좋은 것, 소중한 것을 줘야 복이 됩니다. 어떤 사람이 남한테 뭔가를 잘 주는데, 그게 복이 안 되는 경우도 있습니다. 내가 쓰고 남는 걸 줘서 그렇습니다. 복을 지으려면 소중한 거, 정성스러운 거, 진짜 그 사람한테 필요한 걸 줘야지요. 사실은 정성을 주는 게 좋아요. 대상을 잘 보면 그 사람한테 필요한 걸 알 수 있습니다. 돈이 많은 사람한테 돈을 주는 게 아니라 그 사람에게 필요한 사랑과 시간을 줘요. 보시하는 방법이 그렇게 달라집니다. 옛날에는 법보시法布施, 무외보시無畏布施 이렇게 보시의 종류가 많았습니다. 사실은 물질을 빼오는 게 첫째 보시였어요. 인도 사람들이 돈을, 물질을 좋아했거든요. 물질을 내려놓는 것이 좋기 때문에 보시를 그렇게 강조했지요. 물질을 내려놓는 방법이 보시뿐이니까 재물보시를 얘기한 것입니다. 어떻게 보면 제일 쉬운 게 보시입니다. 보시가 되니까 애어가 되고 그 다음에 몸으로 행동하는 이행이 되거든요.

애어愛語는 그 사람한테 필요한 말을 하는 것입니다. 사람들은 보통 인정하는 말을 좋아해요. 나를 인정해 주는 말. 정확하게는 사랑하는 말이지요. 그런데 내가 안 내려간 상태에서 저 사람을 인정하는 게 쉽지 않습니다. 우리는 보통 나를 인정해 달라고 끊임없이 대상하고 싸우거든요. "왜 날 인정 안 해? 왜 나한테 그런 말을 해?" 그래서 인정해 주는 말이 애어에 들어가요. 보시보다 어려운 것이 애어입니다. 긍정적인 말, 수용하는 말, 인정하는 말을 하기가 더 어려워요. 돈 달라면 부모들이 돈은 잘 줍니다. 돈 있는 사람은 돈 주는 게 제일 쉽거든요. 아이한테 사랑을 전하는 말, 긍정적인 말을 안 해본 사람이 많아요. 자식 공부시키고 뒷바라지하고 헌신적으로 다했지만 그 한마디를 안 해줍니다. 제 후배 아버지가 돌아가시고 나서 형제들이 모였는데 아버지를 바라보는 눈이 저마다 다르더래요. 후배는 아버지하고 속이야기를 많이 해서 아버지를 사랑하고 존경하는데, 오빠들은 엄격하기만 했지 인정하는 말을 한마디도 안 해줬다고 하더래요. 보통 부모한테 인정받고 싶은 마음이 많은데, 그것을 부모한테 못 받았다는 것은 어떤 의미에서 엄청난 상처입니다.

이행利行은 남을 돕는 행위입니다. 다양한 의식이 입으로 나오거든요. 사람은 말로 나오고, 동물은 소리로 나와요. 의식이 입으로 나오고 의식이 행위로 나오는 그것이 바로 이행입니다. 그래서 바깥으로 자비관을 많이 한 사람들은 사람 돕는 행위가 절로 나와요. 의식이 그렇지 않으면 도움이 필요한 걸 못 봅니다. "도와줄 필요 없어. 자기가 알아서 해야지." 이렇게 됩니다. 의식이 그러니 돕는 행위가 안 나오지요. 자기 속에 갇힌다는 게 이런 것입니다. 그러니 보시하고 애어하고 이행하면서 사실은 의식이 점점 넓어집니다. 입이 정화됐을 때 의식이 정화되고, 입이 정화됐을 때 행위까지 나오거든요. 신구의 3업이 불신佛身에서 다 구현되지요. 밀교에서 신구의 3업이 현실로 구현된 것이 밀법입니다. 특별한 게 없어요. 특별한 게 있다고 생각하는데, 이미 다 구현되어 있습니다. 다른 걸 찾을 필요가 없어요.

네 번째로, 동사同事는 더불어서 하는 것입니다. 언제 어디서나 어떠한 구분 없이 같이 일하면서 섞이지요. 평등성이 있어서 일도 같이 하고 이익도 같이 나눕니다. '같이'가 되지요. 그런데 이행利行이 안 되면 동사同事가 가능하지 않거든요. 맨날 사고 치는 사람과 동사하겠어요? "그냥 놀고 있어. 내가 벌어다 먹여 줄게." 이렇게 되지요. 마음 맞는 사람끼리 해야 일이 빨리 진행되고 넓게 되거든요. 걸림 있는 사람하고 일하면 그 사람 신경 쓰느라 제대로 일이 안 됩니다. 그래서 맨날 딴짓 하고 기껏 일을 해놓으면 허물어뜨리는 사고뭉치와는 같이 일 안 해요. 같이하면 다 엉망으로 해놓으니까. 그런데 동사는 일을 허물어뜨리더라도 같이 하는 것입니다. 사고를 치더라도 같이 하지요. 사람을 다 끌고 가면서 일하는 게 제일 어렵습니다.

이 네 가지가 자비를 실천하는 데 중요합니다. 이것을 자꾸 하다 보면, 실제로 그 사람의 고통을 갖고 올 수 있고, 고통을 해결할 수 있어요. 고통을 갖고 오려면 일단 그 사람 말을 들어야 합니다. 그 사람이 고통을 호소할 때 들어줍니다. 그 괴로움을 모양으로 보여 줄 때는 봐줍니다. 괴롭다고 나한테 와서 뭉개면 어떻게 해요? 안아 줘야지요. 들어주고 봐주고 안아 주는 게 대상에게 하는 자비관의 실천방법입니다. 자비관을 하면서 사랑하니까 순환이 되어서 꽃이 피는 게 희심喜心이거든요. 남이 행복할 때 내가 행복을 느끼는 게 희심입니다. 그러니 즐겁고 행복하지요. 희심이 있으면 저절로 행복합니다. 이것만 하면 불행할 일은 없어요. 왜냐하면 세상은 다양하게 펼쳐져 있기 때문에 끊임없이 뭔가 새로운 것을 나에게 알려 줍니다. 내가 할 일이 새롭게 새롭게 있어요.

내가 불행하다고 생각하는 것은 자慈와 비悲, 이 두 가지가 안 돼서 그럴 확률이 큽니다. 요즘 사람들이 우울증이 심해요. 문을 닫고 자기 감정 속에 들어가 있어요. 자비를 실천하면 우울증을 극복할 수 있습니

수행하다 보면 실천은 잘 안 돼도
어렴풋이 알게 됩니다.
옛날에는 늘 대상을 탓했는데
이젠 "나하고 똑같네." 하며
나를 보지요.

다. 다른 사람과 주고받는 기쁨을 알게 되니까요. 주고받고 하다 보면 자기 안의 것이 떨어져 나가거든요. 악업이 떨어져 나가요. 좌선해서 위빠사나해서 떨어져 나가는 악업은 일부입니다. 내 것만 관찰해서는 많이 털어낼 수 없어요. 현실에서 떨어져 나가는 게 훨씬 많아요. 실천이 중요하니까 현실에서 이 네 가지 마음을 키우려고 노력해야지요. 안 될 때 어떻게 하는지 제가 방법을 가르쳐 줬죠? 선우善友한테 붙어서 따라하세요. 선우가 정말 좋아요. 내 옆에 선우가 하나 있으면 그 영향력이 엄청납니다. 내가 한번도 경험하지 않은 걸 그 사람이 경험하게 하거든요.

우리가 업이 있어서 너울성 파도가 나를 세게 덮치니까, 우선은 좌선을 열심히 해서 업을 어느 정도 제거해야 합니다. 나머지는 현실 속에서 실천하면서 제거해야지요. 그래야 고이지 않는 수행이 됩니다. 사랑할 것은 엄청나게 많습니다. 막 널려 있어요. 안 할 뿐이지요. 사랑에 목마른 사람들도 너무너무 많습니다. 그런 사람들은 고슴도치처럼 까칠해요. 한 번만 안아 주면 되는데 안아 줄 수 없는 조건을 갖고 있어요. 고슴도치를 그냥 안으면 내가 다치거든요. 그럼 어떻게 해야겠어요? 방법이 뭘까요? 담요? 그것도 방법이지요. 담요로 싸서 안으면 됩니다. 지혜가 있어야 사랑할 수 있어요. 우리가 지혜를 터득해 가지고 현실에 가면 그때그때 방편지方便智가 생겨납니다. 지혜하고 또 다른 차원으로 방편의 지혜가 있거든요. 좌선해서 얻은 걸로는 안 되고, 현장 속에서 활용하는 지혜가 따로 있습니다. 방편의 지혜는 상황 속에서 생겨나거든요. 그냥 깨달은 지혜보다는 활용할 수 있는 게 훨씬 많습니다.

나와 너가 같다는 걸 알면 지혜가 열린 거지만, 그 사람을 겪으면서 다 안 것은 아닙니다. 생각해 보세요. 아무 분별 없이 나를 겪어 줄 사람이 있습니까? 높낮이 따지지 않고 선악을 따지지 않고 과거사를 따지지 않고? 그렇다면 녹지 않을 게 뭐가 있겠습니까? 보살에게 제일 수승한 지혜가 일체종지一切種智거든요. 그래서 우리가 대상을 향한 마음들을 가리려고 노력하는 것입니다. 잘 안 되더라도 노력하고 또 노력해야지요. 잘 안 되면 나를 들여다보세요. '나에게 무슨 요소가 있어서 이렇게 안 될까?'

우리를 힘들게 하는 것이 표면층입니다. 표면에 단단하게 있으면서 본연의 마음을 덮는 층이지요. 딱딱함이 차 있든 무거움이 차 있든 고정관념이 차 있든 어떤 식으로든 꽉 차 있는 그것을 정확하게 뚫어야만 대상이 수용됩니다. 대상이 자식이라고 해봐요. 그 아이의 사고방식, 그 나이 때 느낄 수 있는 감정, 하고 싶은 욕구, 팔딱팔딱 뛰는 신선한 생각, 뭐 이런 것들이 있는데, 수용하면 자식이라는 생각을 넘어 내가 되어 버립니다. 그 아이의 경험이 내 것이 되지요. 자타일여自他一如가 그런 마음들입니다. 대상 자체를 수용하는 마음이 되면 다양한 삶이 내 안에 들어오니까 지루하지 않아요. 사실은 딱딱한 자기만 쳐다보는 게 가장 지루해요. 대상이 안 들어오니까 목소리도 규격화되고 사고도 규격화되어 있습니다. 목소리도 굳어 있어요. 살아 있는 느낌이 없습니다. 말할 때 톤이 똑같은 사람 있죠? 그런 사람들은 자기가 그 틀에서 살아가는지도 모릅니다.

마음에 갇히고, 자기 경험이나 자기 틀에 갇히고, 나라는 존재감에 갇힌 것입니다. 갇히는 게 그만큼 대단해요. 불쌍한 사람을 봐도 불쌍한 걸 못 느끼고 "뭐가 불쌍해? 자기가 잘못해서 그런 건데." 그래요.

세월호 사람들 물에 빠진 것도 "누가 거기 가래?" 그래요. '그 애들이 얼마나 고통을 겪고 죽어 갔을까?' 이런 생각을 못합니다. 남의 고통을 바라볼 수 있는 비심이 없으니까 모르지요. 자기 마음이 강한 피해 의식, 죄책감, 자아의식, 분노심, 남에 대한 거리감 이런 것들로 꽉 차 있기 때문에 못 봅니다. 진짜 불쌍한 사람들이지요. 그러니 마음이 노 골노골해지게 누군가 사랑을 줘야지요. 따뜻한 것을 계속 퍼 날라서 녹 여야지요. 음식이건 뭐건 따끈따끈한 걸 줘야 차가운 품성이 녹을 거 아 닙니까? 그런 걸 여러 번 받으면 효과가 있습니다.

북한이 건드린다고 전쟁을 불사하고 혼내 주자며 데모하잖아요. 그 런 현장에 뜨거운 커피도 보내고 따끈따끈한 호빵도 보내고 핫팩도 보 내 보세요. 표면상으로 보면 굉장히 폭력적이고 단단해 보이지만, 사실 그분들은 따뜻하게 서로 교감하는 것을 못 해봤을 수도 있습니다. 그러 니 데모하는 데 가서 소리 지르면서 자기 존재감을 세우지요. 딱딱한 사 람들끼리 모여서 그렇게 스트레스를 풀어요. 그러니 따뜻함을 줄 필요 가 있습니다. 노인들 보면 딱딱하고 고집부리고 그러거든요. 그럴 때는 논쟁해서 이겨야 한다고 생각하면 안 됩니다. 논쟁하는 것보다 안아 주 는 게 더 빠릅니다. 안아 주고 따뜻한 음식 해 주고 손잡아 주고 고생했 다고 위로하는 것이 좋아요.

수행하다 보면 실천은 잘 안 돼도 어렴풋이 알게 됩니다. 옛날에는 늘 대상을 탓했는데 이제는 "나하고 똑같네." 하고 나를 보거든요. 내 안에 모든 게 들어 있어요. 반쪽인 내 안에 모든 대상의 마음들이 들어 와야 내가 완전체가 됩니다. 대상을 버린 나는 완전체가 될 수 없어요. 우리가 끊임없이 대상을 비난하고 어쩌고 저쩌고 하지만, 그 대상이 없는 한 나는 완전체가 될 수 없습니다. 내가 보고 듣는 모든 대상체가 나의 분신이나 마찬가지입니다.

나의 고집, 나의 욕심, 나의 분노, 나의 악견이 나가서 바깥을 만듭니다. 또 나의 선심, 나의 자비, 나의 사랑, 나의 소유가 나가서 바깥을 만들어요. 그래서 사람들이 나와 연결되는 속성을 많이 갖고 있습니다. 잘 보면 나랑 비슷한 데도 굉장히 많아요. 좋은 면도 있지만 나쁜 면도 많이 일치해요. 내 안에 있는 것 때문에 상대를 거부했다 끌어당겼다 하거든요. 어떤 부분을 사랑해서 결혼하면 그 사람의 그 부분이 발목을 잡아요. 살아 보면 그게 거의 발목을 잡거든요. 장점이 단점과 똑같은 것이기 때문이지요. 좋을 때는 장점이지만 나쁠 때는 그게 단점이 되거든요. 그러니 자비관을 하면서 내 안에 있는 마음들을 관찰하고 대상을 향해서 정확하게 사마타하고, 힘들면 또 내 안의 마음들을 관찰하는 것을 연습하세요.

묻고
답하기

그 사람한테 제대로 일하는 경험을 주는 게 가장 큰 걸 주는 거잖아요. 그런 의미에서 동사同事가 중요한 거예요?

/

그 사람 자체를 인정하는 것입니다. 실수하는 그 자체를 인정하면서 섞여야지요. 그 사람한테 일하는 경험을 주는 게 아니고요. 엄마가 김장할 때 애가 와서 자기도 하겠다고 합니다. 고무장갑 끼고 김치 버무리느라고 바쁜데 돕는다고 옷에 처덕처덕 양념 묻히고 오줌 마렵다 그러고 사고만 칩니다. 애들은 보통 그러거든요. 그게 애한테 일을 알려 주는 건 아닙니다. 애는 사실 김장하는 데 와서 놀았을 뿐이에요. 그게 동사의 개념입니다.

동사해서 일이 자꾸 틀어지고 지연되는데, 구성원이 다 그 마음이 아닐 때는 함께 일하기 어렵잖아요.

/

동사는 일을 함께 하는 것입니다. 일 잘하는 사람하고만 같이 하는 것이 아니에요. 내 편 네 편이 같이 섞여서 일하고, 잘하는 사람 못하는 사람이 같이 어울리고, 게으른 사람과 부지런한 사람이 함께 하는 것을 의미합니다. 이런 저런 꼴을 보고 이런 저런 감정을 느끼고 이런 저런 행동들을 다 인정하는 것이지요. 다 인정하고 함께 할 때 작품이 나오게 되어 있어요.

어떤 사람이 선우인지 모르겠어요.

/

주변에 좋은 사람이 있나 둘레둘레 봐야지요. 둘레둘레 봐서 '이 정도면 괜찮겠구나.' 싶으면 과감하게 붙어야 합니다. 친구로 사귀어야지요. 그래서 그 사람이 여행가면 같이 갑니다. "나도 좀 데려가." 그러면 선우는 데려갑니다. 선우의 특징이 뭐냐면 베풀 줄 알아요. 귀찮아도 웬만하면 데려갑니다. 선우는 자기가 진짜 시간이 없어도 "나 힘들어. 시간 좀 내줘." 하면 시간을 냅니다. 내 사정을 진실로 얘기하면 받아 줘요. 그렇기 때문에 내가 안 좋으면 둘레둘레 봐서 선우다 싶으면 친구가 되세요. 선우가 엄청나게 영향을 줍니다.

부모가 선우인 사람들이 있습니다. 부모가 훌륭하면 바깥에 가서 딴 사람을 안 찾아요. 부모가 아귀면 도망가서 새로운 인연을 만날 확률이 높습니다. 그러니 부모가 아귀라고 해서 불행할 필요가 없습니다. 나가서 선우를 사귀면 되거든요. 부모가 선우를 만날 기회를 준 것이나 마찬가지죠.

저는 애어가 안 나오고 늘 지적하는 말부터 나와요. 저에게는 애어가 제일 어려운 것 같아요.

/

애어는 연습이 필요합니다. 지적하는 말은 내가 우월하다는 아만의 마음에서 비롯돼요. 그러니 기억 속에 있는 아만에 찬 나의 말과 모습들을 부정관하세요. 그리고 나의 열등감을 떠올려 없애야 합니다. 열등감 때문에 지적하는 말로 자신의 우위를 표현하거든요. 긍정적인 대답을 잘하는 선우를 사귀는 것도 좋은 방법입니다.

　　수행에 한 가지 방법만 있는 것도 아니고, 단계가 있는 것은 더욱 아닙니다. 수행하는 방법과 과정은 무수히 많습니다. 마음의 근원에 도달하는 수행법은 무문無門이라 할 정도로 많지만, 간략하게 12문門 명상법으로 정리했습니다.

　수행에서 중요한 조건을 몇 가지 뽑아 보자면, 첫째는 마음을 조율하면서 진짜의 마음을 알려는 자세입니다. 가만히 기다리는 것입니다. 심층 내부의 마음은 수많은 층의 마음으로 형성되어 있습니다. 본연의 마음자리는 텅 비어 어떠한 것도 없지만, 본연의 마음을 싸고 있는 마음들은 상상을 초월할 정도로 어머어마하지요. 불교에서 깨달음을 성취하고 그 자리를 아는 것은 본연의 마음자리를 아는 것입니다. 그 자리는 현실에 개입하는 마음도 아니요, 현실을 좋게 해 주는 자리도 아니요, 현실의 어떤 것과도 관계하지 않는 자리입니다. 그저 바라볼 뿐이지요. 형태가 있는 것도 아니고 생각이 있는 것도 아닙니다. 그러면서도 늘 나와 주변과 세상과 함께 하지요. 마음을 가라앉히고 들여다보면 이런 진짜 마음이 보입니다. 체험을 하기도 하고 언뜻 감이 잡히기도 합니다.

둘째, 수행은 선지식의 도움이 필요하고 충분한 시간과 방법이 필요합니다. 선지식은 마음층과 결합되어 있는 본연의 마음을 안 선각자입니다. 명상 입문자들은 선지식에 의지하여 명상법을 익혀야 합니다. 그리고 충분한 시간이 필요합니다. 명상을 하면서 언제까지 어디에 도달하겠다는 시간 설정이나 시간적 한정은 수행에 결코 도움이 되지 않습니다. 마음을 형성하는 심리층은 한둘이 아니기 때문입니다. 수행의 방법은 불교적 수행법에 의한 12문 명상법 등도 있지만, 중국 선가의 방법들, 현대적 심리치료 명상법들도 있습니다. 세상에 존재하는 어떤 명상법도 마음 닦음에 도움을 주지 않는 것은 없습니다.

마음의 이치를 깨달아 가는 방법을 간단히 말하면, 사마타와 위빠사나입니다. 사마타는 마음을 가라앉히고 마음을 향하여 가는 것입니다. 그러면 마음이 드러나게 되지요. 이때 마음을 보는 것을 위빠사나라고 할 수 있어요. 그런데 마음으로 다가가서 마음을 보는 것이 간단하지가 않습니다. 본래 그 자리는 늘 여여하고 늘 있고 늘 나와 함께 하기 때문에 그 자리를 아는 것은 오히려 쉽지요. 그러나 그 자리를 둘러싼 마음에 다가가서 꿰뚫는 것, 다시 말해 사마타하는 것은 지난至難한 시간이 걸립니다. 본연의 그 자리는 시간도 공간도 없지만, 층층시하의 마음들은 시간과 공간과 기록들을 담고 있습니다. 그래서 무수한 시간과 공간과 방법을 투영해야만 쉽게 다가갈 수 있어요. 가짜로 가득 찬 심리층의 마음을 없애기 위해서 다양한 명상법이 필요합니다.

예를 들어, 아이들에게 사탕 선물 세트를 주었다고 칩시다. 선물 세트는 엄청나게 포장되어 있어요. 아이들은 사탕을 먹기 위하여 사탕 선물 세트의 포장지도 뜯어내고 사탕 봉지도 뜯어내고 사탕 껍질도 뜯어냅니다. 그래야만 사탕을 먹을 수 있거든요. 명상이나 수행도 마찬가지입니다. 이런 수고로움을 다 겪어야 사탕 맛과 같은 진리에 접근할 수 있어요. 엄마가 까준 사탕 맛과 내가 하나하나 노력해서 얻은 사탕 맛은 맛에서는 동일하지만 체험에서는 차이가 어마어마하지요. 사탕의 맛을 스스로 체득한 아이는 친구들에게 사탕 까는 법을 알려 줄 수 있어요. 수행도 그런 것입니다. 사탕의 맛은 누구나 다 달다고 느끼겠지만 사탕 까는 방법은 여러 가지라서 여러 사탕 꾸러미를 까 본 아이가 더 잘 알 수 있거든요.

셋째, 몸을 관찰하는 위빠사나가 중요합니다. 몸이라는 물질을 사마타의 힘으로 관통하는 것은 수행입문에서 매우 중요합니다. 이 몸은 세세생생 몸으로 살았던 마음들과 함께 하기 때문이지요. 진리는 그 속에 늘 아무 말 없이 그대로 있지만, 몸으로 살았던 껍데기 마음층들은 사탕 껍질 까듯이 하나하나 벗겨내야 물질의 업에서 벗어날 수 있습니다. 진리는 늘 허상과 같이 있기 때문에, 진리를 아는 것도 중요하지만 허상을 아는 것도 중요합니다. 이 허상을 위빠사나하면서 이 허상을 꿰뚫는 사마타를 통하여 점차 마음의 근원 자리에 도달하게 되지요. 이것이 참수행이라고 생각합니다.

마지막으로, 내 안에서 일부가 나가서 만든 자연을 접하는 것이 수행에 중요한 조건입니다. 나의 마음층들을 사마타하여 드러난 마음을 위빠사나하다 보면 본연의 마음에 도달할 수 있습니다. 그러나 자自는 타他의 것에 의해서 만들어지는 연기적 도리가 있습니다. 그러니 남의 것은 어떻게 해야 할까요? 현실에서 대상과 부딪히면서 현실의 경계에서 닦아야지요. 그러나 공업共業으로 이루어진 것은 대자연과 접해야 심연의 마음층들을 알 수 있습니다. 자연은 우리 마음을 대심大心으로 키우고 굳은 우리 마음들을 풀어 주는 역할을 하기 때문입니다. 자연 속에서 우리는 알 수 없는 광연廣緣의 마음들을 충분히 배우고 알 수 있습니다.

명상에 답이 있다
뇌를 움직이는 마음의 비밀

장현갑 지음 | 240쪽

「마음 vs 뇌」집필,「붓다브레인」번역 등을 통해 뇌를 움직이는 마음의 비밀에 대해 일반인들에게 소개하고 있는 한국 심리학계의 거장 장현갑 교수의 대중 명상 안내서. 이 책에서 저자는 명상을 할 때 일어나는 뇌파의 변화와 자율신경계 등 최근의 뇌과학 연구 성과를 독자들에게 소개함과 동시에 호흡명상, 자비명상, 마음챙김 명상, 이미지 힐링 등 각종 질병의 치유와 감성, 공감 능력 등을 향상시키는 명상법에 대해 책을 읽는 누구나 쉽게 따라할 수 있는 매뉴얼을 제시하고 있다.

달라이 라마, 명상을 말하다

달라이 라마 구술 | 제프리 홉킨스 편역 | 이종복 옮김 | 192쪽

노벨평화상 수상가, 평화운동가로 유명한 달라이 라마. 하지만 그 이전에 그는 한 사람의 구도자이자 불교도다. 그는 지금도 매일 새벽 3시 반에 일어나 어김없이 명상을 한다. 근작 중 그의 수행자다운 진면모가 가장 잘 드러나는 명상 수행서다. 달라이 라마가 명상의 기초를 비롯한 대완성 수행에 대해 구술하고, 이를 저명한 티베트 학자이자 10년간 달라이 라마의 통역관이었던 버지니아대학교 명예교수 제프리 홉킨스가 편역하였다. 이 책에서 달라이 라마는 자비심을 계발해야 할 이유, 명상 자세와 방법 등의 기초 수행부터 더 깊은 단계의 수행에 이르기까지 모두 설명한다.

수미 런던의 가족을 위한 명상
부모 명상 가이드

수미 런던 김 지음 | 김미옥 옮김 | 384쪽

예일대학교 종교센터 불교 지도법사이며 더럼가족명상회의 설립자인 수미 런던이 전하는 부모와 자녀 모두를 위한 종합적이며 체계적인 명상 프로그램이다. 마음챙김 수행과 여러 명상 기법에 자애(慈愛)와 5가지 윤리적 덕목[五戒] 그리고 6바라밀 등 불교의 가르침을 통합한 36개 과의 가족 중심 명상 프로그램을 제시하고 있다. 마음챙김 수행과 불교의 가르침을 자녀 양육과 가정생활에 두루 통합하는 방법을 실제적이며 자세하게 소개한다. 이 프로그램들은 영성 발달의 심리적, 철학적, 관계적 차원을 강조하며, 부모의 영적인 성장을 통하여 자녀의 영적인 성장을 돕기 위한 것이다.

도담도담 임산부 명상
임신 전부터 출산 후까지, 좋은 엄마를 꿈꾸는 당신에게

앤디 퍼디컴 지음 | 김미옥 옮김 | 264쪽

저자는 10여 년간 승려 생활을 마치고 명상 지도자로 활동하던 중에 헤드스페이스를 주창했다. 헤드스페이스(headspace)란 '마음속 평화 공간', '고요하고 텅 빈 마음'을 뜻한다. 마음속 평화 공간을 만들기는 임신했을 때가 가장 적합한 때이므로 태아와 임산부를 위한 명상을 제시하고 있다. 마음속에 헤드스페이스가 생기면, 부정적인 목소리에 사로잡히지 않고 모자간의 유대감이 형성되는 동안에도 파트너와의 관계를 세심히 보살피는 여유를 누릴 수 있다. 이 책에는 임산부에게 필요한 명상법과 불교의 지혜, 부모로서의 경험, 여러 내담자의 사례가 총체적으로 녹아 있다.

티베트 마음수련법 로종
티베트 현자들이 비밀리에 전수한 마음수련의 모든 것

따렉 깝괸 지음 | 이창엽 옮김 | 312쪽

티베트불교와 현대서양문화 양자에 정통한 저자가 로종의 7가지 핵심 가르침과 59가지 수행법을 현대적으로 해석해 설명한다. 타인의 언행이나 작은 시련에도 쉽게 부서지는 마음 때문에 고통받는 현대인에게 마음에 관한 근본적인 성찰과 더불어 마음을 단단하게 하는 실용적인 해법을 제시해 준다.
로종(Lojong)은 수세기 동안 티베트의 위대한 불교스승들이 제자들에게 비밀리에 전수한 마음수련법으로, '마음을 근본적으로 변화시키는 수행'으로 각광받고 있다. 로종의 59가지 수행법 중에서 15번부터 마지막 59번까지 이어지는 경구들은 매우 실용적이고 구체적이어서, 이를 마음 깊이 새기고 실천하면 매사 일희일비하지 않고 늘 단단하면서도 유연한 마음으로 살아갈 수 있다.

감정 구출

족첸 뾘롭 린뽀체 지음 | 이종복 옮김 | 288쪽

감정 다스림에 관한 티베트의 지혜를 담은 명상서이다. 저자는 감정과의 관계를 있는 그대로 살펴보는 작업을 통해 감정을 편하게 대할 수 있도록 이끌어준다. 행복, 기쁨처럼 우리의 일상을 뒤흔드는 감정이 아닌 화, 질투, 욕심, 공포 등의 감정에 대해 두려워하거나 외면하지 않고 고요히 직시할 수 있게 한다. 저자는 현대 사회를 같이 살고 있는 다양한 믿음과 문화를 가진 사람들로부터 배운 것들을 담아 감정과 소통할 수 있게 하는 방법을 소개한다. 이를 통해 천천히 한 걸음씩 감정의 희생자에서 감정의 파트너로, 더 나아가 이 심오한 에너지와 소통하는 창의적인 협력자가 될 수 있도록 이끌어준다.